Neoliberalismus zur Einführung

Thomas Biebricher

Neoliberalismus zur Einführung

JUNIUS

Junius Verlag GmbH
Stresemannstraße 375
22761 Hamburg
www.junius-verlag.de

Umschlaggestaltung: Florian Zietz
Titelbild: Frank Rumpenhorst, © dpa
Satz: Junius Verlag GmbH
Printed in the EU 2022
ISBN 978-3-88506-743-6
4., ergänzte Auflage 2022

Die Deutsche Nationalbibliothek – CIP-Einheitsaufnahme

Bibliografische Information der Deutschen Nationalbibliothek
Die Deutsche Nationalbibliothek verzeichnet diese Publikation in der Deutschen Nationalbibliografie; detaillierte bibliografische Daten sind im Internet über http://dnb.dnb.de abrufbar.

Zur Einführung …

… hat diese Taschenbuchreihe seit ihrer Gründung 1977 gedient. Zunächst als sozialistische Initiative gestartet, die philosophisches Wissen allgemein zugänglich machen und so den Marsch durch die Institutionen theoretisch ausrüsten sollte, wurden die Bände in den achtziger Jahren zu einem verlässlichen Leitfaden durch das Labyrinth der neuen Unübersichtlichkeit. Mit der Kombination von Wissensvermittlung und kritischer Analyse haben die Junius-Bände stilbildend gewirkt.

Seit den neunziger Jahren reformierten sich Teile der Geisteswissenschaften als Kulturwissenschaften und brachten neue Fächer und Schwerpunkte wie Medienwissenschaften, Wissenschaftsgeschichte oder Bildwissenschaften hervor. Auch im Verhältnis zu den Naturwissenschaften sahen sich die traditionellen Kernfächer der Geisteswissenschaften neuen Herausforderungen ausgesetzt. Diesen Veränderungen trug eine Neuausrichtung der Junius-Reihe Rechnung, die seit 2003 von der verstorbenen Cornelia Vismann und zwei der Unterzeichnenden (M.H. und D.T.) verantwortet wurde.

Ein Jahrzehnt später erweisen sich die Kulturwissenschaften eher als notwendige Erweiterung denn als Neubegründung der Geisteswissenschaften. In den Fokus sind neue, nicht zuletzt politik- und sozialwissenschaftliche Fragen gerückt, die sich produktiv mit den geistes- und kulturwissenschaftlichen Problemstellungen vermengt haben. So scheint eine erneute Inventur der Reihe sinnvoll, deren Aufgabe unverändert darin besteht, kompetent und anschaulich zu vermitteln, was kritisches Denken und Forschen jenseits naturwissenschaftlicher Zugänge heute zu leisten vermag.

Zur Einführung ist für Leute geschrieben, denen daran gelegen ist, sich über bekannte und manchmal weniger bekannte Autor(inn)en und Themen zu orientieren. Sie wollen klassische Fragen in neuem Licht und neue Forschungsfelder in gültiger Form dargestellt sehen.

Zur Einführung ist von Leuten geschrieben, die nicht nur einen souveränen Überblick geben, sondern ihren eigenen Standpunkt markieren. Vermittlung heißt nicht Verwässerung, Repräsentativität nicht Vollständigkeit. Die Autorinnen und Autoren der Reihe haben eine eigene Perspektive auf ihren Gegenstand, und ihre Handschrift ist in den einzelnen Bänden deutlich erkennbar.

Zur Einführung ist in der Hinsicht traditionell, dass es den Stärken des gedruckten Buchs – die Darstellung baut auf Übersichtlichkeit, Sorgfalt und reflexive Distanz, das Medium auf Handhabbarkeit und Haltbarkeit – auch in Zeiten liquider Netzpublikationen vertraut.

Zur Einführung bleibt seinem ursprünglichen Konzept treu, indem es die Zirkulation von Ideen, Erkenntnissen und Wissen befördert.

Michael Hagner
Ina Kerner
Dieter Thomä

Inhalt

1. Einleitung

In Brian Singers Film *Die üblichen Verdächtigen* von 1995 zitiert der undurchsichtige Gangster Keyzer Soze einen Aphorismus Baudelaires: »Der größte Trick, den der Teufel je gebracht hat, war, die Welt glauben zu lassen, es gäbe ihn gar nicht.« In den Augen vieler seiner Kritiker ist auch dem Neoliberalismus ein solches Kunststück der Täuschung gelungen: Denn wie der Teufel herrsche auch der Neoliberalismus, während zugleich nicht nur das Faktum seiner Herrschaft geleugnet, sondern sogar bezweifelt werde, dass es ihn überhaupt gebe bzw. je gegeben habe. Und auch wenn man dem Neoliberalismus kein teuflisches Handwerk nachsagen möchte, ist die Analogie doch in gewisser Weise zutreffend. Denn die Diskussionen, die seit dem Jahrtausendwechsel über sozioökonomische Transformationsprozesse geführt worden sind, ergeben ein beinahe paradoxes Bild. Einerseits befindet sich der Neoliberalismus, folgt man der Einschätzung einer großen Gruppe von Sozialwissenschaftlern und Intellektuellen, seit Mitte der 1970er Jahre auf einem globalen Siegeszug. Für die meisten Vertreter dieser Position ist der Neoliberalismus kritikwürdig, weil er die soziale Ungleichheit exponenziell gesteigert, die Dominanz des Finanzkapitalismus und seine Krisen verursacht sowie die Ausweitung der Marktzone bis in den letzten Winkel der nicht-ökonomischen Sphären der Gesellschaft getrieben habe. Andererseits beschreibt der Begriff des Neoliberalismus ein so uneinheitliches Phänomen bzw. wird derart unterschiedlich verwendet, dass die Kennzeichnung der verschiedensten

Entwicklungen als ›neoliberal‹ zu einer nahezu vollständigen inhaltlichen Entleerung des Begriffs führt. Schnell wird etwa aus dem Neoliberalismus ein umfassender ›Turbo-‹ oder ›Raubtier-Kapitalismus‹, womit über die Wünschbarkeit einer dieser Wirtschaftsform entsprechenden Gesellschaftsordnung bereits entschieden ist. So jedenfalls stellt sich die Konnotation des Begriffs inzwischen für diejenigen dar, die sich wohl noch vor einiger Zeit als neoliberal bezeichnet hätten, dies aber mittlerweile weit von sich weisen, da sie der Meinung sind, der Begriff habe sich zu einem Kampfbegriff und einem wachsweichen ›Catch-All-Term‹ gewandelt. Wer den Begriff des Neoliberalismus heute im Mund führt, so der Verdacht, der möchte politische Gegner als Befürworter von ungezügeltem Egoismus und deregulierten Märkten diskreditieren. Zumindest im deutschen Kontext gibt es deshalb heute nur noch sehr vereinzelte Stimmen, die sich offensiv zum Neoliberalismus bekennen, um sogleich zu erklären, dass damit ja ursprünglich nichts anderes als die soziale Marktwirtschaft gemeint gewesen sei. Denn die Eigenheiten des deutschen Diskurses über den Neoliberalismus lassen sich vor allem auf seine Überlappungen mit dem Ordoliberalismus und der sozialen Marktwirtschaft zurückführen. Vor dem Hintergrund dieser Konstellation besteht eine der erfolgversprechendsten Strategien zur Verteidigung des Neoliberalismus darin, ihn in diesen beiden Begriffen aufgehen zu lassen. Wer den Neoliberalismus der Ausweitung der Marktzone bezichtigt, kann mit dem Hinweis auf die Aufrechterhaltung einer strikten Unterscheidung von ökonomischer und nicht-ökonomischer Sphäre im ordoliberalen Denken korrigiert werden, und wer gar den Neoliberalismus der systematischen Einkommensumverteilung von unten nach oben verdächtigt, kann mit Verweis auf den sozialen Ausgleich als Kernprinzip der sozialen Marktwirtschaft beruhigt werden. Gerade Letztere ist im deutschen kollektiven Gedächtnis untrennbar mit dem Wiederaufbau nach dem Zweiten Weltkrieg und dem Wirtschaftswunder der 1950er Jahre verknüpft, das, so zumindest eine gängige Interpretation, durch die von ordoliberaler Seite vehement geforderte Preisfreigabe 1948 ermöglicht wurde. Tatsächlich zur Herrschaft gelangt sei also nicht der Neoliberalismus, da dieser, richtig verstanden, eigentlich ein Ordoliberalismus sei, der wiederum die intellektuelle Grundlage der sozialen Marktwirtschaft darstellt.

Noch verwirrender wird die unübersichtliche begriffliche Konstellation, wenn man den deutschen Kontext verlässt und sich der angloamerikanischen Diskussion zuwendet. Denn sowohl in Großbritannien als auch vor allem in den USA hat der Begriff des Liberalismus seit Ende des 19. Jahrhunderts eine massive Umdeutung erfahren, die dazu führte, dass Liberalismus in den USA heute in etwa das Gegenteil dessen bedeutet, wofür die Bezeichnung im kontinentaleuropäischen Kontext steht. Wird der derzeitige Präsident Barack Obama von politischen Gegnern als zu liberal kritisiert, so wird ihm damit Sozialdemokratismus oder gar Sozialismus vorgeworfen. Diese begriffliche Entwicklungslinie muss an dieser Stelle nicht ausführlich nachgezeichnet werden, von großer Bedeutung waren dabei aber sicherlich der Einfluss von liberalen Denkern wie John Stuart Mill, T.H. Green und John Dewey, die die Sozialdemokratisierung des Liberalismus-Begriffs in unterschiedlichem Maße intellektuell beförderten, sowie seine erfolgreiche Inanspruchnahme durch Franklin Delano Roosevelt im Zuge des New Deals, der ihn mit einem progressiven politischen Programm verknüpfte, so dass sich das linke Spektrum letztendlich als liberal bezeichnen konnte. Es überrascht deshalb auch nicht, dass Neoliberalismus als politischer Begriff im angloamerikanischen Kontext keinerlei Rolle spielt. Aufgrund der skizzierten Verschiebung wurden politische Projekte wie etwa der Thatcherismus oder die Reagan-Revolution eher als Ausdruck einer gestärkten *New Right* oder in jüngerer Zeit als Dominanz des ›Neokonservatismus‹ interpretiert. Hinzu kommt, dass im politischen Vokabular des anglophonen Raums der Begriff des *Libertarianism*, der im politischen Diskurs in Deutschland praktisch unbekannt ist, viele Merkmale abdeckt, für die man hierzulande den Begriff des Neoliberalismus verwenden würde. Kommt der Begriff des Neoliberalismus im politischen Diskurs der angloamerikanischen Welt also schlicht nicht vor, so erfreut er sich dort in der akademischen Diskussion gerade in den letzten Jahren zunehmender Beliebtheit, was sich schon allein an der immensen Anzahl von englischsprachigen Veröffentlichungen zeigt, die den Begriff *Neoliberalism* in Titel oder Untertitel tragen.[1] Die Bewegungsrichtung des Begriffs zwischen politischem und akademischem Diskurs ist also eine genau umgekehrte wie im deutschen Sprachraum: Bestehen hier wegen seiner politischen Aufladung bei gleichzeitiger Abnutzung große Vorbehalte gegenüber seiner akademischen Verwendung, so erleichtert dort das Fehlen des Begriffs in der politischen Debatte seinen Gebrauch als seriöse sozialtheoretische Bezeichnung in der akademischen Diskussion. Doch abgesehen davon bleibt diesseits und jenseits des Atlantiks das merkwürdige Phänomen eines vermeintlich herrschenden Neoliberalismus – ohne Neoliberale. Und erinnert schon dies stark an Keyzer Sozes eingangs erwähntes Bonmot, so verstärkt sich der Eindruck, wenn man noch eine weitere Einschätzung hinzunimmt, welche vor allem darauf hinweist, dass die maßgeblichen Veränderungen der kapitalistischen Wirtschaftsordnung der letzten dreißig Jahre keineswegs als Neoliberalisierungsprozesse zu verstehen seien. Schließlich seien viele Märkte wie etwa der deutsche Energiemarkt und die Lebensmittelbranche von Oligopolen oder gar Kartellen dominiert, die Lohnuntergrenzen auf den Arbeitsmärkten seien nach wie vor nicht ausreichend flexibilisiert und – als argumentative Trumpfkarte – die derzeitige Finanzkrise mache nicht nur ein weiteres Mal deutlich, wie hoch viele Staaten verschuldet sind, sondern auch, wie tiefgreifend sie nicht nur im Fall der akuten milliardenschweren Rettungs- und Konjunkturpakete in ökonomische Prozesse intervenieren: Die Staatsquote, die Aufschluss über den Anteil des Staates am Gesamtvolumen wirtschaftlicher Aktivität einer Volkswirtschaft gibt, lag 2011 trotz vermeintlicher jahrzehntelanger Neoliberalisierungsprozesse im europäischen Durchschnitt nur minimal unter fünfzig Prozent, und selbst in den USA, die als Vorhut des neoliberalen Rückzugs des Staates gelten, liegt sie nicht unter vierzig Prozent. Wie, so fragen entsprechend die Skeptiker, sollte sich dieses Gesamtbild also als neoliberal beschreiben lassen? Und einige wenden diese Position sogar noch offensiv: Könnte es nicht sein, dass Staatsverschuldung, die Erosion der Mittelschicht, Arbeitslosigkeit und gesellschaftliche Ungleichheit nicht nur nicht auf Neoliberalisierungsprozesse zurückzuführen sind, sondern im Gegenteil darauf, dass entsprechende Prozesse über Jahrzehnte hinweg von einer Allianz privilegierter Gruppen in ihrem eigenen und gegen das Allgemeininteresse verhindert worden sind?

Die Diskurslage ist also unübersichtlich. Zwar ist es nicht weiter verwunderlich, wenn die normativen Bewertungen eines sozioökonomischen Gesellschaftsentwurfs weit auseinandergehen, doch darüber hinaus besteht noch nicht einmal Einigkeit darüber, ob es den Neoliberalismus überhaupt (noch) gibt und, zuletzt, ob es nicht zumindest für die akademische Debatte grundsätzlich hilfreicher wäre, den Begriff aufgrund seiner polemischen Implikationen auszurangieren, um der Politisierung und der politischen Vereinnahmung sozialwissenschaftlicher Diskurse vorzubeugen.

Muss man also vom Neoliberalismus sprechen, um die Eigenheiten der sozioökonomischen Gegenwart in den (kritischen)

Blick zu bekommen, oder ist im Gegenteil das Ende einer schon geradezu obsessiven Rede vom Neoliberalismus und seinen fatalen Folgen gerade die notwendige Vorbedingung, um jene Eigenheiten adäquat zu erfassen, nämlich unverzerrt durch implizite politische Wertungen?

Beginnen wir mit diesem letzten Punkt: Wie erläutert, gibt es Bedenken gegen die Verwendung eines Neoliberalismus-Begriffs, der mittlerweile zumindest im deutschsprachigen politischen Diskurs vor allem auch polemischen Zwecken dient. Doch die Klage über die Politisierung des Vokabulars unseres politökonomischen Weltverständnisses verrät eine problematische Vorannahme. Sie setzt voraus, dass die grundsätzliche Möglichkeit einer gänzlich wertungsfreien Beschreibung von sozialen Zusammenhängen besteht, der in akademischen – und vielleicht auch politischen – Debatten der Vorzug gebühre. Ob eine solche Beschreibung möglich ist, muss jedoch nicht nur vor dem Hintergrund klassischer Ideologiekritik, sondern auch im Lichte zeitgenössischer Sprachphilosophie bezweifelt werden. Wie ließe sich auf neutrale, aber nicht-triviale Weise über politökonomische Zusammenhänge sprechen? Die ›freie Marktwirtschaft‹ muss sich ebenso wie der Neoliberalismus den Vorwurf gefallen lassen, dass sie als ideologieträchtiger politischer Kampfbegriff fungieren kann, und für die politisch aufgeladene Formel der sozialen Marktwirtschaft gilt Ähnliches. Anstatt also weiter nach einem gänzlich entpolitisierten Vokabular zu suchen, sollten wir verstehen, dass gerade die sozialtheoretischen Grundbegrifflichkeiten oftmals »essentiell umstritten« (Gallie) sind, weil es von eminent politischer Bedeutung ist, in welcher Semantik wir unsere sozioökonomische Umwelt zu erfassen suchen – nicht zuletzt weil Letztere u.a. durch den Akt der Benennung als solche konstituiert wird. Die Verwendung eines Begriffes wie Neoliberalismus wäre per se also nur dann problematisch, wenn eine neutrale Wissenschaftssprache als Alternative zur Verfügung stünde, die allerdings nur um den Preis der Abstraktion und Trivialität zu erreichen wäre. Sicher ließe sich auf allgemeiner Ebene von Marktwirtschaft oder Kapitalismus sprechen, aber selbst diese Begriffe sind nicht unbedingt wertungsfrei – Neoliberale etwa haben sich vielfach gegen den Begriff des Kapitalismus ausgesprochen, weil er nahelege, das Wirtschaftssystem sei vor allem auf die Verwertungsbedingungen des Kapitals und nicht auf menschliche Bedürfnisse ausgelegt – und sie haben den zusätzlichen Nachteil, keinerlei zeitdiagnostisches Potenzial zu besitzen. Dabei wäre es doch sowohl von politischem wie auch wissenschaftlichem Interesse herauszufinden, mit welcher spezifischen Ausformung des Kapitalismus oder der Marktwirtschaft wir es gegenwärtig zu tun haben, und dieses Interesse dürfte sogar über die Grenzen zwischen den Befürwortern und Kritikern des Kapitalismus hinweg geteilt werden. Es ist also ein Vokabular auf einer niedrigeren Abstraktionsstufe erforderlich, das hinsichtlich der Besonderheiten einer bestimmten Wirtschaftsform aussagekräftig ist.

Nun kommt hierfür zwar nicht nur der Begriff des Neoliberalismus infrage, doch hat der Begriff trotz einer gewissen konzeptionellen Unschärfe, auf die im nächsten Kapitel ausführlich eingegangen wird, gegenüber den anderen möglichen Kandidaten einige Vorteile. Weit mehr Implikationen etwa führt der Begriff des Spätkapitalismus mit sich, der suggeriert, dass dem Kapitalismus ein absehbares Ende bevorstehe, und in dem das teleologische Geschichtsverständnis bestimmter Spielarten des Marxismus mitschwingt. Von geringerem ideologischen Gewicht sind hingegen die Konkurrenten namens Postfordismus oder ›fortgeschrittener Liberalismus‹ (*advanced liberalism*). Das Suffix ›post‹ bezeichnet schließlich nur, dass es nicht mehr der Fordismus ist, der unsere Zeit prägt. Doch was es ist (etwa Neofordismus oder Toyotaismus) und ob sich dieses prägende Moment überhaupt auf einen Nenner bringen lässt, bleibt in diesem Konzept letztlich unklar. Als ähnlich unterbestimmt erweist sich auch die Vorstellung eines ›fortgeschrittenen Liberalismus‹, da hier allenfalls impliziert ist, dass der Liberalismus einer gewissen Dynamik unterliegt, was jedoch vergleichsweise überschaubares zeitdiagnostisches Potenzial birgt.

Wenn also die sozialwissenschaftliche und polittheoretische Analyse der sozioökonomischen Gegenwart nach Begrifflichkeiten verlangt, die über ein gewisses Potenzial zur Erfassung ihrer Spezifika verfügen und daher unterhalb eines gewissen Abstraktionsniveaus angesiedelt sein müssen, dann ist es unvermeidlich, mit kontroversen und in ihren Konturen teils vagen Begriffen zu operieren. Dass dieses Vokabular umstritten ist, verweist nicht zuletzt auf seine politische Bedeutung und sollte in den zeitgenössischen Sozialwissenschaften eher als Regel denn als Ausnahme angesehen werden. Angesichts des Fehlens einer Alternative in Form einer weltanschaulich völlig neutralen Wissenschaftssprache ist das Argument, bestimmte Begriffe sollten aufgrund ihrer Bedeutung in der politischen Auseinandersetzung zumindest in akademischen Debatten keine Verwendung finden, also nicht überzeugend. Und da schließlich seine begrifflichen Konkurrenten im Zweifelsfall noch größere konzeptionelle Probleme bergen und durchaus Bedarf nach einem zeitdiagnostisch gehaltvollen Vokabular besteht, der zumindest in Teilen durch den Begriff des Neoliberalismus gedeckt wird, sind die Einsprüche gegen seine Verwendung nicht schwerwiegend genug, um ihn aufzugeben. Was genau darunter eigentlich zu verstehen sei, wird im Rahmen der Diskussion der theoretischen Ursprünge des Neoliberalismus im folgenden Kapitel im Detail behandelt. Zuvor sind jedoch noch zwei weitere Grundannahmen zu erläutern, die nicht nur für die konzeptionelle Fassung des Phänomens Neoliberalismus von großer Bedeutung sind, sondern in gewisser Weise auch dem Aufbau des Buches zugrunde liegen.

Zum einen soll der Neoliberalismus als in sich heterogenes Phänomen verstanden werden. Zwar bestehen vielfältige Übereinstimmungen mit jeweils geringfügigen Nuancen zwischen den verschiedenen Entwürfen, doch können diese die Inkonsistenzen bzw. Kontroversen zwischen den unterschiedlichen Positionen, etwa im Hinblick auf die unterschiedlichen Demokratie- oder Staatsverständnisse verschiedener Neoliberaler, nicht überdecken. Darüber hinaus erstreckt sich die Vielfältigkeit des Neoliberalismus nicht nur auf die theoretischen Vordenker, sondern auch der ›real existierende‹ Neoliberalismus hat unterschiedliche Gesichter, je nachdem, in welchem zeiträumlichen und gesellschaftlichen Kontext er auftritt. So scheint es beispielsweise sinnvoll, zwischen Privatisierung und Regulierung, wie sie etwa im Chile der 1970er Jahre von einer Militärdiktatur durchgesetzt wurden, und ähnlichen Maßnahmen, die durch eine liberal-demokratisch legitimierte Regierung wie im Neuseeland der 1980er Jahre verabschiedet wurden, zu unterscheiden. Neoliberale Reformen gehen unterschiedlich weit, sie treffen auf jeweils andere Institutionen und Traditionen und sie werden von Akteuren mit unterschiedlichen Strategien durchgeführt, was nur einige der Faktoren sind, die auf die Vielfalt neoliberaler Arrangements schließen lassen, welche sich zudem auch über die Zeit hinweg wandeln können. Vielfalt und Wandlungsfähigkeit des Neoliberalismus sollen hier also auf angemessene Weise gewürdigt werden, und in jedem der folgenden Kapitel wird es unter anderem darum gehen, dessen relative Heterogenität herauszuarbeiten, so dass sich von einem Neoliberalismus im Plural bzw. bestimmten ›Variationen des Neoliberalismus‹ sprechen lässt.[2] Umgekehrt ist jedoch davor zu warnen, diese Fähigkeit des Neoliberalismus, sich in unterschiedliche Kontexte einzupassen und Krisen durch interne Transformation zu absorbieren, zu hoch zu veranschlagen. Denn dann würde unklar, was überhaupt das ›Andere‹ des Neoliberalismus bezeichnen könnte, und dieser würde zu einer Art sozioökonomischem ›Ende der Geschichte‹, das Alternativen unvorstellbar macht. Ein derart amorpher und expansiver Begriff des Neoliberalismus vermindert also möglicherweise die Produktivität akademischer Debatten, da er einfach zu viel bezeichnet und damit zu einem ›leeren Signifikanten‹ wird, der alles und nichts bedeuten kann. Politisch ist eine solche Verwendung des Begriffs zumindest für die Neoliberalismus-Kritiker gefährlich, denn wenn Alternativen undenkbar werden, dann wird auch ihre Realisierung von vornherein unmöglich. Die Virulenz dieses Problems wird nicht zuletzt in den Debatten der letzten Jahre vor dem Hintergrund der 2008 einsetzenden Serie von Finanz-, Wirtschafts- und Staatsschuldenkrisen deutlich sichtbar: Glaubten zu Beginn der Krise Kommentatoren wie Jürgen Habermas und Joseph Stiglitz, dass diese das Ende des Neoliberalismus bezeichnen könnte,[3] so hat sich diese Einschätzung angesichts einer weiter fehlenden Einhegung der Finanzmärkte, ausbleibenden Bankenreformen und der durch die Staatsschuldenkrise aufgenötigten Austeritätspolitik inzwischen als voreilig erwiesen. Doch selbst während der turbulenten Monate des Jahres 2009, als weitreichende Reformen und umfassende politische Neuorientierungen noch im Bereich des Möglichen lagen, zeigte sich in der akademischen Debatte schon eine gewisse Ratlosigkeit in der Frage, was denn das Ende des Neoliberalismus bedeuten würde. Bis heute ist die sperrige Konstruktion vom ›Post-Neoliberalismus‹ inhaltlich kaum präzisiert worden, was zweifellos auch an einem hypertrophen Neoliberalismus-Begriff liegt. Seine konzeptionellen Grenzen scheinen derart bis an den Horizont ausgeweitet, dass die altbekannte Frage, wie es dahinter weitergehen könnte, beinahe zwangsläufig unbeantwortet bleiben muss. Auf diese Fragen wird im letzten Kapitel zurückzukommen sein.

Zuletzt muss jedoch noch eine zweite Grundannahme thematisiert werden, die implizit bereits angeklungen ist. Hierbei handelt es sich um die Unterscheidung zwischen den theoretischen Grundlagen bzw. den intellektuellen Ursprüngen des Neoliberalismus auf der einen Seite und dem Neoliberalismus in der Praxis oder dem ›real existierenden‹ auf der anderen Seite. Sie wird hier als heuristische Unterscheidung vor allem zum Zweck der Klarheit der Darstellung des komplexen Phänomens Neoliberalismus vorgenommen und ermöglicht es darüber hinaus, die teils erheblichen Diskrepanzen zwischen neoliberaler Theorie und Praxis herauszuarbeiten. Dabei sollen die bedenklichen Implikationen einer solchen Unterscheidung nicht verschwiegen werden, denn schließlich stellt sich die Frage, ob sich Theorie und Praxis des Neoliberalismus überhaupt isoliert voneinander untersuchen lassen. Zudem ermöglicht sie eine neoliberale Rechtfertigungsstrategie, die uns vom real existierenden *Sozialismus* gut bekannt ist: Denn anhand dieser Unterscheidung lässt sich argumentieren, neoliberale Ideen würden bei ihrer Umsetzung in die Praxis derart verwässert, dass sie zu gegenteiligen Effekten, d.h. zu einer Verschlechterung der sozioökonomischen Situation führten. Diese Probleme können dann aber wiederum den Gegnern des Neoliberalismus angelastet werden oder allgemein auf die Schwierigkeiten der konsequenten Umsetzung theoretischer Entwürfe in die gesellschaftliche Praxis zurückgeführt werden. Die Ideen selbst werden bei diesem Manöver von allen bedenklichen Implikationen freigesprochen, und die politische Schlussfolgerung kann dann nur noch mehr Neoliberalismus lauten, denn nur wenn dieser in all seinen Facetten realisiert sei, könne er auch seine sozialen, ökonomischen und moralischen Segnungen entfalten. In diesem Aspekt erinnert der Neoliberalismus strukturell an die utopischen Züge des Kommunismus, dem sich der real existierende Sozialismus zwar vermeintlich annähert, den er dann aber aufgrund der letztlich unüberwindbaren Distanz zwischen Ideal und Wirklichkeit und unter Rechtfertigung nach wie vor anhaltender gesellschaftlicher Missstände doch nie wirklich erreicht.

Im Bewusstsein dieser Problematik soll die analytische Unterscheidung zwischen Theorie und Praxis des Neoliberalismus aus heuristischen und darstellungstechnischen Gründen zunächst beibehalten werden.[4] In der Strukturierung der Buchkapitel spiegeln sich die beiden erläuterten Grundannahmen wie folgt wider: Im folgenden ersten Kapitel stehen die theoretischen Ursprünge und die zeitgeschichtliche Verortung des Aufkommens neoliberaler Ideen im Mittelpunkt. Ausgehend von der ›Geburt‹ des Begriffs im Zuge des *Colloque Walter Lippmann* 1938 in Paris und seiner Wiederaufnahme im Rahmen der Treffen der *Mont Pèlerin Society* nach Ende des Zweiten Weltkriegs wird zunächst eine Arbeitsdefinition des Begriffs Neoliberalismus gegeben, um auf dieser Grundlage die theoretischen Hauptströmungen des Neoliberalismus am Beispiel der jeweils wichtigsten Vertreter zu erläutern. Das Spektrum der neoliberalen Vordenker reicht dabei von den Deutschen Wilhelm Röpke, Alexander Rüstow und Walter Eucken bis zu den Amerikanern Milton Friedman und James Buchanan sowie natürlich dem Österreicher Friedrich August von Hayek. Im Anschluss an die Darstellung dieser Varianten des Neoliberalismus finden sich darüber hinaus einige Bemerkungen zu den unterschiedlichen Vorstellungen über einige Kernbegriffe der jeweiligen politischen Philosophie wie etwa das Staats- oder Demokratieverständnis. Zuletzt soll auf dieser Grundlage auch noch einmal die Frage aufgenommen werden, wie sich der Neoliberalismus zu seinen nächsten theoretischen Verwandten, wie etwa dem Konservatismus, verhält und ob bzw. wie er sich von diesen unterscheiden lässt.

Das darauffolgende zweite Kapitel wendet sich dann der neoliberalen Praxis zu und erläutert neoliberale Transformationsprozesse am Beispiel dreier Fälle. Eingeleitet wird es von einem kurzen Überblick über die mittlerweile globale Verbreitung mehr oder weniger neoliberal geprägter Regime, auf den die eingehendere Betrachtung der ›Fallbeispiele‹ Großbritannien, USA und Deutschland folgt. Die Gründe für diese Auswahl seien schon an dieser Stelle erwähnt. Im Sinne der Grundannahme eines heterogenen und wandelbaren Neoliberalismus soll der Vergleich zunächst zeigen, dass Neoliberalisierungsprozesse bei aller Übereinstimmung in der grundsätzlichen politischen Stoßrichtung in unterschiedlichen Kontexten verschiedene Verlaufsformen annehmen – nicht zuletzt, wenn sie sich, wie im Falle Deutschlands, zu einer anderen Zeit und unter auch sonst völlig anderen Umständen vollziehen als etwa in Großbritannien oder den USA. Insbesondere die Wandlungsfähigkeit des Neoliberalismus lässt sich am Beispiel der USA und Großbritanniens gut aufzeigen, da hier einer ersten Phase von Neoliberalisierungsprozessen, in der es vor allem um die Destruktion etablierter Institutionen und Vorstellungen ging, eine zweite Phase folgte, in der unter der Regierung Clinton in den USA und der Regierung Blair in Großbritannien – eine partielle Rekonstruktion bei gleichzeitiger Deregulierung der Finanzmärkte stattfand. Das Ziel dieses Kapitels kann nicht die detaillierte Analyse dieser Prozesse sein. Stattdessen gewährt es einen Überblick über einige zentrale Akteure der Prozesse, die Strukturen, in denen sie agierten, und die Inhalte der Reformagenden, die sie mehr oder weniger erfolgreich betrieben. Wie der Begriff des Neoliberalismus selbst, so bleibt auch die Bilanz der Neoliberalisierungsprozesse in allen hier diskutierten Kontexten höchst umstritten: Gilt manchen die Reagan-Revolution als letztendlich gescheitert, so sehen andere in ihrer Wirtschafts- und Sozialpolitik eine an ihren Absichten gemessen erfolgreiche Aufkündigung des Gesellschaftsvertrags, wie er die goldenen Jahre des Nachkriegsfordismus gekennzeichnet habe. Gelten manchen die rot-grünen Reformen bis hin zur Hartz-Gesetzgebung als blanker Offenbarungseid der gemäßigten Linken und Zäsur in der Geschichte der deutschen Wirtschafts- und Sozialpolitik, so sehen andere in ihnen die Grundlage für die wirtschaftliche Stärke Deutschlands, die auf wiedererlangter globaler Wettbewerbsfähigkeit beruhe.

Im dritten Kapitel steht das neoliberale Regieren im Mittelpunkt und soll mit Rückgriff auf zwei theoretische Perspektiven und am Beispiel eines bestimmten Politikbereichs erörtert werden. Zum einen handelt es sich hier um Theorien von Governance, die entsprechende Restrukturierungen staatlicher Regierungsausübung beispielsweise in Richtung von Politiknetzwerken, aber auch sogenannten Public-Private-Partnerships zum Gegenstand haben. Mit dem Trend von Government zu Governance, von sanktionierender Kontrolle zu Selbstverpflichtung und ›sanfter‹ Regulierung, begegnet die Regierungspraxis der neoliberalen Forderung nach einer veränderten Rolle des Staates, der durch Delegierung von Aufgaben an Zivilgesellschaft oder Markt schlanker werden und in seinem Handeln weniger hierarchisch, sondern stattdessen moderierend wirken solle, um auf diese Weise effizienter zu werden und Kosten zu sparen. Die zweite theoretische Perspektive, die sodann eingehender beschrieben werden soll, geht auf Michel Foucaults Vorlesungen über die Gouvernementalität, d.h. die reflektierten Praktiken (neoliberalen) Regierens, zurück und interessiert sich vor allem für die Rationalitäten und Technologien des Regierens unter neoliberalen Bedingungen. Eine dieser Technologien, die im Deutschen mit dem etwas unhandlichen Begriff der »Responsibilisierung von Individuen« bezeichnet wird, soll dabei besonders hervorgehoben werden. Die Techniken der Responsibilisierung haben zum Ziel, Eigenverantwortung zu installieren und zu fördern, d.h. die Vorstellung, dass Menschen für ihr Geschick allein und individuell verantwortlich sind: Sie sind Schmied ihres Glücks – und Unglücks. Was nun neoliberales Regieren konkret im Lichte dieser Theorieperspektiven bedeutet, soll schließlich am Beispiel der Kriminalpolitik illustriert werden. Hier lässt sich besichtigen, wie einerseits der Staat Aufgaben delegiert und sich bestimmter Verantwortlichkeiten entledigt, die stattdessen von privaten Sicherheitsdiensten und börsennotierten Gefängnisunternehmen übernommen werden, und andererseits Bürgerinnen und Bürgern die Verantwortung für kriminelle Handlungen rigoros individuell zugerechnet und ihnen darüber hinaus eine präventive Verantwortung als potenzielles Opfer aufgebürdet wird, das jederzeit dafür Sorgen tragen muss, nicht in kriminogene Situationen zu geraten. Das Rezept neoliberaler Regierung der Kriminalität lautet in Kurzform: Privatisierung von Sicherheit, die einerseits dem Markt und privaten Unternehmen und andererseits der Wachsamkeit von neoliberalen Subjekten überantwortet wird.

Im Schlusskapitel steht abermals der real existierende Neoliberalismus im Mittelpunkt. Hier werden die Auswirkungen der Finanz- und Eurokrise sowie der aktuellen Corona-Pandemie auf den Neoliberalismus diskutiert, bevor abschließend auf das Verhältnis von Neoliberalismus und einem in den letzten Jahren erstarkten Rechtpopulismus eingegangen wird.

2. Theoretische Grundlagen des Neoliberalismus

Die Entstehung des Neoliberalismus ist untrennbar mit der Krise des klassischen Liberalismus verbunden. In diesem Kapitel sollen deshalb zunächst die Entwicklungen nachgezeichnet werden, die zu dieser Krise geführt haben. Dabei greifen Theorie- und Realgeschichte ineinander, und die Rekonstruktion erfolgt in bewusster Anlehnung an die Perspektive der ersten Generation neoliberaler Vordenker, da diese Interpretation der Geschichte des klassischen Liberalismus bereits integraler Teil des neoliberalen Selbstverständnisses ist.[5]

2.1 Die Krise des Liberalismus

Der Liberalismus in seiner politischen Dimension war einstmals für Rechtsstaatlichkeit und eine rechenschaftspflichtige Regierung sowie gegen die Herrschaft des Absolutismus bzw. des Adels angetreten. In seiner ökonomischen Dimension richtete er sich gegen alle Formen von Marktzugangsbeschränkungen, seien dies eine restriktive Berufszulassung in zunftkontrollierten Tätigkeitsfeldern oder protektionistische Importzölle als zentraler Bestandteil der vorherrschenden Außenwirtschaftspolitik des Merkantilismus. Schon die physiokratische Schule im Anschluss an François Quesnay (1694-1774) hatte an der Vorstellung, dass das Ziel der Außenhandelspolitik darin bestehen müsse, möglichst viel zu exportieren und möglichst wenig zu importieren, gezweifelt. Diese Zweifel verstärkten sich unter dem Einfluss der Ideen von Adam Smith (1723-1790) und David Ricardo (1772-1823) derart, dass spätestens ab der Mitte des 19. Jahrhunderts eine allgemeine Tendenz zur ökonomischen Liberalisierung zu verzeichnen war. Das Zunftwesen wurde in vielen Ländern abgeschafft oder verlor an Einfluss, und das Außenhandelsvolumen nahm im Gefolge von zumeist bilateralen Handelsabkommen beträchtlich zu. Selbstverständlich waren diese Entwicklungen kaum ausschließlich auf die Wirkung der Ideen der schottischen Aufklärung um Adam Smith, Adam Ferguson und David Hume zurückzuführen, denn eine entscheidende Rolle spielten handfeste wirtschaftliche Interessen. So dürfte es auch kaum ein Zufall sein, dass die Freihandelslehre am meisten Verbreitung in England fand, welches durch die Handelsverbindungen des Empires nicht nur am meisten von ihr profitierte, sondern mithilfe seines Militärs im Zeichen der *Pax Britannica* auch Handelswege öffnete und absicherte. Dennoch darf die Macht der frühliberalen Ideen, die in Glasgow und Edinburgh um die Mitte des 18. Jahrhunderts entwickelt wurden, nicht unterschätzt werden. Dies zeigt sich an Smiths Gedanken von der »unsichtbaren Hand« des Marktes, die hinter dem Rücken der Akteure dafür sorge, dass selbst ausschließlich eigeninteressiertes Handeln das Gemeinwohl fördere. Die Annahme, dass die unterschiedlichen Bedürfnisse der Marktteilnehmer durch geldvermittelten Tausch auf bestmögliche Weise (aufgrund von Arbeitsteilung und Spezialisierung) befriedigt werden, kann als geradezu revolutionäre sozialtheoretische Vorstellung bezeichnet werden.

Mithilfe dieser Vorstellung gelang es einerseits, das produktive Potenzial, das sich aus der Verbindung von individueller Freiheit und persönlichem Gewinnstreben ergibt, nutzbar zu machen, und andererseits, die vermeintliche Konflikthaftigkeit der Marktsphäre mit ihren egoistischen Akteuren in einer allgemeinen Harmonie der Interessen aufgehen zu lassen. Eigeninteresse sei also nicht per se verwerflich, sondern trage unter den Bedingungen des Marktes sogar zum Gemeinwohl bei, wobei Smith zugleich betonte, dass ausschließliches Streben nach Profit kaum zu einem erfüllten Leben führen könne. Um die Segnungen des Marktes, dessen Entstehung er in seinem wirtschaftstheoretischen Hauptwerk *Vom Wohlstand der Nationen* auf die natürliche menschliche Neigung zu Handel und Tausch zurückführte, zur Geltung kommen zu lassen, forderte Smith daher die Beseitigung von Marktzugangsbeschränkungen und ein Zurückdrängen der Staatsgewalt überall dort, wo sie wirtschaftliche Freiheiten durch Privilegienvergabe, Monopolförderung oder andere Eingriffe beeinträchtige. Während Smith aus diesen Gründen den Außenhandel befürwortete, wurde das bis heute gängige Trumpfargument für Handelsliberalisierung von David Ricardo entwickelt. Anfang des 19. Jahrhunderts rechnete dieser am Beispiel von portugiesischem Wein und englischem Tuch vor, dass Handel zwischen den beiden Ländern sogar in beiderseitigem Interesse sei, wenn die Produktionskosten für *beide* Waren in Portugal niedriger lägen als in England. Selbst dann sei es für Portugal und England sinnvoll, sich auf *die* Ware zu spezialisieren, bei deren Produktion sie jeweils *komparative Kostenvorteile* hätten, und die andere Ware stattdessen zu importieren. Ricardos ökonomische Theorie distanzierte sich in vielen Aspekten vom Optimismus Smiths und wurde nicht zuletzt in seinen Betrachtungen zum Klassenantagonismus zwischen Kapital und Arbeit zum Bezugspunkt für Karl Marx. Dennoch blieb Ricardo bei der Vorstellung von der Harmonie marktvermittelter Interaktionen, insofern Handel gleichermaßen im allseitigen Interesse sei, solange alle Beteiligten sich auf Produktion und Ausfuhr der Ware(n) konzentrierten, bei denen sie über einen komparativen Kostenvorteil verfügen. So wurde hier wie auch bei Smith das Konfliktpotenzial des Marktes, aufgrund dessen dieser über Jahrhunderte hinweg als moralisch suspekt und regulierungsbedürftig gegolten hatte, theoretisch neutralisiert. Die Ideen Smiths und Ricardos stießen nicht nur in Großbritannien auf überaus reges Interesse, auch in vielen kontinentaleuropäischen Gesellschaften fasste das, was retrospektiv als Frühliberalismus bezeichnet werden kann, Fuß: in Preußen etwa mit Wilhelm von Humboldt, dem die Welt eines der ersten systematischen Plädoyers für einen Minimalstaat verdankt und dessen Vorstellungen auch in einige der preußischen Reformen einflossen, oder im postrevolutionären Frankreich mit Benjamin Constant, der sich in unzähligen Reden und diversen Schriften zu einem der intellektuellen Wortführer des frühen Liberalismus entwickelte. Zwar hemmte die Ära der Restauration während der ersten Jahrhunderthälfte jegliche weitere politische Liberalisierung, doch nach den mehr oder weniger erfolgreichen Revolutionen von 1848 standen die Zeichen auf ökonomische und stellenweise auch politische Liberalisierung.

Zu jener Zeit kam es zu einer Radikalisierung der Forderungen der schottischen Aufklärer Smith und Ferguson durch die Wirtschaftspolitik des ›Laissez-faire‹, wie sie etwa vom französischen Ökonomen Frédéric Bastiat (1801-1850) vertreten wurde. Danach sollte sich der Staat völlig aus der Wirtschaft zurückziehen und den ›Dingen ihren Lauf lassen‹, wobei alle negativen Markteffekte von Ungleichheit bis Ausbeutung ignoriert wurden. So bildete sich mit dem aufkommenden Industriekapitalismus eine Klasse relativ verarmter Lohnarbeiter, die sich der Macht der Unternehmen gegenübersahen, welche sich weitgehend unreguliert zu Kartellen und Trusts zusammenschließen oder durch gegenseitige Übernahme Monopole bzw. Oligopole bilden konnten. Die sich daraus formierenden sozialistischen und sozialdemokratischen Bewegungen äußerten harsche Kritik gegenüber dem liberalen Staatsverständnis.

Ferdinand Lassalle (1825-1864), einer der wichtigsten Arbeiterführer des 19. Jahrhunderts, brachte diese Kritik mit seinem Begriff des untätigen »Nachtwächterstaates« auf den Punkt, und auch viele Liberale konnten sich dieser Kritik nicht gänzlich verschließen. In Großbritannien, das als Stammland des Liberalismus gelten kann, führte dies mit dem Aufkommen eines *New Liberalism* zu der schon in der Einleitung erwähnten Bedeutungsverschiebung. Der *New Liberalism* schlägt sich prominent nieder in den späten Werken John Stuart Mills (1806-1873), dessen Denken in seinen unterschiedlichen Phasen die Wandlung vom klassischen *Liberalism* zu dieser neuen Spielart illustriert. Noch stärker kommt diese Wandlung in dem von Hegel beeinflussten Liberalismus von T.H. Green (1836-1882) zur Geltung, dessen Denken als sozialliberal bezeichnet werden kann. Und nicht nur in der Sozialdemokratisierung des liberalen Denkens zeichnet sich die aufkommende Krise des Liberalismus ab, auch die liberale Politik geriet zunehmend in die Defensive: Im neu entstandenen Deutschen Reich, in dem ohnehin die antiliberalen Vorbehalte nie ganz verstummt waren, sorgten die Finanzkrise von 1873 und die darauffolgende Rezession des sogenannten Gründerkrachs sowie die Macht von Großindustrie und Arbeiterbewegung für eine Abkehr von liberalen Politikprinzipien in Form von Protektionismus und für die ersten Schritte hin zur Formierung des Sozialstaates. In den USA wurde 1890 der *Sherman Act* verabschiedet, der die weitere Kartellierung der Wirtschaft verhindern sollte. Zwar entfaltete das Gesetz zunächst nur bescheidene reale Effekte, doch seine Wirkung als symbolische Zäsur am Ende einer Phase des praktizierten oder zumindest geforderten Laissez-faire war erheblich.

Trotz dieser realpolitischen Rückschläge erfuhr das liberale Denken zumindest in seiner ökonomischen Dimension zum Ende des 19. Jahrhundert noch einmal eine Vitalisierung in Form der aufkommenden neoklassischen Wirtschaftstheorie. Diese von Leon Walras (1834-1910), Alfred Marshall (1842-1924) und Carl Menger (1840-1921) repräsentierte Neuausrichtung des ökonomischen Denkens distanzierte sich zwar in vielerlei Hinsicht von der ›klassischen‹ politischen Ökonomie Adam Smiths, doch bestätigte und radikalisierte sie den harmonistischen Zug, der von den verschiedenen Klassikern letztlich weitgehend geteilt wurde. So interessierte sich die Neoklassik weniger dafür, wie es im Produktionsprozess zur Wertbildung kommt, sondern konzentrierte sich auf Allokationsfragen, d.h. auf die Verteilung von Gütern auf (Tausch-)Märkten. Soweit sie sich mit Wertfragen befasste, wendete sie sich mit der subjektiven Wertlehre des sogenannten Grenznutzens vollständig von der klassischen Vorstellung ab, dass die in eine Ware eingeflossene Arbeit ihren Wert bestimme. Darüber hinaus gelang den Neoklassikern die Übersetzung einiger mehr oder weniger metaphysischer Annahmen der Klassiker in Modelle, die mit dem Anspruch sozialwissenschaftlicher Autorität auftreten konnten. Das Denken Smiths und vieler anderer klassischer Liberaler ist getragen von der Vorstellung einer natürlichen Ordnung, die sich nicht nur in der Natur, sondern auch in den sozialen Verhältnissen zeigt und menschlicher Erkenntnis zugänglich ist. Diese (gottgegebene) Ordnung verbürgt die Harmonie einer auf der ›natürlichen Freiheit‹ der Individuen aufbauenden Marktwirtschaft. In dieser Frage leistet die Neoklassik mit dem mathematischen Nachweis des allgemeinen Gleichgewichts zwischen Angebot und Nachfrage, das sich den Modellannahmen zufolge und bei nach unten und oben flexiblen Preisen auf Märkten quasi von selbst einstellen soll, der liberalen Wirtschaftstheorie wertvolle Hilfestellung: Ließ sich die

›natürliche Ordnung‹ und die resultierende harmonische Wirtschaft im Denken Adam Smiths noch als metaphysische Spekulation abtun, so lässt sich das allgemeine Gleichgewicht von Leon Walras nun mithilfe mathematischer Formeln auf der Grundlage abstrakter Modelle herleiten. Damit lieferte Walras zu einer Zeit, in der die Politik des Laissez-faire ihren Zenit bereits überschritten hatte, deren vermeintlich wissenschaftlich gedeckte Rechtfertigung. Vor diesem Hintergrund ist die von Marshall vertretene Forderung, die wirtschaftswissenschaftliche Disziplin nicht mehr als *Political Economy*, sondern schlicht als *Economics* zu bezeichnen, in ihrer im wörtlichen Sinn entpolitisierenden Stoßrichtung überaus symptomatisch: Die Märkte sind in den Gleichgewichtsmodellen der Jahrhundertwende zu einem selbstregulierenden System geworden, das allenfalls durch politische Einmischung in Form staatlicher Regulierungsinterventionen oder durch externe Krisen wie etwa Kriege oder Naturkatastrophen aus dem Gleichgewicht gebracht werden kann. Doch aller wissenschaftlichen Rückendeckung für eine liberale Wirtschaftspolitik zum Trotz endete die Ära des Liberalismus jäh mit dem Eintritt einer solchen externen Krise: dem Ausbruch des Ersten Weltkriegs 1914.

Dieser Krieg mit seinen in vielerlei Hinsicht katastrophalen Folgen bezeichnete insbesondere aus liberaler Perspektive nicht weniger als einen politökonomischen Gezeitenwechsel. Hatte die liberale Agenda aus unterschiedlichen Gründen schon seit dem Jahrhundertwechsel mit Rückschlägen zu kämpfen gehabt, so stürzte die Zwischenkriegszeit den Liberalismus endgültig in eine existenzielle Krise. Zum einen beförderte der Krieg einen überhöhten Nationalismus, der sich nur bedingt mit liberalen Vorstellungen verbinden ließ, und zum anderen lagen der Kriegswirtschaft eine weitgehend staatlich gelenkte Produktion von kriegsrelevanten Gütern und vielfältige Rationierungen zugrunde. Selbst nach 1918 blieben die verschiedenen Staaten in einem nie da gewesenen Maße in ihre nationalen Wirtschaften involviert. Weiter untergraben wurde die Vorstellung einer liberalen Wirtschaftspolitik sich selbst regulierender Märkte dann durch die Weltwirtschaftskrise Ende der 1920er Jahre einerseits und durch die bahnbrechenden Theorien John Maynard Keynes' (1883-1946) auf der anderen Seite, deren Quintessenz in der Forderung nach einer interventionistischen Geld- und Fiskalpolitik zur Vermeidung von Wirtschaftskrisen bestand. Am dramatischsten stellten sich die politischen Folgen dar: In der russischen Oktoberrevolution hatten bolschewistische Kommunisten die Macht erobert, und obwohl entsprechende Umstürze in Deutschland und anderen europäischen Ländern vorerst gescheitert waren, musste man doch mit einer grundsätzlich expansiven Ausrichtung des Bolschewismus rechnen. Zur gleichen Zeit formierten sich europaweit faschistische Bewegungen, und in Deutschland entstand der Nationalsozialismus. Wenn sich auch beide Totalitarismen an unterschiedlichen Enden des politischen Spektrums verorteten, so waren sie sich doch einig in der vehementen Ablehnung des Liberalismus. In diese Zeit fällt die offizielle Geburt des Neoliberalismus im Rahmen des *Colloque Walter Lippmann*, das vom 26. bis 30. August 1938 in Paris im Institut International de Coopération Intellectuelle stattfand.

2.2 Die Geburt des Neoliberalismus

Doch bevor wir genauer auf dieses *Colloque* eingehen, ist festzuhalten, dass sich die intellektuelle Geburt des Neoliberalismus bei genauerem Hinsehen als ein längerer Prozess darstellt. Die Wurzeln reichen zurück bis ins Wien der 1920er Jahre, wo Ludwig von Mises (1881-1973) ein Privatseminar abhielt, in dem sich

Friedrich August von Hayek (1899-1992), der später zu einer Schlüsselfigur des internationalen Neoliberalismus wurde, unter dem Einfluss von Mises' von seinen Sympathien für den Sozialismus löste. Die Veröffentlichung von von Mises' Buch *Die Gemeinwirtschaft* 1922, das die Unmöglichkeit einer sozialistischen Wirtschaftsrechnung aufgrund des Fehlens von Marktpreisen nachzuweisen versucht, war für viele spätere Neoliberale eine Art Erweckungserlebnis. Nicht nur Hayek, auch etwa Wilhelm Röpke (1899-1966), der später einer der wichtigsten Vertreter des sogenannten Ordoliberalismus wurde, ließ sich von den Argumenten von Mises' überzeugen, welcher bis zu seiner Emigration 1934 in Wien die sogenannte österreichische Schule begründete, die auch für einen bestimmten Zweig des Neoliberalismus prägend wirkte. Doch auch andernorts finden sich die Keimzellen eines Neoliberalismus *avant la lettre*. In London ist es die London School of Economics, deren wirtschaftswissenschaftliche Fakultät zu einer Bastion des entstehenden neoliberalen Denkens wurde, obwohl die Gründung der Universität auf die eher sozialistisch oder sozialdemokratisch orientierte *Fabian Society* zurückgeht. Hier ist es dem Einfluss von Edwin Cannan (1861-1935), seinem Nachfolger Lionel Robbins (1898-1984) und natürlich dem 1931 nach London emigrierten Hayek zu verdanken, dass die LSE – bis zum heutigen Tag – für neoliberales Denken steht. Als weiterer zentraler Standort des aufkommenden Neoliberalismus ist Freiburg zu nennen, wo sich um die Schlüsselfigur Walter Eucken (1891-1950) ein Kreis von Ökonomen, Juristen und Gelehrten anderer Disziplinen bildete, aus dem die sogenannte Freiburger Schule und damit der Ordoliberalismus im engeren Sinne entstand. Diesem sind im weiteren Sinne auch die schon in den frühen 1930er Jahren publizistisch tätigen Wilhelm Röpke und Alexander Rüstow (1885-1963) zuzurechnen, die sich wie von Mises und Hayek zur Zeit der Zusammenkunft in Paris schon mehrere Jahre im schweizerischen bzw. türkischen Exil befanden. Zuletzt ist es das Department of Economics an der University of Chicago, die sogenannte *Chicago School*, die als Keimzelle eines erneuerten liberalen Denkens zu nennen ist. Auch hier reichen die Anfänge zurück bis in die frühen 1920er Jahre, als Frank H. Knight (1885-1972) mit seiner Unterscheidung zwischen »Risiko« und »Unsicherheit« einen Grundstein für die neoliberale Kritik an sozialistischer Planung, aber auch an den übertrieben rationalistischen Annahmen des neoklassischen Liberalismus legte. Aus dieser Schule sollten über die Jahre und Jahrzehnte zahlreiche Denker hervorgehen, deren Bedeutung für den Neoliberalismus in Theorie und Praxis kaum zu überschätzen ist: von Henry C. Simons (1899-1946) über Milton Friedman (1912-2006), Gary Becker (1930-2014) und James Buchanan (1919-2013) bis hin zu Eugene Fama (*1939).

Doch auch wenn der Formationsprozess des neoliberalen Denkens schon über viele Jahre hinweg im Gang war, bezeichnete das *Colloque* in Paris doch dessen offizielle Geburtsstunde, da hier erstmals eine Art ›neoliberale Internationale‹ zusammentraf und sich mehr oder weniger ausdrücklich auf das Label des Neoliberalismus für ihre geteilte Agenda einigte. Was aber genau war der Anlass zu diesem Treffen, zu dem insgesamt 25 Ökonomen und Sozialwissenschaftler, darunter Röpke, von Mises, Hayek und Rüstow, auf Einladung eines führenden französischen Liberalen, Louis Rougier, nach Paris reisten? Es war die Veröffentlichung von Walter Lippmanns *The Good Society* (*Die Gesellschaft freier Menschen*) 1937, die Rougier veranlasste, die Gelegenheit einer Europareise des Ehepaars Lippmann im folgenden Jahr für ein Kolloquium unter Teilnahme von Lippmann selbst zu nutzen. Nur wenige Jahre zuvor hatte sich der Journalist Lippmann noch als Anhänger der Roosevelt'schen Variante des ›neuen‹, sozialdemokratisch orientierten Liberalismus gegeben, doch in *The Good Society* geißelte er den »gemäßigten Kollektivismus des New Deal«, indem er ihn mit faschistischen und bolschewistischen Formen des Kollektivismus gleichsetzte.[6] Die Behauptung, Sozialstaat, keynesianische Konjunkturpolitik und andere staatliche Interventionen bildeten eine schiefe Ebene, an deren Ende unweigerlich Faschismus/Kommunismus warteten, wurde später zu einem zentralen Ideologem des Neoliberalismus, das beispielsweise in Hayeks *Der Weg zur Knechtschaft* von 1944 wieder aufgegriffen wurde. Dieser Manichäismus zwischen den Kräften des Guten in Form des (Neo-)Liberalismus und den Kräften des Bösen (Sozialdemokraten, Sozialisten, Faschisten)[7] sollte für den Neoliberalismus stilbildend werden. In *The Good Society* verband er sich schließlich mit einem eschatologischen Element, das inmitten einer existenziellen Krise die Erneuerung des Liberalismus als Grundlage einer besseren Welt proklamierte.[8] Damit sind zwei wichtige Merkmale der Anatomie neoliberalen Denkens benannt, die schon der Urszene des Neoliberalismus in Paris ihren konzeptionellen Rahmen gaben.

Auf der Agenda des *Colloque* stand neben der Ursachenforschung bezüglich der Krise des Liberalismus vor allem die Frage, was die Voraussetzungen für die erhoffte liberale Erneuerung seien. Dabei wurden Themen diskutiert, die von der Aufgabe und Methodologie der Nationalökonomie bis zur Rolle des Staates, vom Umgang mit Monopolen bis zu der Möglichkeit einer liberalen Kriegswirtschaft reichten. Es war nicht zuletzt Lippmann selbst, der in seinem Beitrag ein weiteres zentrales Element des neoliberalen Denkens zur Beantwortung der beiden Grundfragen einführte. Verantwortlich für den Niedergang des Liberalismus seien nämlich nicht nur externe Faktoren, wie etwa die Weltwirtschaftskrise, vielmehr habe der Laissez-faire-Liberalismus des 19. Jahrhunderts seinen eigenen Untergang heraufbeschworen. Der Weg zurück sei verbaut, stattdessen müsse ein neuer

Liberalismus mit einigen Irrtümern des 19. Jahrhunderts brechen, wenn es zu einer tatsächlichen Wiederbelebung kommen solle. Der alte Liberalismus sei »ein Konglomerat von Wahrheiten und Irrtümern gewesen« und der Versuch, zu diesem zurückzukehren, sei nichts weiter als »naiv« zu nennen.[9]

So zeigt sich schon in den ersten offiziellen Regungen des Neoliberalismus dessen mehrfach reaktiver Charakter, der nach der hier vertretenen Auffassung das einende Band in der neoliberalen Grundhaltung bezeichnet. Denn dieser ist nicht nur eine Reaktion auf die Krise des Liberalismus, er zielt darüber hinaus auf eine *Revitalisierung* der liberalen Agenda ab, die aber eben nur auf der Grundlage von deren mehr oder weniger weitreichender *Revision* Aussicht auf Erfolg hat. Zur Bezeichnung dieser Kombination von Revitalisierung und Revision der liberalen Agenda setzt sich zu Ende des *Colloques* der Begriff des Neoliberalismus gegen die ebenfalls vorgeschlagenen Alternativen »Positiver Liberalismus« und sogar »Liberalismus von links« durch – zumindest findet sich dieser Begriff in der Publikation der Tagungsergebnisse.

Doch der neoliberale Aufgalopp, der eine kontinuierliche Vernetzung der Akteure, die Gründung von Think-Tanks und einschlägige Konferenzen und Publikationen nach sich ziehen sollte, geriet zum Fehlstart – der Ausbruch des Zweiten Weltkriegs verhinderte die meisten der geplanten Aktivitäten, wenngleich selbst während der Kriegsjahre und über Landesgrenzen hinweg der Gesprächsfaden zwischen einigen Teilnehmern des *Colloque* nicht völlig abriss. So konnte Hayek nach Ende des Zweiten Weltkriegs die Idee eines internationalen Netzwerks des Neoliberalismus wieder aufgreifen und in seinen Bemühungen an schon bestehende Kontakte und Verbindungen anknüpfen. Nach vielen Monaten der Vorbereitung wurden 1946 die Einladungen zu einer Konferenz nach dem Vorbild des *Colloques* versandt, wobei allerdings die Teilnehmerzahl um ein Vielfaches größer sein sollte. Sechs der Eingeladenen, darunter Rüstow, von Mises und Röpke, waren auch schon in Paris anwesend gewesen. Dieses Gründungstreffen der *Mont Pèlerin Society* fand am 1. April 1947 im Schweizer Hotel du Parc mit insgesamt 39 Teilnehmern aus England, den USA, Deutschland, Frankreich, Italien, Dänemark, Belgien, Norwegen und Schweden statt und stellte nach dem *Colloque* in gewisser Weise die zweite offizielle ›Geburt‹ des Neoliberalismus dar. Wie schon 1938 in Paris überschattete die Krise des Liberalismus auch noch dieses Treffen am Mont Pèlerin, denn zwar war inzwischen der Faschismus am Ende, doch der Bolschewismus war eher gestärkt aus dem Krieg hervorgegangen, hatte seinen Herrschaftsbereich ausgedehnt und schickte sich an, sich in einem langen Kalten Krieg mit den westlichen kapitalistischen Systemen zu messen. Hinzu kam eine staatliche Planungseuphorie auch in den kapitalistischen Systemen, die sich insbesondere in den USA und Großbritannien aus den durchaus positiven Erfahrungen mit einer zumindest in Teilen staatlich koordinierten Kriegswirtschaft speiste.

Im Eingangssatz der Abschlusserklärung jener Auftaktkonferenz, die Agenda und Ziele der *Mont Pèlerin Society* auflistet, wird ein alarmistischer Ton, der das neoliberale Denken mitunter prägt, vernehmbar: »Die zentralen Werte der Zivilisation sind in Gefahr«, heißt es dort, da die individuelle Freiheit nicht nur in den Ostblockstaaten abgeschafft sei, sondern die entsprechenden Rechtsansprüche und Wertvorstellungen auch in den vermeintlich freien Staaten des Westens erodierten. Die ausformulierte Agenda unterscheidet sich nicht wesentlich von dem, was auch anlässlich des *Colloque* 1938 diskutiert wurde, wenn nun auch weniger die Krisenanalyse als die prospektive Formulierung wirtschaftspolitischer Grundpositionen im Vordergrund steht. Von großer symbolischer Bedeutung ist dieses *Statement of Aims* nicht zuletzt deshalb, weil es sich bei dieser oftmals vage gehaltenen Aufstellung von Zielen und Grundsätzen um den kleinsten gemeinsamen Nenner der ersten Generation neoliberaler Denker handelt – und dies obwohl im Gegensatz zur Abschlusserklärung des *Colloque* der Begriff des Neoliberalismus nicht erwähnt wird. Wenn es überhaupt eine Zeit gibt, in der das Label ›neoliberal‹ offensiv als Selbstbeschreibung verwendet wird, dann sind dies die späten 1940er und frühen 1950er Jahre, in denen sich einige der wichtigsten Mitglieder der Gesellschaft (etwa Eucken, Röpke, Rüstow, Friedman und Hayek) positiv auf den Begriff beziehen. In jener Periode ist die von Beginn an brüchige Einheit des Neoliberalismus noch am ehesten auszumachen, doch schon damals zeichneten sich die Konfliktlinien innerhalb des neoliberalen Denkens immer prononcierter ab. Es wurde schnell klar, dass der Eindruck der Geschlossenheit am Mont Pèlerin 1947 in großem Maße auch dem diplomatischen Geschick Hayeks sowie der Formulierung des *Statement of Aims* mit seinen diversen Kompromissformeln geschuldet war. Wie im Folgenden deutlich werden wird, soll dies keinesfalls bedeuten, dass es nicht beträchtliche Schnittmengen zwischen den verschiedenen Strömungen des Neoliberalismus gäbe, aber umgekehrt dürfen auch die Spannungen und Konflikte zwischen ihnen nicht übersehen werden. Was den vielstimmigen Chor des Neoliberalismus abgesehen von inhaltlichen Überschneidungen eint, ist eine gemeinsame Tonlage und eine damit verknüpfte Grundhaltung, die schon angedeutet wurde: Der Neoliberalismus sieht sich als Reaktion auf eine existenzielle Krise des Liberalismus, deren Tragweite sich in der schrillen Artikulation dieser durch Manichäismus und Eschatologie geprägten Befunde widerspiegelt. Und auch der nächste Schritt in der Krisendiagnostik, der die Krise sowohl auf externe Ursachen und Gegner als auch auf interne Probleme liberaler Theorie und politischer Praxis zurückführt, wird geteilt.

Dabei wird die erfolgreiche Revitalisierung einer liberalen Agenda untrennbar an eine Revision zumindest einiger ihrer Elemente geknüpft. Eine Möglichkeit, zwischen verschiedenen Strömungen des neoliberalen Denkens zu unterscheiden, ergibt sich aus den unterschiedlichen Ansichten darüber, wer oder was die Hauptgefahr für einen in die Defensive geratenen Liberalismus darstellt und welche seiner Merkmale im Namen eines Neoliberalismus theoretisch zur Disposition gestellt bzw. gänzlich zurückgewiesen werden müssen, gerade um an anderen festhalten zu können. Auf Grundlage dieser Bestimmung des Neoliberalismus, die am Kontext seiner Entstehung und dem Selbstverständnis seiner Protagonisten ansetzt, ergibt sich die Unterscheidung von verschiedenen Strömungen, die im Folgenden jeweils in ihren politökonomischen Grundkoordinaten dargestellt werden.[10]

Zunächst ist der sogenannte Ordoliberalismus zu erörtern, der im engeren Sinne gleichbedeutend mit der Freiburger Schule um Walter Eucken und Franz Böhm ist und im weiteren Sinne auch Denker wie Wilhelm Röpke und Alexander Rüstow umfasst. Als zeitgenössische Anknüpfung des Freiburger Programms im engeren Sinne soll im Anschluss die Konstitutionenökonomik James Buchanans behandelt werden, der ebenfalls die Notwendigkeit einer politischen Umrahmung der Wirtschaft betont, aber die vom Ordoliberalismus vorgeschlagene Lösung des Problems schon in ihren polittheoretischen Grundannahmen verwirft.

2.3 Ordoliberalismus und Freiburger Schule: Walter Eucken, Wilhelm Röpke und Alexander Rüstow

Zentral für den Ordoliberalismus von Eucken bis Rüstow ist das Denken in Ordnungen (lat. *ordo*) und die damit verknüpfte wirtschaftspolitische Vorstellung, dass auch die Ökonomie einer Ordnung bedürfe. Daraus ergibt sich der zentrale Kritikpunkt an der liberalen Tradition bzw. an deren Entwicklung im 19. Jahrhundert. Im Zuge ihrer Radikalisierung hin zum Laissez-faire habe jene die Notwendigkeit eines Rahmens für eine über Märkte organisierte Wirtschaft verkannt. Nur durch eine entsprechende Wirtschaftsordnungspolitik könnten Märkte geschaffen und aufrechterhalten werden. War das Marktgeschehen bei Smith noch in eine natürliche Ordnung eingebettet und drängte es in den Modellen von Leon Walras fast von selbst zum allgemeinen Gleichgewicht, so trauen die Ordoliberalen angesichts von Trusts, Kartellen und Wirtschaftskrisen den ›natürlichen‹ Regulierungsmechanismen der Märkte nicht mehr und insistieren auf einer aktiven staatlichen Wettbewerbspolitik. Auch wenn im Ordoliberalismus die liberale Vorstellung einer naturgemäßen bzw. dem Menschen angemessenen Ordnung zumindest als Ziel nicht gänzlich verschwindet, so haben die Problematisierung der Funktionsfähigkeit von Märkten und die Rolle, die hierbei dem Staat zufällt, kaum eine Entsprechung im liberalen Denken des 19. Jahrhunderts. Einig ist man sich darüber, dass funktionierender Wettbewerb kein natürlicher Zustand ist, sondern dessen Herstellung beständige Aufgabe bleibt. Die Problematik wird am pointiertesten bei Eucken erläutert, der die Verhinderung von wirtschaftlicher Machtkonzentration zur zentralen wirtschaftspolitischen Aufgabe erklärt. Denn die Konzentration von Marktmacht, etwa in Form eines Monopols oder eines Kartells, ermöglicht es diesen Einheiten, Gewinne oberhalb des Gleichgewichtspreises zu realisieren, denen keine entsprechende Leistung für den Konsumenten gegenübersteht, und eine sogenannte Rente einzustreichen. Offensichtlich besteht für alle Marktakteure ein Anreiz zum heute so genannten *Rent-Seeking*, das nicht zuletzt mit den Mitteln des politischen Lobbying durch die Produzentengruppen arbeitet. Daraus ergibt sich die selbstzerstörerische Dynamik unregulierter Märkte und die Dringlichkeit einer staatlichen Wettbewerbspolitik, die durch eine geeignete Gestaltung der Wirtschaftsordnung auf eine gleichmäßige Verteilung wirtschaftlicher Macht hinwirken und im äußersten Fall auch mit Interventionen bis hin zur Zerschlagung von Kartellen, Konzernen etc. gegen Machtkonzentrationen vorgehen können soll. Der Ordoliberalismus insgesamt betont die Interdependenz der Ordnungen, d.h., isolierte Betrachtungen von Wirtschaft, Politik und Recht etc. führen ihm zufolge zu Fehleinschätzungen, da das Ordnungsgefüge in seiner Gesamtheit stimmig sein müsse.[11]

Bis zu diesem Punkt reicht der ordoliberale Konsens. Deutliche Divergenzen zeichnen sich hingegen in der Schwerpunktsetzung ab. Verfolgen wir zunächst die Eucken'sche Argumentation weiter. Die Komplexität interdependenter Ordnungen kann laut Eucken nur auf der Grundlage wissenschaftlicher Analyse erfasst werden. In einem der Schlüsselwerke der Freiburger Schule, *Die Grundlagen der Nationalökonomie* (1940), formuliert Eucken einen Vorschlag für die Methodologie einer wissenschaftlichen Nationalökonomie, die auf der Grundlage von Typenbildung den Konflikt zwischen der modellorientierten Neoklassik und der sogenannten Historischen Schule überwinden soll. Eucken zufolge soll die Bildung reiner Typen von Wirtschafts- und Marktformen eine Erfassung des tatsächlichen wirtschaftlichen Geschehens ermöglichen, die der ›unwissenschaftlichen‹ Historischen Schule überlegen ist, sich aber nicht in der Abstraktion lebensferner Modelle verliert und so auch wirtschaftspolitisch relevant bleibt. Die Quintessenz der entwickelten Typenlehre ist die Dichotomie von Zentralverwaltungswirtschaft und Verkehrswirtschaft, die letztlich die einzig stabilen ordnungspolitischen Optionen darstellen und zwischen denen die Wahl in beinahe selbstverständlicher Weise auf Letztere fällt, da nur sie mit individueller Freiheit vereinbar sei. Fluchtpunkt der ordoliberalen Wirtschaftspolitik ist also die Verkehrswirtschaft, die sich in ihrer Reinform durch einen Zustand vollständiger Konkurrenz auszeichnet, dem es sich weitestmöglich anzunähern gilt. Dementsprechend sind Wirtschafts-, Rechts- und politische Ordnung auf die Maximierung von Konkurrenz aus- und aufeinander so einzurichten, dass Marktmacht als das größte Hindernis effektiven Leistungswettbewerbs minimiert werden kann. Für die Rechtsordnung bedeutet dies einerseits ein strenges Haftungsrecht sowie andererseits ein ›liberales‹ Patentrecht, da beide der Akkumulation von Marktmacht entgegenwirken. Für die politische Ordnung bedeutet es eine Abstinenz von staatlicher Privilegienvergabe, Subventionierung oder Rettungspaketen für angeschlagene Marktteilnehmer, da effektiver Wettbewerb auch die Möglichkeit des Scheiterns erfolgloser Akteure erforderlich mache. In den posthum veröffentlichten *Grundsätzen der Wirtschaftspolitik* (1952) heißt es dazu: »Wenn man die Konsequenzen des Kollektivismus nicht will, dann muß man wollen, daß das Gesetz des Wettbewerbs herrscht. Und wenn der Markt herrschen soll, dann darf man sich auch nicht weigern, sich ihm anzupassen.«[12] Die Kultivierung des Wettbewerbs muss sich in erster Linie auf der Grundlage einer Feinjustierung der verschiedenen Ordnungen in Form einer Ordnungspolitik vollziehen. Punktuelle Interventionen werden lediglich als *ultima ratio* nicht gänzlich ausgeschlossen. Ebenso nicht ausgeschlossen sind Maßnahmen zur sozialpolitischen Grundsicherung, doch über diesen Minimalstandard hinaus gilt die Maxime, dass gelungene Ordnungspolitik die beste Sozialpolitik ist. Es sollten keinesfalls Fehlanreize für Marktakteure etwa durch überzogene Sozialleistungen oder ›Rettungsschirme‹ geboten werden, da dies die individuelle Verantwortung bzw. Haftung für Erfolglosigkeit am Markt etwa durch Arbeitslosigkeit oder Insolvenz aushebeln würde.[13] Gibt es also ein Ideal, das der Ordoliberalismus zumindest anstrebt, so ist es die Verkehrswirtschaft unter vollständiger Konkurrenz. Diese komme der »Ordnung, die dem Wesen des Menschen und der Sache entspricht«,[14] am nächsten und sei in diesem Sinne nicht einfach eine weitere empirische Ordnung, sondern auch die normativ erstrebenswerte »Ordo«, wie Eucken mit Rückgriff auf naturrechtliche Traditionen behauptet. Weiter unten werden wir noch klären, welche problematischen politischen Implikationen mit diesem Ideal verbunden sind. Zuvor wenden wir uns aber dem von Wilhelm Röpke selbst als »soziologischer Neoliberalismus«[15] bezeichneten Ordoliberalismus im weiteren Sinne zu, wobei hier keine systematische Unterscheidung zwischen Röpke und Rüstow vorgenommen werden soll, da ihre Gemeinsamkeiten gegenüber den Unterschieden bei weitem überwiegen.

Sowohl Röpke als auch Rüstow interessieren sich sehr viel stärker für die kulturellen und gesellschaftlichen Rahmenbedingungen funktionierender Marktwirtschaften, als dies bei Eucken der Fall ist, so dass bei ihnen von einer gesellschaftsorientierten Version des Ordoliberalismus gesprochen werden kann. Zwar spielt die Wirtschaftspolitik auch bei Röpke als gelerntem Ökonom eine zentrale Rolle, doch wie schon der Titel seines wohl wichtigsten Buches *Die Gesellschaftskrisis der Gegenwart* (1942) verrät, lokalisiert er die zu lösende Problematik auf einer umfassenderen gesellschaftlichen Ebene. Der oftmals als Universalgelehrter bezeichnete Rüstow bettet die konstatierte gesellschaftliche Krise in seinem zwischen 1950 und 1957 veröffentlichten dreibändigen Monumentalwerk *Ortsbestimmung der Gegenwart* in ein von Röpke zumindest für die jüngere Vergangenheit übernommenes Geschichtsnarrativ ein. Dessen Grunddynamik ergibt sich aus der gegenseitigen Überlagerung, d.h. der Eroberung und Unterwerfung verschiedener Gruppen, Organisationen und Nationen. Die Gesellschaftskrise ihrer Zeit erscheint beiden als Spätfolge der Französischen Revolution und als kulturelle Begleiterscheinung eines überzogenen Rationalismus. Dieser führe nämlich gerade in seiner deistischen Auslegung der christlichen Lehre einer göttlichen Ordnung (vgl. oben) zu den Laissez-faire-Irrwegen des Liberalismus im 19. Jahrhundert und bringe mit den irrational-romantischen Gegenbewegungen von Sozialismus und vor allem Faschismus die vermeintlich siegreichen Totengräber des Liberalismus hervor.[16] Seine rationalistische Hybris zeigt sich eben in der Vernachlässigung des gesellschaftlich-kulturellen Rahmens von Märkten, die sich geradezu als »›gesellschaftliche Blindheit‹«[17] bezeichnen lasse. Die Konkurrenzwirtschaft, die Röpke und Rüstow grundsätzlich bejahen, beruhe auf Voraussetzungen, die sie nicht selbst hervorbringen oder reproduzieren könne, da diese gerade und ausschließlich in der nicht über Märkte organisierten Sphäre der Gesellschaft angesiedelt seien. Dieser Sphäre gilt die besondere krisendiagnostische Aufmerksamkeit des ›soziologischen‹ Ordoliberalismus, denn hier erodierten natürliche Gemeinschaften und lösten sich in eine politisch verführbare Massengesellschaft auf, hier verfalle die Familie mit ihren Werten bei gleichzeitiger Bevölkerungsexplosion und hier produziere die mit der industriellen Produktion verbundene Landflucht entwurzelte und isolierte Großstadtproletarier, denen Vorstellungen von Moral und Eigenverantwortung zusehends verloren gingen. Die teils in äußerst kulturpessimistische Farben getauchte Beschreibung der gesellschaftlichen Wirklichkeit weist die typische Tonlage und reaktive Grundhaltung des Neoliberalismus auf, und vor allem in Röpkes Betrachtungen spürt man geradezu den Untergang des Abendlandes herannahen. Dieser Gegenwart, die sich immer wieder als »entartet«, »degeneriert« und »widernatürlich« bezeichnen lassen muss,[18] wird das gesellschaftspolitische Programm einer sogenannten Vitalpolitik gegenübergestellt, das insbesondere Rüstow ausformuliert. Die Vitalpolitik zielt auf eine Verbesserung der »Vitalsituation« der Menschen, die sich im Gegensatz zu Auffassungen, die traditioneller Sozialpolitik zugrunde lägen, nicht in den materiell bestimmten Lebensumständen erschöpfe. Vielmehr geht es hier um grundsätzliche Fragen des gesellschaftlichen Zusammenlebens, das ein »Optimum [an] sozialer Nähe«[19] gewährleisten soll, so dass es weder zu »Überintegration« im Sinne von Vermassung und Proletarisierung noch zu »Unterintegration« durch Isolierung und Atomisierung komme, wie es bei Röpke heißt. Neben den wirtschaftspolitischen Aspekten dieser Politik, die sich bis auf einige wichtige Ausnahmen mit Euckens Vorstellungen decken,[20] spielt hier insbesondere eine dezentralisierende Siedlungspolitik eine entscheidende Rolle, die Familien ein Eigenheim und einen Nutzgarten zur teilweisen Subsistenzwirtschaft ermöglichen soll, soweit sie nicht ohnehin Kleinbauern sind, die als bestes Bollwerk gegen alle Formen des Kollektivismus gelten.[21] Es sind vermeintlich natürliche und solidarische Kleingemeinschaften von der Familie bis zur Nachbarschaft, also intakte Mikrostrukturen der Gesellschaft, die als wirksames Mittel gegen die vielfältigen gesellschaftlichen Verfallserscheinungen und nicht zuletzt als Garant eines gewissen Maßes an individueller Unabhängigkeit von Markt und Wirtschaft aufgeboten werden. Die kaum zu übersehende rückwärtsgewandte Stoßrichtung dieser Vorschläge, die in mancher Hinsicht an die zivilisationskritischen Ideen von Jean-Jacques Rousseau oder Thomas Jefferson erinnern, hat Röpke und Rüstow nicht zu Unrecht den Vorwurf der Sozialromantik eingebracht. Diese Version des Ordoliberalismus definiert sich zumindest auf den ersten Blick und ihrem Selbstverständnis nach gerade über den Gegensatz zwischen der Wettbewerbslogik im Bereich der Ökonomie einerseits und dem gesellschaftlichen Kitt ›natürlicher‹ Gemeinschaften und ihrer Solidaritäten in den übrigen Sphären andererseits, der die Gesellschaft insgesamt vor dem Auseinanderbrechen bewahren soll. Hebt sich die

Vitalpolitik durch ihren ganzheitlichen Ansatz von einer rein materiell verstandenen Sozialpolitik ab – was sie im Übrigen in die Nähe zeitgenössischer Forderungen nach gesellschaftlicher Inklusion in all ihrer Vagheit rückt –, so umfasst sie doch auch materielle Aspekte, was vor allem bei Rüstow weitreichende Implikationen hat. Die Gerechtigkeit des marktwirtschaftlichen Systems sei nämlich nur gewährleistet, wenn ein gewisses Maß an Startgerechtigkeit, d.h. Chancengleichheit gegeben sei. Um diese zu erreichen, müssten zum einen jungen Menschen einkommensunabhängig und auf rein meritokratischer Grundlage Bildungsmöglichkeiten eröffnet werden, zum anderen solle eine massive Erbschaftssteuer zumindest auf vergleichbare Startbedingungen hinwirken.[22] Hier zeigt sich, dass Röpke und vor allem Rüstow zur Behebung des Gerechtigkeitsdefizits der unregulierten Marktwirtschaft eine Politik der Umverteilung nicht prinzipiell ausschließen – wenngleich dies zum Teil auch taktischen Beweggründen geschuldet sein mag, um in der Systemkonkurrenz des Kalten Krieges der sozialistischen Agitation nicht zu viele offene Flanken zu bieten. Gleichzeitig zeigt sich, dass die Logik des Wettbewerbs hier wie auch bei Eucken *letztlich* nicht auf die Marktsphäre begrenzt bleibt, sondern in die anderen Sphären ausstrahlt. Schließlich lassen sich viele der vitalpolitischen Aspekte *auch* als Ermöglichungsbedingungen für funktionierenden Wettbewerb verstehen, der einerseits durch diese Maßnahmen noch verschärft wird, andererseits aber auch ein nicht zu leugnendes Element der Fairness erhält: So darf ein privilegierter familiärer Hintergrund keine unverdienten Wettbewerbsvorteile bieten, und für diejenigen, die abhängig beschäftigt sind, sollen sowohl der in Subsistenzwirtschaft genutzte Garten als auch die Einbettung in solidarische Kleingemeinschaften ein gewisses Maß an »Dekommodifizierung« (Gösta Esping-Andersen) ihrer Arbeitskraft bieten. Diese Dekommodifizierung bezeichnet eine

Alternative zur Notwendigkeit, die eigene Arbeitskraft unter allen Umständen auf dem Arbeitsmarkt verkaufen zu müssen, was wiederum die Konkurrenz zwischen den Unternehmen um diese Arbeitskräfte verringern würde. Wenn also auch das Marktprinzip ausdrücklich nicht auf alle gesellschaftlichen Sphären ausgeweitet werden soll, so bleibt deren Ausgestaltung doch in vielerlei Hinsicht auf den ökonomischen Wettbewerb bezogen.

Wenden wir uns nun einem Aspekt zu, der das ordoliberale Denken insgesamt kennzeichnet und zu Beginn schon einmal angedeutet wurde, nämlich seiner politischen Theorie, und hier vor allem den Vorstellungen von Staat und Demokratie. Der Ordoliberalismus ist unverkennbar geprägt durch die politischen Erfahrungen der Weimarer Republik, des Nationalsozialismus und des drohenden Bolschewismus. Definiert er die beiden Letzteren als gleichermaßen abzulehnende totalitäre Hauptgegner, so zieht er aus der kollabierenden ersten deutschen Republik seine wichtigsten Schlussfolgerungen bezüglich einer anzustrebenden Neugestaltung von Staat und Demokratie. Die erste dieser Schlussfolgerungen ist die Forderung nach einem starken Staat, der in der Lage ist, die Wettbewerbsordnung auch gegen gesellschaftliche Widerstände durchzusetzen: »Niemand begriff die auf der Hand liegende soziologische Wahrheit, daß Stärke und Unabhängigkeit des Staates voneinander abhängige Variablen sind und allein ein starker Staat mächtig genug ist, seine Unabhängigkeit zu wahren.«[23] Diese Widerstände sind sowohl bei Arbeitgeberverbänden und Einzelunternehmen wie auch auf Seiten der Gewerkschaften zu vermuten, die jeweils ihre Partikularinteressen auf Kosten des Allgemeininteresses zu befördern versuchen. Für die Ordoliberalen zeigt das dysfunktionale parlamentarische System der Weimarer Republik mit seinen wechselnden und oftmals handlungsunfähigen Regierungen die Folgen eines schwachen Staates in den Fängen der »Raubtiere der organisierten Unternehmerinteressen«. Dieser Pluralismus der Sonderinteressen gilt ihnen als »pathologische Regierungsform«,[24] deren fatale Auswirkungen sich nur in Form einer autoritären Lösung beheben lassen: ein starker Staat, der monolithisch alle Forderungen nach Privilegien zum Wohl des Allgemeininteresses, d.h. zur Durchsetzung der Wirtschaftsordnung an sich abprallen lässt und gerade durch die weitgehende Beschränkung auf diese Kernaufgabe an Unabhängigkeit gewinnt. Dass sich dieser Befund in beträchtlichem Maße aus der Parlamentarismuskritik Carl Schmitts speist, ist offensichtlich und hat in der Debatte um den Ordoliberalismus Anlass zu vielen Diskussionen und auch Überzeichnungen in unterschiedliche Richtungen gegeben. Denn weder die Verharmlosung der Rede vom starken Staat von Seiten ordoliberaler Epigonen noch die pauschale Stigmatisierung der Ordoliberalen als Quasi-Nationalsozialisten von anderer Seite kann recht überzeugen.[25] Vielmehr handelt es sich um ein Bekenntnis zu einem autoritären Staat, der weder eine totalitaristische Ein-Parteien-Herrschaft noch die Abschaffung des Kapitalismus impliziert – im Gegenteil. Voraussetzung für die erfolgreiche Förderung des Allgemeinwohls ist aber zweifellos die weitgehende Isolierung der staatlichen Willensbildung von entsprechenden gesellschaftlichen Willensbildungsprozessen, worin sich die antidemokratische bzw. antipluralistische Stoßrichtung dieser Vorstellungen zeigt. Schließlich würde dadurch nicht nur etwa der vielbeklagten Tätigkeit finanziell potenter Lobbygruppen ein Riegel vorgeschoben, sondern jede gesellschaftliche Willensbekundung würde unter den Generalverdacht gestellt, sich allein aus Partikularinteressen zu speisen, die per se als illegitim erscheinen. Nachdrücklich bestätigt wird diese demokratieskeptische Ausrichtung durch die zweite Schlussfolgerung, die die Ordoliberalen gleichermaßen aus der Erfahrung der Weimarer Republik wie aus der Kritik der Massengesellschaft etwa bei John

Stuart Mill oder Ortega y Gasset (der 1938 auch zum *Colloque Walter Lippmann* eingeladen war) ziehen: Den Massen und ihrer Demokratie ist nicht zu trauen. Als Masse verlieren die Menschen ihre Urteilskraft und lassen sich von Ideologien verführen. In der »Ekstase des Massenrausches«[26] zeigt sich die zerstörerische Kraft der vermassten Individuen: »Aber während die Menschen nur in bestimmten Ordnungen leben können, tendieren sie als Masse dazu, gerade die funktionsfähigen Ordnungen zu zerstören.«[27] Die Masse hängt mit anderen Worten dem irrationalen Glauben an die Planwirtschaft an, die ihr aufgrund der fehlenden Kenntnisse über wirtschaftliche Zusammenhänge plausibler erscheint als Ideen wie die unsichtbare Hand oder jene einer spontanen Ordnungsbildung. Es ist also nicht nur die Zersplitterung des Souveräns in unzählige Einzelwillen, denen von ordoliberaler Seite zugunsten des Allgemeinwohls und der Einheit des Staatshandelns pauschal die Legitimität abgesprochen wird. Hinzu kommt ein schwerwiegendes kognitives Defizit des Volkswillens in der Massendemokratie, das es überaus gefährlich erscheinen lässt, diesen zur Grundlage staatlichen Handelns gerade im Bereich der Wirtschaftspolitik zu machen. Doch wie lässt sich diese Staatsform ansonsten legitimieren? Die Antwort läuft insbesondere bei Eucken auf den Vorschlag einer wirtschaftswissenschaftlichen Politikberatung hinaus. Die Wissenschaft gilt ihm neben Staat und Kirchen als gewichtigster Faktor im Projekt der Errichtung einer angemessenen (Wirtschafts-)Ordnung und soll nun »unter Überwindung der Vorurteile eine ordnende Potenz werden«[28]. Auf den Punkt gebracht bedeutet dies aber, dass im Falle einer Divergenz zwischen dem Willen des Souveräns und den Einschätzungen der wissenschaftlichen Nationalökonomie Letzterer immer der Vorzug gebührt. Die politiktheoretischen Voraussetzungen und Implikationen der ordoliberalen Vorstellungen von Marktwirtschaft sind insbesondere in ihrer autoritär-expertokratischen Überwindung der pluralistischen Massendemokratie überaus problematisch.

2.4 Neoliberalismus als Konstitutionenökonomik und Public Choice: James Buchanan

Wenden wir uns nun einem weiteren wichtigen Vertreter des neoliberalen Denkens zu, dessen Vorstellungen sich in mancherlei Hinsicht als zeitgenössische Variation auf einige zentrale Themen des Ordoliberalismus verstehen lassen. Obwohl James Buchanan an der University of Chicago promovierte, begründet sein Forschungsprogramm der Konstitutionenökonomik eine durchaus eigenständige Tradition der sogenannten *Virginia School*. Diese kombiniert die ökonomische Untersuchung von Verfassungen mit den Annahmen der sogenannten Public-Choice-Theorie. Als neoliberalem Vordenker ist Buchanan bislang noch vergleichsweise geringe Aufmerksamkeit zuteil geworden. Doch wie sich im Folgenden zeigen wird, gehört er mit seinen Analysen zu einem der wichtigsten Stichwortgeber für eine neoliberale Politikagenda.

Mit den Vertretern des Ordoliberalismus teilt Buchanan die Betonung der *Politischen* Ökonomie, die vermeintlich im 19. Jahrhundert verloren ging. Er selbst charakterisiert sein Forschungsprogramm der Konstitutionenökonomik als Verbindung verschiedener Disziplinen. Es drehe sich nicht um ökonomische Fragen an sich, sondern um die Frage, wie sich die Ausgestaltung der politischen Ordnung, insbesondere ihrer Verfassung im umfassenden Sinn, auf diese ökonomischen Fragen auswirke.[29] Auch Buchanan vertritt also die Vorstellung einer in ihrer Bedeutung kaum zu überschätzenden Interdependenz der Ordnungen, wie die entsprechende Formel aus Freiburg lautet.[30]

Die Grundkomponenten von Buchanans weitverzweigtem und umfassendem Gesamtwerk lassen sich bündig zusammenfassen: Buchanan bekennt sich zu einem methodologischen wie auch normativen Individualismus. Deskriptiv-analytisch bedeutet dies, dass sich alle sozialen Phänomene auf individuelles Handeln zurückführen lassen müssen, während normativ gesehen die freiwillig vollzogene individuelle Handlung als ausschließliches Kriterium fungiert. Die erste Annahme schließt etwa die Rede von struktureller Herrschaft oder Gewalt konzeptionell aus, die zweite Annahme verwahrt sich gegen Argumente, die eine mögliche ideologische Verblendung von Akteuren gegenüber ihren eigenen Interessen unterstellen. Für Buchanan manifestieren sich in Handlungen zwingend die Präferenzen der Akteure – zumindest *ex ante*. Weisen diese beispielsweise eine Steuerreform zurück, obwohl sie davon materiell profitieren würden, müssen sowohl Politiker wie auch Sozialwissenschaftler dieses Urteil als bindend anerkennen, da die Akteure selbst immer die normative Letztinstanz darstellen. Die freiwillige Zustimmung der Individuen bietet dementsprechend auch das einzig verfügbare Gütekriterium für ein politökonomisches Arrangement, und folgerichtig konzipiert Buchanan seinen Ansatz vertragstheoretisch, was ihn hinsichtlich bestimmter Annahmen in die Nähe anderer Vertragstheoretiker wie etwa John Rawls rückt. Die Grundfragen des Ansatzes beziehen sich also immer wieder auf die Umstände, unter denen Individuen bestimmten Verfassungsvereinbarungen ihre Zustimmung geben (würden) und welche ökonomischen Effekte daraus zu erwarten sind.

Die zwei weiteren Grundannahmen der Konstitutionenökonomik stehen in enger Verbindung mit der individualistischen Dimension des Ansatzes. Zum einen ergibt sich aus methodologischem und normativem Individualismus beinahe zwangsläufig das analytische Konzept des *Homo oeconomicus* als rational nutzenmaximierendem Akteur. Dabei legt Buchanan Wert auf eine weite Auslegung individuellen Nutzens. Dies bedeutet, dass auch altruistische Handlungen den Nutzen eines Individuums erhöhen können. Woraus Menschen Nutzen ziehen, ist für Theorien wie die Buchanans eine Variable, die als gegeben angenommen wird und der gegenüber sich die Theorie agnostisch verhält: Ob Menschen aus Egoismus oder Altruismus Nutzen ziehen, will sie nicht normativ beurteilen, was ihr von mancher Seite den Vorwurf des moralischen Nihilismus eingebracht hat. Stichhaltiger ist aber die Kritik an der Unbestimmtheit der Theorie rationaler Wahl, die diesem *Homo oeconomicus* zugrunde liegt. Schließlich beschränkt sich ihre Aussagekraft auf die eher triviale Feststellung, dass Individuen das tun, was sie im Lichte ihrer Präferenzen tun wollen.[31]

Zuletzt postuliert Buchanan eine dritte Grundannahme, der gemäß Politik nach dem Modell eines (ökonomischen) Tauschverhältnisses zu verstehen sei: »By a more or less natural extension [...] economists can look on politics and on political processes in terms of the exchange paradigm.«[32] Auch diese Vorstellung speist sich aus dem Individualismus, da Tauschgeschäfte als freiwillige Handlungen verstanden werden, die nur zustande kommen, wenn alle Beteiligten dadurch ihre Interessen verfolgen bzw. ihren Nutzen erhöhen können.

Aus dem bisher Gesagten ergibt sich für Buchanan das menschliche Grunddilemma. Einerseits meiden wir ganz im Sinne von Thomas Hobbes die Anarchie, die neben ungebundener Autonomie vor allem beständige Angst um Leib und Leben mit sich bringt. Deshalb schließen wir uns über einen Gesellschaftsvertrag mit anderen zusammen, um einen Agenten (den Staat) einzusetzen, der uns als *protective state* in unseren Rechten schützt und als *productive state* bestimmte öffentliche Güter bereitstellt. In der Ermächtigung des Staates zur Erfüllung dieser Aufgaben zeigt sich das große Potenzial, das in Tauschbeziehungen oder allgemein Kooperationsbeziehungen steckt: Schließlich profitieren alle Beteiligten beispielsweise von der steuerfinanzierten Durchsetzung einer staatlichen Rechtsordnung oder der Bereitstellung des öffentlichen Gutes Sicherheit vor inneren und äußeren Feinden: »It is *rational* to have a constitution.«[33] Die Kehrseite dieser Überwindung der Anarchie durch die Realisierung der *gains from trade* ist jedoch die Gefahr, dass sich der Agent gegenüber dem Willen der sogenannten Prinzipale, also der Bevölkerung, verselbständigt und zum ›Leviathan‹ wandelt, dessen beständige Ausdehnung und dessen Wille zur interventionistischen Regulierung nun ihrerseits die Individuen in ihrer Autonomie bedrohen: »Eine politisch-rechtliche Ordnung ist ein öffentliches Gut; funktioniert sie nicht, so ist sie ein öffentliches Übel: Jedes Ding hat zwei Seiten.«[34]

Die konstitutionenökonomische Kunst liegt in der Ausbalancierung der Regelordnung gemäß dieser beiden Gefahrenquellen: Einerseits muss die Verfassung als *enabling constitution* staatliches Handeln ermöglichen, um die entsprechenden Kooperationsgewinne einstreichen zu können. Andererseits muss sie staatliche Handlungsmöglichkeiten als *limiting constitution* begrenzen, wobei diese Gefahr in Buchanans Perspektive die schwerwiegendere ist. Der Grund hierfür liegt in der konsequenten Anwendung der Annahmen des *Homo oeconomicus* auf den Raum des Politischen, wodurch Buchanan zu einem der Mitbegründer der Forschungstradition des Public Choice wird, die auf dieser Übertragung des Ökonomischen auf das Politische fußt. Von der Vorstellung des politischen Personals als ebenso nach Prinzipien der Nutzenmaximierung handelnd wie alle anderen Individuen ist es kein weiter Weg zur Krisendiagnostik Buchanans. Die Problematik stellt sich folgendermaßen dar.

Unterstellt man, dass eine entscheidende Motivation für das Handeln von Politikern unter demokratischen Bedingungen in der Wiederwahl bzw. der persönlichen Machtkonsolidierung oder Machtausweitung liegt, dann besteht für Politiker ein beständiger Anreiz zu von der Allgemeinheit finanzierten ›Tauschgeschäften‹ mit Teilen des Elektorats: Gewähren Politiker oder ganze Parteien bestimmte Vorteile, etwa in Form von Steuervergünstigungen für Kapitaleinkommen oder die Erhöhung des Betreuungsgeldes für Kinder, so tun sie das nicht selten in der Hoffnung, dass die bevorzugte Gruppe im Gegenzug eher sie oder ihre Partei als andere wählt. Da für alle Politiker derselbe Anreiz besteht, ergibt sich im Gesamteffekt die folgende Liste von Symptomen: Die Verfassung wird von Unübersichtlichkeit und einer Vielfalt diskretionärer Entscheidungsspielräume gekennzeichnet sein, denn nur unter diesen Voraussetzungen können Privilegien überhaupt gewährt werden. Die Gewährung von Vorteilen wird weiter dadurch erleichtert, dass die Prinzipale in repräsentativen Demokratien (Bürger) Schwierigkeiten haben, die Agenten (Politiker) effektiv zu kontrollieren, und ihnen hierzu auch die Anreize fehlen. Des Weiteren lässt sich der parlamentarische ›Kuhhandel‹ nach dem Prinzip des *quid pro quo* auch als geschickte Kartellierung des politischen Marktes verstehen: ›Unterstützt Du mein Investitionsprogramm, dann unterstütze ich Deine Steuersenkung.‹ Das Resultat ist eine kostenträchtige, aber völlig inkohärente staatliche Politik. Hieraus zieht Buchanan den Schluss, dass es nicht nur Fälle von Marktversagen geben kann, das durch staatliches Eingreifen behoben werden müsste; im Gegenteil ist davon auszugehen, dass es beständig zu – steuerfinanziertem – Staatsversagen kommt: »Es gibt keine zwingenden Gründe dafür, daß einfach deshalb, weil Märkte unvollkommen sind, der politische Eingriff bessere Ergebnisse zeitigt. Im Gegenteil, wie die Public Choice Theorie gezeigt hat, kann mit guten Argumenten bezweifelt werden, daß der politische Prozess Pareto-Optimalität erzeugt.«[35]

Die staatliche Bürokratie wird pausenlos wachsen, denn Zuwendungen für eine bestimmte Gruppe von Seiten der Politik machen gerade im sozialstaatlichen Bereich oftmals den Aufbau bzw. Ausbau von staatlichen Apparaten zur Umsetzung erforderlich. Hinzu kommt, dass auch für die Mitglieder der Bürokratie die Annahme der Nutzenmaximierung gilt, die sich in diesem Fall im Nachweis der eigenen Unverzichtbarkeit in Anbetracht von vermeintlich schwerwiegenden Regulierungsproblemen (z.B. Marktversagen) äußert und mit der die wenig überraschende Forderung nach mehr Sach- und Personalmitteln oder der Ausweitung der behördlichen Kompetenzen einhergeht.

Der Aggregatseffekt dieser Entwicklungen werden explodierende Staatsdefizite und damit ein erdrückender Berg staatlicher Schulden sein, denn die geschickteste Art, positive Zuwendungen etwa in Form von Rentenerhöhungen zu finanzieren, ohne Steuern erhöhen zu müssen oder an anderer Stelle zu sparen, ist zweifellos die Verlagerung der Kosten in die Zukunft. An dieser Stelle verortet Buchanan einen fatalen Einfluss des Keynesianismus und seiner Strategie des *Deficit Spending* zur Konjunkturankurbelung. Diese habe die fiskalische Moral unterminiert und Staatsdefizite im Namen der Arbeitslosigkeitsbekämpfung akzeptabel gemacht.[36] Doch die Vorstellungen von Keynes könnten schon allein deshalb nicht umgesetzt werden, weil Politiker eben nicht, wie gefordert, in wirtschaftlichen Boomzeiten Staatsdefizite durch Sparmaßnahmen oder Steuererhöhungen abbauen würden, da dies ihre Wiederwahlchancen gefährde. So wird der Keynesianismus zur Lizenz zum Schuldenanhäufen bzw. zum Gelddrucken, um den realen Wert dieser Schulden durch begrenzte Inflation zu reduzieren und die Wirtschaft durch billiges Geld weiter anzukurbeln. Letztendlich macht die so beschriebene Krise auch nicht vor der Bevölkerung halt, denn auch die nüchterne Beobachterin kann leicht den Eindruck gewinnen, dass es sich bei politischen Kompromissen oft um ein rückgratloses Schachern handelt, das rein strategischen Erwägungen unterliegt und das beständig darauf bedacht ist, Kosten auf verdeckte Weise an Dritte weiterzugeben, also etwa an die vielbeschworenen zukünftigen Generationen. Zudem mangelt es der demokratischen Politik in ihrer unterschiedlichen Behandlung von Gruppen und auch in ihrer Diskontinuität aufgrund von Regierungswechseln an Kohärenz. Für Buchanan führt das zu einer Erosion etwa familiärer Werte, aber auch zu einem Vertrauensverlust gegenüber Regierenden und politischen Institutionen.[37] Die Regierten wähnten sich zusehends in einer »›konstitutionellen Anarchie‹«[38] und deshalb sei es kaum verwunderlich, wenn es zu Studentenunruhen – die Buchanan selbst in den 1960er Jahren miterlebte – und anderen ›Exzessen‹ komme. Das Wertefundament sei nicht zuletzt durch den Zynismus der politischen Klasse erschüttert worden.

Bevor wir das spezifische Profil der Konstitutionenökonomik durch die Abgrenzung vom Ordoliberalismus schärfen wollen, ist hier zunächst festzuhalten, dass Buchanan als neoliberaler Denker im oben entwickelten Sinne verstanden werden kann: Deutlich ist einerseits die Bezugnahme auf die Agenda des klassischen Liberalismus, insofern er die Kernidee Smiths, Tauschbeziehungen als Positivsummenspiele zu verstehen, aufnimmt und in der Anwendung auf politische Zusammenhänge erweitert. Andererseits enthält der Analyserahmen Elemente, wie etwa das Modell des *Homo oeconomicus*, die dem klassischen Liberalismus noch fremd sind. Ähnliches gilt für das formalisierte vertragstheoretische Instrumentarium, auf das Buchanan zurückgreift. Der Bruch mit der Entwicklung des 19. Jahrhunderts zeigt sich am deutlichsten in Buchanans Kritik der sogenannten Wohlfahrtsökonomik, deren Agenda eine wissenschaftliche Politikberatung mit dem Ziel der Maximierung gesellschaftlichen Nutzens war (und die allerdings nicht eindeutig als Teil einer liberalen Tradition bestimmt werden kann). Buchanan bezweifelt nicht nur die interpersonale Vergleichbarkeit von Nutzen, die darin vorausgesetzt ist, sondern auch dass Politiker wirtschaftspolitische Vorschläge umsetzen, die ihren Wiederwahlchancen im Wege stehen – selbst wenn bewiesen werden könnte, dass die entsprechenden Reformen der Gesellschaft insgesamt nützen.

Darüber hinaus findet sich auch bei Buchanan der defensive und bisweilen alarmistische Ton, den schon die erste Generation neoliberaler Denker angeschlagen hatte.[39] Interessant am Fall Buchanan ist, dass er schon die nächste Generation repräsentiert und die liberale Krise, auf die er reagiert, eher durch Keynesianismus und Sozialstaat als durch Sozialismus und Faschismus hervorgerufen wird. Diese Verschiebung findet Ausdruck im Titel eines Vortrags, den Buchanan 1990 hielt: *Socialism is dead, but Leviathan lives on.*

Doch vom Ordoliberalismus unterscheidet sich die Konstitutionenökonomik bei allen sonstigen Gemeinsamkeiten und Korrespondenzen nicht nur durch eine veränderte Gegnerschaft, sondern vor allem durch eine diametral entgegengesetzte Staatstheorie.[40] Wo die Ordoliberalen – wie auch die erwähnte Wohlfahrtsökonomik – im Hinblick auf die Durchsetzung der Wettbewerbsordnung ihre Hoffnungen bei allen Bedenken auf den Staat setzen, da steht bei Buchanan die Theorie vom Staatsversagen aufgrund der Fehlanreize für Politiker und Bürokraten unter demokratischen Bedingungen. Zwar sähen die Anreize anders aus unter einem nichtdemokratischen Regime, aber die bei den Ordoliberalen verzeichnete autoritäre Wendung findet sich in dieser Form bei Buchanan nicht. Dennoch ist auch seine Lösung des Problems des Staatsversagens, das sich in ähnlichen

Varianten auch bei anderen Neoliberalen findet, vom demokratietheoretischen Standpunkt her gesehen nicht ganz unbedenklich. Vereinfacht gesagt handelt es sich um die ›Odysseus-Strategie‹: Wie dieser sich von seinen Matrosen an den Mast binden ließ, um den Sirenen lauschen zu können, ohne ihnen zu verfallen, so sollen sich auch der Staat bzw. seine Repräsentanten und Funktionsträger an selbstgegebene Regeln binden, um das bestehende System der Fehlanreize zu überwinden. Das beste Beispiel ist die vieldiskutierte und in der deutschen Verfassung verankerte Schuldenbremse, die es dem Staat schlicht untersagt, über ein bestimmtes Niveau hinaus Schulden aufzunehmen, und verlangt, die Schulden langfristig zu tilgen – was offensichtlich nur möglich ist durch Steuererhöhungen und/oder Ausgabensenkungen.[41] Auf die Implikationen derartiger Vorkehrungen auf der Verfassungsebene wird im abschließenden Kapitel im Lichte der Austeritätspolitik in Reaktion auf die europäische Finanz- und Staatsschuldenkrise noch einmal zurückzukommen sein. An dieser Stelle sei nur darauf hingewiesen, dass diese Selbstbeschränkung zumindest kritische Aufmerksamkeit verdient. Denn obgleich sich der demokratische Souverän durch die Regeln des Rechtsstaates immer auch selber bindet, ist doch fraglich, ob einer Schuldenbremse dieser Rang zukommen sollte und ob sie nicht den demokratisch legitimierten politischen Gestaltungsspielraum einer Regierung übermäßig einengt.

In den Schuldenbremsen oder dem, was im amerikanischen Kontext als *Balanced Budget Amendment* diskutiert wird, steckt für Buchanan jedoch auch ein theoretisches Problem. Denn nach all dem, was über die Anreizstruktur des Politikers in repräsentativen Demokratien gesagt wurde, sollte eigentlich die Verabschiedung einer Schuldenbremse völlig ausgeschlossen sein, reduziert sie doch massiv die Möglichkeiten von Politikern, das Elektorat durch positive Zuwendungen für sich zu gewinnen. Daraus lassen sich zwei Schlussfolgerungen ziehen. Entweder die Theorie hat nur ein begrenztes empirisches Erklärungspotenzial oder, schärfer formuliert, sie kann noch nicht einmal erklären, wie eine ihrer Hauptforderungen umgesetzt werden soll, weil ihre Grundannahmen dies eigentlich ausschließen.[42] Alternativ müsste man die Schuldenbremsen als politische Taktik verstehen, die zwar auf dem Papier stehen, aber gegebenenfalls auch immer wieder aufgeweicht oder suspendiert werden können. Das Schicksal der Regeln des europäischen Wachstums- und Stabilitätspaktes von 1997 liefert hierfür reichlich Anschauungsmaterial. Wenn aber diese Regeln doch immer wieder unterlaufen und missachtet werden, welche Bedeutung bleibt dann der regelbasierten Selbstbindung als zentraler Forderung des konstitutionenökonomischen Neoliberalismus?

2.5 Evolutorischer Neoliberalismus: Friedrich August von Hayek

Blicken wir nun auf eine andere Tradition innerhalb des neoliberalen Denkens, die hier am Beispiel zweier ihrer zentralen Vertreter zu erläutern ist: Es handelt sich um eine Spielart, die sich bei allen Übereinstimmungen und Entsprechungen mit den soeben vorgestellten Entwürfen in einem besonderen Punkt von diesen unterscheidet, nämlich durch die Betonung der in ihren Details unberechenbaren *Dynamik* des Wettbewerbs, die diese Schule gegenüber einem eher statischen Ordnungs- bzw. Verfassungsverständnis auszeichnet, welches ein Grundelement in Konstitutionenökonomik und Ordoliberalismus darstellt. Die Theorien, die diese Dynamik und Instabilität des Wettbewerbs ins Zentrum stellen, stammen von dem schon mehrmals erwähnten Friedrich August von Hayek. Hayek nimmt innerhalb des Neoliberalismus eine besondere Stellung ein, da er im Laufe seines Lebens an allen wichtigen Zentren des Neoliberalismus (geografisch und institutionell) tätig war, nämlich in Wien, London, Chicago und Freiburg. Darüber hinaus war sein Wirken bei der Etablierung der *Mont Pèlerin Society* von entscheidender Bedeutung für die Verbreitung neoliberaler Vorstellungen. Hier sollen die spezifischen Charakteristika seines Denkens im Vordergrund stehen. Hayek als Neoliberalen zu bezeichnen ist unkontrovers.[43] Es finden sich bei ihm alle Merkmale, die als konstitutiv für den Neoliberalismus hervorgehoben wurden: Das liberale Krisenbewusstsein lässt sich in Hayeks Klassiker *Der Weg zur Knechtschaft* besichtigen, der 1944 unter dem Eindruck totalitärer Bedrohungen verfasst wurde. Hier finden sich auch Verweise auf notwendige Revisionen der liberalen Agenda, die Hayek vor allem in der Abkehr von einem vulgärliberalen Laissez-faire sieht: »Die Grundsätze des Liberalismus enthalten keine Elemente, die ihn zu einem starren Dogma machten, und es gibt keine strengen Regeln, die ein und für allemal feststünden [...] Nichts dürfte der Sache des Liberalismus so sehr geschadet haben wie das starre Festhalten seiner Anhänger an gewissen groben Faustregeln, vor allem an dem Prinzip des Laissez-faire.«[44] Andererseits hat sich Hayek wie kaum ein anderer dem Ziel einer Revitalisierung der liberalen Agenda verschrieben, die zwar an deren klassische Gedanken anknüpft, sich jedoch nicht mit einer Restaurierung dieser Vorstellungen begnügen kann. Stattdessen bedürfe es der Formulierung einer zeitgemäßen Version dieser Ideen, die nicht zuletzt in der Lage sein soll, den neu erwachsenen Gegnern des Liberalismus die Stirn zu bieten, wie es in Hayeks Eröffnungsrede der ersten Konferenz am Mont Pèlerin heißt: »The old liberal who adheres to a traditional creed *merely* out of tradition, however admirable his views, is not of much use for our purpose. What we need are people who have faced the arguments from the other side, who have struggled with them and fought themselves through to a position from which they can both critically meet the objection against it and justify their views.«[45] Auch die Gegnerschaft ist 1944 schon klar umrissen in Form der verschiedenen Totalitarismen, deren gemeinsamer Nenner für Hayek die Planwirtschaft darstellt. Als zentraler Antagonist in unterschiedlichem Gewand ermöglicht sie Hayek die charakteristische Ausweitung der Gegnerschaft auf alle planwirtschaftlichen Tendenzen, eben auch im Kontext demokratischer Rechtsstaaten. Die Gefahr der Planwirtschaft droht schon weit diesseits des Totalitarismus, denn mit jedem noch so scheinbar unbedeutenden Fall öffentlicher Planung tut eine Gesellschaft einen weiteren Schritt auf der schiefen Ebene auf dem »Weg zur Knechtschaft«. Ein weiteres Mal sieht sich der Liberalismus in der Defensive und umstellt von allen Seiten. Bezeichnenderweise widmet Hayek die Brandschrift, die zunächst weitgehend ohne Resonanz bleibt, »den Sozialisten in allen Parteien«.

Hayeks Denken, das sich in einem umfassenden und vielfältigen Gesamtwerk niederschlägt, lässt sich anhand einiger zentraler Vorstellungen charakterisieren. Hier sollen zunächst die Frage des Wissens und die Neuinterpretation der Rolle des Wettbewerbs erläutert werden. Im Titel eines Vortrags von 1968 fasst Hayek seine Grundintuition bündig zusammen: *Wettbewerb als Entdeckungsverfahren*.[46] Die Herausforderung moderner ausdifferenzierter Gesellschaften besteht für ihn darin, die dezentral auf individueller Ebene vorhandenen Wissensressourcen optimal zu nutzen. Der Wissenshorizont des Einzelnen ist eng begrenzt, wobei Wissen für Hayek auch implizites Wissen in Form von Fertigkeiten und klugen Gewohnheiten umfasst. Der Markt soll nun in der Lage sein, diese lokalen Wissensbestände zu verarbeiten und damit die Nachfrage nach Gütern, Ideen und Problemlösungen mit dem entsprechenden Angebot zu koordinieren. Wichtig ist aus Hayeks Perspektive der weitgehend offene Verlauf dieses Verfahrens, denn kein einzelner Akteur kann im Vorfeld wissen, welche Knappheiten sich auf der Basis der verarbeiteten Wissensbestände ergeben und welche Möglichkeiten ihrer Überwindung durch diesen marktvermittelten Wettbewerb generiert werden. Damit lässt sich (marktvermittelter) Wettbewerb als spontane Ordnung verstehen, mit deren Betonung Hayek an einen Vertreter der schottischen Aufklärung anschließt: Von Adam Ferguson stammt die Vorstellung, dass Ordnungen zwar das Resultat menschlicher Handlungen, aber nicht menschlicher Planung seien. Mit dieser Grundidee des Marktes als einer spontanen Ordnung, die Wissen verarbeitet bzw. generiert und Handlungen dahingehend koordiniert, dass auf möglichst effiziente Art und Weise die Güter und Dienstleistungen produziert werden, für die eine Nachfrage besteht, ist schon vieles impliziert. Die Betonung des konstitutiven Nicht-Wissens der Marktakteure über vorhandene Knappheiten, das nur durch den Markt und immer nur vorübergehend überwunden wird, bezeichnet einen scharfen Dissens mit den neoklassischen Gleichgewichtsanalysen des 19. Jahrhunderts, in deren Modellannahmen sich u.a. die vollständige Information der Akteure über gegebene Knappheiten findet. Hayek verkehrt diese Annahme in ihr Gegenteil und interessiert sich weit weniger für vorübergehende Gleichgewichtszustände auf Märkten als vielmehr für die unvorhersehbare Dynamik der Prozesse, in denen sich die innovative Kraft des Marktes in der Entdeckung neuer Probleme und Lösungen am ehesten äußert.[47] Hier zeigt sich auch eine unüberbrückbare Distanz zur vollständigen Konkurrenz Euckens als anzustrebendem Idealzustand, der für Hayek eher mit Stillstand konnotiert ist.[48] Aus diesen Vorstellungen gewinnt Hayek das argumentative Potenzial für die Kritik an seinem Hauptgegner. Der erste von zwei Hauptkritikpunkten an planwirtschaftlichen Vorstellungen beruft sich auf den epistemologischen Perspektivismus als Grundkonstellation moderner Gesellschaften: Nicht-Wissen bzw. unkalkulierbare Unsicherheit im Gegensatz zum kalkulierbaren Risiko, um die weiter oben erwähnte Unterscheidung des Chicagoer Ökonomen Frank Knight aufzunehmen, machen eine zentral geplante Wirtschaft zu einer wenig erfolgversprechenden Option. Denn wer auch immer die planende Instanz ist, wird sich nicht mit der Effizienz des Marktes in der Verarbeitung dezentral vorhandener Information und der Nutzung entsprechender Wissensbestände messen können. Dieser argumentative Kern wird auf vielfältige Weise flankiert, doch das Wissensproblem bleibt in Hayeks Augen der beste Einspruch gegen Planwirtschaften.

Das zweite Argument ist etwas anders gelagert, doch auch in ihm kommt die Annahme eines Perspektivismus zum Tragen, allerdings handelt es sich in diesem Fall um einen normativen bzw. ethisch-moralischen Perspektivismus. Hayek zeigt sich in diesem Punkt von seinen österreichischen Landsleuten geprägt, denn die Annahme, dass es keine verallgemeinerbaren Vorstellungen von Gerechtigkeit, dem guten Leben etc. gibt, speist sich sowohl aus der Grenznutzenlehre Carl Mengers, welche die subjektive Beurteilung des Nutzens eines Gutes zum einzigen Kriterium für dessen Wert erhebt, als auch aus der Kritik Joseph Alois Schumpeters an allen Versuchen, eine Vorstellung des Gemeinwohls zu formulieren. Vor diesem Hintergrund holt Hayek in verschiedenen Werken zu einer umfassenden semantischen Kritik bestimmter Terminologien aus, wobei hier der Begriff der »sozialen Gerechtigkeit« immer wieder im Mittelpunkt seiner Betrachtungen steht. Für Hayek handelt es sich bei sozialer Gerechtigkeit um eine Leerformel, die von Seiten verschiedenster Akteure gemäß ihren Interessen mit Inhalten gefüllt und so zur Durchsetzung dieser immer partikularen Positionen instrumentalisiert werden kann. Der Begriff fungiert dann als Einsatz in einer Form des Wettbewerbs, die Hayek wie alle seine neoliberalen Mitstreiter weitestgehend vermeiden möchte, nämlich den Wettbewerb von Interessengruppen um vom Staat verliehene Privilegien. Soziale Gerechtigkeit legitimiert als Forderung Einkommens- und Vermögensumverteilungen zur Korrektur der Markteffekte, die in ihrer Ungleichheit als ungerecht dargestellt werden. Hier hakt Hayek mit einer weiteren und überaus folgenreichen Facette seiner semantischen Gerechtigkeitskritik ein: Die aus marktvermitteltem Wettbewerb resultierende Ungleichheit, die er keineswegs leugnet, als ungerecht zu charakterisieren zeugt nicht von einem unzureichenden Gerechtigkeitsverständnis; für Hayek handelt es sich schlichtweg um einen Kategorienfehler. Gerade weil der Marktprozess zumindest in seinen Details undurchschaubar bleibt und unberechenbare Ergebnisse hervorbringt, mache es keinen Sinn, diese als ungerecht zu bezeichnen. Gerechtigkeit will Hayek als Kategorie einzig auf intentionale menschliche Handlungen beziehen. Da der Markt als spontane Ordnung diesen Kriterien jedoch nicht entspreche, könne ihm als unpersönliches Koordinationsarrangement soziale Ungerechtigkeit ebenso wenig vorgeworfen werden, wie man Erdbeben aufgrund ihrer Verwüstungen der Ungerechtigkeit bezichtigt. Dieses Argument ist in mehrerlei Hinsicht kontrovers.

Zunächst kann das restriktive Gerechtigkeitsverständnis nicht restlos überzeugen, weil dadurch beispielsweise die indirekten oder nichtintendierten Folgen politischer Entscheidungen automatisch der Beurteilung auf ihre Gerechtigkeit entzogen werden. Gleiches gilt für Effekte, die von bestimmten institutionellen Arrangements etwa im sozialstaatlichen Bereich ausgehen, die sich aber als solche nicht restlos auf individuelle Handlungsfolgen zurückführen lassen. Es ließe sich also von einer handlungstheoretischen Engführung des Gerechtigkeitsbegriffs sprechen. Doch Hayek belässt es nicht bei dieser eher defensiven Verteidigung des Marktes. Welchen Akteuren bzw. Produkten Erfolg am Markt beschert sei, hänge ebenso sehr von Findigkeit, Anstrengung und Disziplin eines Unternehmers im weitesten Sinne ab, wie es auch eine Frage des Glücks, ja des Zufalls sei.[49] Und mit dem ihm eigenen Freimut, der sich oft genug auch in polemischer Zuspitzung äußert, räumt Hayek sogar ein, dass die Ergebnisse des Markthandelns wohl niemandem normativ akzeptabel erscheinen würden, wenn sie das Resultat menschlicher Planung wären – aber genau dies ist im Rahmen der spontanen Ordnung nicht der Fall. Mit diesem Eingeständnis unterschätzt Hayek vermutlich die Bedeutung von Vorstellungen über Leistungsgerechtigkeit und Meritokratie für die normative Rechtfertigung der Marktordnung. Indem sie besagen, dass Erfolg und Reichtum wie auch ihr Gegenteil in gewisser Weise verdient und damit auch gerechtfertigt seien, stellen sie die zentralen Legitimationsfiguren für soziale Ungleichheit dar. Ist Erfolg in beträchtlichem Maße von Glück und unkontrollierbaren Umständen abhängig, was eine konsequente Schlussfolgerung aus Hayeks Marktverständnis wäre, dann entfällt diese Rechtfertigung. Es überrascht daher nicht, dass nur wenige Verteidiger der Marktordnung bereit sind, Hayek in diesen Überlegungen zu folgen.

Doch in dieser robusten Zurückweisung von Gerechtigkeitsargumenten deutet sich eine entscheidende Entwicklung im Denken Hayeks an. Sie verläuft von einer normativen Begründung der (neo-)liberalen Ordnung im Namen von Freiheit und Rechtsstaatlichkeit in Richtung einer zusehends evolutorischen Vorstellung der Gruppenauslese, in deren Rahmen die Marktordnung als Errungenschaft kultureller Evolution betrachtet wird und so als Vorteil im Überlebenskampf um knappe Ressourcen ihre normative Bedeutung erhält. Dies ist nicht überraschend, betrachtet man das obige Argument des Kategorienfehlers genauer. Schon hier findet sich eine Naturalisierung des Marktgeschehens, dessen Effekte als äquivalent zu den Folgen von Naturereignissen aufgefasst werden. Im Lichte dieser evolutionstheoretischen Rahmung von Hayeks Theorien muss das beste Argument für die Marktordnung nicht die individuelle Freiheit sein, die sie den Gesellschaftsmitgliedern ermöglicht, sondern die Tatsache, dass sich diese Ordnung immer weiter verbreitet – immerhin bis ins offiziell nach wie vor kommunistische China unserer Tage. Doch die Evolutionstheorie, die Hayek in seinen immer weiter über das Feld der Wirtschaftstheorie hinausgreifenden Überlegungen und Arbeiten zu untermauern versucht, verleiht dieser Version des neoliberalen Denkens auch eine konservative Dimension. Denn obgleich Hayek explizit dieser Deutung widersprochen hat, bleibt doch der Eindruck eines Funktionalismus bestehen, der die Existenz eines Phänomens – in diesem Fall etwa die Marktordnung – durch ihre Funktionalität im Überlebenskampf der Gruppen erklärt. Genauer gesagt handelt es sich bei solchen Ordnungen oder Institutionen um Wissensspeicher, in denen Wissen und Erkenntnisse von Generationen geronnen sind und die man daher insbesondere vor dem Hintergrund der weiter oben erläuterten Knappheit von Wissen keinesfalls leichtfertig zugunsten alternativer Arrangements aufgeben sollte. So kritisiert Hayek die leichtfertige *Anmaßung von Wissen* – so der Titel seines Nobelpreisvortrags von 1974 – bei Sozialingenieuren, -reformern oder gar -revolutionären, die tatsächlich glaubten, ihre Utopien seien den aus langen evolutionären Lernprozessen hervorgegangenen Gesellschaftsordnungen überlegen. Hierzu ist dreierlei anzumerken: Erstens findet sich Hayek mit diesem Lob des Status quo eindeutig in der Tradition des Konservatismus. Die zentralen Einsprüche des konservativen Ahnherrn Edmund Burke gegen die Französische Revolution entspringen der gleichen Logik, auch wenn sie noch nicht evolutionstheoretisch unterfüttert sind. Zweitens birgt diese Argumentation den zentralen Streitpunkt mit James Buchanan, der Hayek einen gewissen Evolutionsfatalismus vorwirft, sei doch nicht a priori damit zu rechnen, dass die entsprechenden Prozesse tatsächlich zur Herausbildung besserer Institutionen führten. Bei allem Respekt vor nichtintendierten Lernprozessen müsse nach wie vor Raum für die bewusste Gestaltung von Institutionen- und Verfassungsordnungen bleiben, worauf sich schließlich ein großer Teil der konstruktiven Überlegungen der Konstitutionenökonomik bezieht.[50] Hayek hat diesen Vorwurf als Überzeichnung seiner Position zurückgewiesen, ohne dass dadurch allerdings die Bedenken von Seiten der Konstitutionenökonomik gänzlich ausgeräumt worden wären. Zuletzt stellt sich die Frage, inwieweit die Positionierung Hayeks nicht auch die Konsistenz seiner wirtschaftspolitischen Forderungen beeinträchtigt. Immerhin können auch institutionelle Arrangements wie der von Hayek immer wieder kritisierte Sozialstaat für sich in Anspruch nehmen, zumindest einige Dekaden überdauert und sich in diesem Sinne ebenfalls als evolutionäre Errungenschaft bewährt zu haben. Insbesondere der Sozialstaat kann in seinen unterschiedlichen Formen auf eine lange Geschichte der Ausbreitung über verschiedene Gesellschaften zurückblicken.[51] Umgekehrt müssen mehr oder weniger dramatische Reformen in Richtung einer Liberalisierung den Vorbehalt entkräften, dass sich auch in ihnen eine Hybris der Vernunft gegenüber den gewachsenen politökonomischen Gesellschaftsstrukturen manifestiere. In diesem Zusammenhang ist aber auch festzuhalten, dass Hayek bei aller Naturalisierung des Gesellschaftlichen und einer oftmals sozialdarwinistisch anmutenden Rhetorik nicht nachgesagt werden kann, die Logik des Überlebenskampfes so weit auf die Spitze zu treiben, dass jegliche Unterstützung für die Verlierer dieses Kampfs gänzlich ausgeschlossen würde. Schon in *Der*

Weg zur Knechtschaft räumt Hayek die Möglichkeit sozialstaatlicher Sicherungssysteme ein, allerdings nur insofern sie nicht mit den Prinzipien der Rechtsstaatlichkeit kollidierten. Diese Vorstellung wird auch noch in späteren Schriften bestätigt und dahingehend konkretisiert, dass Unterstützung für die nicht Wettbewerbsfähigen in einer Form zu gewähren sei, die die Marktprozesse so wenig wie möglich beeinträchtige, nämlich in Form einer Grundsicherung. Alle Übrigen, die wenn auch nur geringfügige Einkommen am Markt erzielen können, werden auf private Versicherungen und Vorsorge verwiesen.

Auch Hayeks politische Philosophie soll zuletzt kurz skizziert werden, insbesondere hinsichtlich Staat und Demokratie. Die entsprechenden Ideen weisen beträchtliche Schnittmengen mit den weiter oben erläuterten Varianten neoliberalen Denkens auf. Die Problemanalyse der den Staat belagernden Interessengruppen teilt Hayek mit den Ordoliberalen, die Idee der Selbstbeschrankung des Staates verbindet Hayek und Buchanan. Auch Hayek ist besorgt über eine übermäßige oder gar exzessive Demokratie, in der die Mehrheit ermächtigt ist, über alles und jeden zu entscheiden. Hier drohe die Gefahr einer Tyrannei der Mehrheit, die einer Minderheit ihren Willen aufzwingen könne. Freiheit besteht für Hayek in erster Linie in der Abwesenheit von Zwang, der handlungstheoretisch als die intentionale Unterwerfung unter den Willen eines anderen verstanden wird. Eine *Verfassung der Freiheit*, wie Hayeks Opus Magnum von 1960 heißt, muss dementsprechend insbesondere Sorge dafür tragen, dass Minderheiten nicht dem Zwang von Seiten der Mehrheit ausgesetzt sind. Hayek glaubt, das Problem durch eine konsequente Durchsetzung des Rechtsstaates lösen zu können, welcher für ihn vor allem auf der Allgemeinheit des Gesetzes basiert. Denn »der Begriff der Freiheit unter dem Gesetz [...] beruht auf der Ansicht, daß wir mit der Befolgung von Gesetzen im Sinne von allgemeinen abstrakten Regeln, die unabhängig von ihrer Anwendung auf uns niedergelegt werden, nicht dem Willen eines anderen unterworfen und daher frei sind«[52]. Rechtsnormen als allgemeine Regeln sollen also sowohl die gezielte Repression oder finanzielle Belastung von Minderheiten als auch die Möglichkeit positiver Zuwendungen für bestimmte Gruppen von Seiten des Staates verhindern. So wird die Möglichkeit einer demokratischen Willkürherrschaft durch die Bindung an allgemeine Gesetze eingeschränkt. Durch diese Selbstbindung wird der Staat laut Hayek zu einem starken Staat, der sich gerade durch die Unmöglichkeit der Bevorzugung bzw. Benachteiligung partikularer Gruppen auch von diesen unabhängig macht. Doch um diesen Vorschlag plausibel zu machen, muss Hayek zumindest zwei weitere Fragen klären: Wie genau ist die Allgemeinheit des Gesetzes definiert und welchen Grund gibt es für die Annahme, dass eine demokratische Legislative sich je durch die Verabschiedung dieser allgemeinen Gesetze selbst um jeglichen diskretionären Handlungsspielraum bringen würde? Hayek kann auf die erste Frage letztlich keine befriedigende Antwort geben, da unklar bleibt, was es genau bedeutet, dass ein Gesetz in gleicher Weise für alle ihm Unterworfenen gelten soll und in diesem Sinn allgemein ist: »Es muß zugegeben werden, daß trotz vielen geistvollen Versuchen, das Problem zu lösen, kein völlig befriedigendes Kriterium gefunden worden ist, das uns immer sagen würde, welche Klassifikation mit der Gleichheit vor dem Gesetz vereinbar ist.«[53] Die zweite Frage beantwortet Hayek mit Verweis auf den institutionellen Reformvorschlag eines Zwei-Kammer-Systems. Die erste Kammer übernimmt die Funktion der Regierung, deren Aufgabe die Anwendung von Gesetzen bzw. die Durchführung von politischen Maßnahmen innerhalb des durch allgemeine Gesetze bestimmten Rahmens ist. Die zweite Kammer ist die eigentliche Legislative, die jene allgemeinen Gesetze verabschiedet. Während die Regierungskammer nach herkömmlichem Wahlrecht zusammengesetzt wird, soll die Gesetzgebungskammer auf 15 Jahre gewählt werden, wobei ein Fünfzehntel ihrer Mitglieder (die nicht wiederwählbar sind) jedes Jahr neu gewählt wird, um so den säkularen Trends gesellschaftlichen Stimmungswandels Rechnung zu tragen. Allerdings sollen die Bürger immer nur über Altersgenossen abstimmen, da sie diese am besten einschätzen könnten. Dies läuft auf den Vorschlag hinaus, dass jeder Bürger nur einmal in seinem Leben, nämlich etwa in seinem 45. Lebensjahr zur Wahl eines Bruchteils der gesetzgebenden Kammer aufgerufen ist.[54] Das Motiv hinter Hayeks Vorschlag ist leicht erkennbar. Die Gesetzgebungskammer ist von gesellschaftlichem Druck weitestgehend isoliert. Ihre Mitglieder sind auf 15 Jahre gewählt und haben daher keinen Anreiz, Politik mit dem Zweck ihrer Wiederwahl zu betreiben. Was diesen Status anbelangt, erinnern sie an Mitglieder des englischen Oberhauses oder Verfassungsrichter, worin Hayek ein effektives Mittel zur Bändigung des Regierungshandelns und wohl auch einen Garanten dafür sieht, dass über lange Zeit gewachsene Regeln und Institutionen, die sich also evolutionär bewährt haben, nicht kurzfristigen Politikerkalkülen oder den Launen des Demos geopfert werden. Der Eindruck bleibt allerdings bestehen, dass Hayeks Vorschlag Rechtsstaat gegen Volkssouveränität ausspielt, anstatt sie als zwei Seiten der gleichen Medaille liberaler Demokratie zu begreifen. Die Durchsetzung der Rechtsstaatlichkeit des allgemeinen Gesetzes müsste offensichtlich mit einer massiven Einschränkung der Volkssouveränität in ihren verschiedenen Aspekten erkauft werden.

2.6 Monetaristischer Neoliberalismus: Milton Friedman

Wenden wir uns nun zuletzt Milton Friedman (1912-2006) zu, dessen Name untrennbar mit der sogenannten *Chicago School* verknüpft ist. Wie schon erwähnt, gehörte Friedman zu den Teilnehmern des Gründungstreffens der *Mont Pelèrin Society*, deren Präsidentschaft er von 1970 bis 1972 übernahm. Wie Hayek im Jahre 1974 und Buchanan 1986, so erhielt auch Friedman im Jahre 1976 den Wirtschaftsnobelpreis, vor allem für die Entwicklung der entscheidend durch ihn geprägten Theorie des Monetarismus.

Friedmans Einordnung als Neoliberaler ist weitgehend unstrittig. Er gehört zu den Autoren, die sich in den ersten Jahren der *Mont Pelèrin Society* zu einer Agenda des Neoliberalismus bekennen, welche sich von einem reinen Laissez-faire-Verständnis von Wirtschaftspolitik abzugrenzen habe.[55] Für die Krise des Liberalismus, die durch eine Revision und Revitalisierung liberaler Ideen überwunden werden muss, ist aus Friedmans Perspektive in erster Linie der Keynesianismus verantwortlich, dem er wie viele seiner Kollegen geradezu revolutionäre Eigenschaften zuspricht. Dementsprechend bedeutet aber auch das Wiedererstarken des Liberalismus in seinem neuen Gewand nichts weniger als den Versuch einer »Gegenrevolution«.[56] Auch wenn Friedmans Rhetorik sich im Vergleich zu anderen Neoliberalen noch geradezu nüchtern ausnimmt, lässt die Kampfmetaphorik darauf schließen, dass auch sein Wirken unter dem subjektiven Eindruck eines dramatischen Niedergangs steht – nicht nur des Liberalismus, sondern auch der USA –, der revolutionäre Lösungen erforderlich macht. Tatsächlich gelingt Friedman mit der Entwicklung des Monetarismus zumindest in der Wirtschaftstheorie eine solche (Konter-)Revolution, welche im Zusammenspiel mit bestimmten ökonomischen Entwicklungen die wirtschaftspolitische Hegemonie des Keynesianismus letztlich brechen sollte, wie im nächsten Kapitel zu zeigen sein wird.

Friedmans Monetarismus speist sich nicht nur aus wirtschaftstheoretischen Überlegungen etwa bezüglich einer Reformulierung der sogenannten Quantitätstheorie des Geldes, sondern auch durch empirische Forschungen, was innerhalb des Kreises neoliberaler Vordenker eher ungewöhnlich ist. Am besten lässt sich die Lehre über ihren großen Gegenspieler, den Keynesianismus, erläutern, denn sie wurde Stück für Stück in der kritischen Auseinandersetzung mit dessen Annahmen und Thesen entwickelt. Dazu gehört zunächst eine alternative Diagnose der Weltwirtschaftskrise Ende der 1920er Jahre, die nicht nur mit zur liberalen Krise beitrug, sondern auch dem Keynesianismus zum Durchbruch verhalf. Keynes hatte argumentiert, dass die Krise letztlich auf Nachfragemangel beruhe, der durch staatliche Interventionen in Form von Fiskal- und Geldpolitik ausgeglichen werden könne. Dagegen macht Friedman in erster Linie die Geldpolitik der Notenbank und damit indirekt auch die Regierung für die Depression verantwortlich, da sie es versäumt hätten, der aufkommenden Kreditklemme von Banken und Unternehmen durch eine Ausweitung der Geldmenge entgegenzuwirken.[57] Friedman bezweifelt sogar die grundsätzliche Möglichkeit einer keynesianischen Konjunkturpolitik, was sich insbesondere an zwei Punkten festmachen lässt. Der erste kombiniert in gewisser Weise Elemente aus Buchanans und Hayeks Denken, insofern er davon ausgeht, dass es äußerst optimistisch sei, zu unterstellen, dass Geldpolitiker in Regierung und Notenbanken bei ihren Entscheidungen einzig das Gemeinwohl im Auge hätten. Selbst wenn dies der Fall wäre, so wäre immer noch ein massives Wissensproblem zu bewältigen, denn die konjunkturpolitischen Maßnahmen griffen aufgrund ihrer verzögerten Wirkeffekte (*time lags*) nicht kurzfristig genug, so dass Regierungen die Krisen schon lange vor ihrem Ausbrechen antizipieren müssten. Dies bedeutet, dass der Versuch der Ankurbelung der Konjunktur meist zu spät greift und dann entweder wirkungslos bleibt oder gar entgegen den keynesianischen Vorstellungen nicht antizyklisch, sondern prozyklisch wirkt. Der zweite Kritikpunkt macht sich an der sogenannten Phillips-Kurve fest, die ein zentrales Theorem des angewandten Keynesianismus darstellt, das aber nicht von Keynes selbst entwickelt wurde. Die Kurve stellt einen theoretischen Zusammenhang zwischen Inflations- und Arbeitslosigkeitsraten im Sinne eines Trade-Offs zwischen beiden her. Demnach ließe sich eine Senkung der Arbeitslosigkeit durch eine dosierte Erhöhung der Inflation erkaufen. Friedmans Kritik besagt, dass dieser Wirkungszusammenhang nur kurzfristig gegeben sei, nämlich so lange, wie die expansive Geldpolitik zu niedrigeren Zinsen führe (welche wiederum Investitionen fördere) und die resultierende Geldentwertung sinkende Reallöhne (Nominallohn abzüglich Inflationsrate) der Beschäftigten nach sich ziehe. Diese niedrigeren Reallöhne zögen dann tatsächlich eine Erhöhung des Beschäftigungsniveaus nach sich, doch sobald die Arbeitnehmer sich über die Inflation bewusst würden und diese als Erwartung in ihr Handlungskalkül Eingang finde, forderten sie höhere Nominallöhne,[58] um die inflationäre Geldentwertung auszugleichen, was zu sogenannten Lohn-Preis-Spiralen führen könne. Damit verpuffen sämtliche Beschäftigungseffekte – was bleibt ist allein eine höhere Inflationsrate. Die Tragweite dieses Arguments ist beträchtlich, ließ sich doch mit seiner Hilfe das prägende wirtschaftliche Phänomen in der OECD-Welt der 1970er, die sogenannte Stagflation, erklären, bei der inflationäre Tendenzen mit stagnierendem Wirtschaftswachstum einhergingen.

Doch der monetaristische Neoliberalismus erschöpft sich nicht in der hier nur verkürzt dargestellten Kritik am Keynesianismus. Er umfasst auch eine konstruktive Agenda, in deren

Mittelpunkt die monetaristische Kernforderung bezüglich der Geldpolitik steht, die in gewisser Weise die Anwendung eines neoliberalen Patentrezeptes auf ein spezielles Politikfeld darstellt: die Selbstbindung der Politik. Nachdem Friedman in frühen Arbeiten noch eine antizyklische Geldpolitik erwogen hatte, nimmt die reife monetaristische Lehre schon beinahe stoische Züge an. Sie erschöpft sich in der technischen Umsetzung der Vorgabe, die Geldmenge gemäß einer bestimmten Rate, die mit dem zu erwartenden Wirtschaftswachstum korrespondiert, konstant auszuweiten. Dieses Geldmengenwachstumsziel von beispielsweise drei Prozent pro Jahr wird öffentlich erklärt, so dass einerseits die Erwartungen der Wirtschaftsakteure stabilisiert werden und andererseits Erfolg oder Misserfolg der Geldpolitik problemlos öffentlich überprüfbar sind: »Man muß Regeln für die Führung der Geldpolitik gesetzlich festlegen, die Öffentlichkeit in die Lage setzen, durch ihren politischen Sachverstand die Geldpolitik zu kontrollieren, und Regeln, die gleichzeitig verhindern, daß die Geldpolitik den täglichen Launen politischer Autoritäten unterworfen ist.«[59] Diese stetige Geldmengenpolitik biete einen langfristigen verlässlichen Orientierungsrahmen und stelle darüber hinaus die zentrale Ermöglichungsbedingung für Märkte dar, nämlich einen funktionierenden Preismechanismus, der vor inflationären Verzerrungen zu schützen sei. Aus dieser Grundforderung lassen sich die meisten Aspekte des neoliberal-monetaristischen Programms mehr oder weniger stringent ableiten, wobei die Differenzen zu anderen neoliberalen Schulen deutlich werden. Der frühe Friedman hatte noch die Sprache der deutschen Ordnungspolitik sowie der frühen *Chicago School* um Henri Simons gesprochen.[60] Dementsprechend war hier neben dem Bekenntnis zur marktwirtschaftlichen Freiheit auch die Forderung nach der Nivellierung wirtschaftlicher Macht zu finden. Dem Laissez-faire sich selbst regulierender Märkte wurde noch eine positive Rolle des Staates in der Durchsetzung und Aufrechterhaltung der Wettbewerbsordnung auch gegen private Interessen gegenübergestellt. Doch über die Jahre verstärken sich in der Frage von Wettbewerbspolitik und entsprechender Marktregulierung die Unterschiede zwischen Chicago und Freiburg, die nicht zuletzt wichtige Impulse für die neoliberale Praxis in der Wirtschaftspolitik vor allem in den USA hervorbringen. Friedman nähert sich mit seiner Position immer mehr den alten Vorstellungen von Mises' an und vertritt nun die Meinung, das Monopolproblem, an dem sich die Freiburger abarbeiten, stelle eigentlich gar keines dar. Erstens seien Monopole meistens nur temporäre Erscheinungen, falls sie nicht von staatlicher Seite geschaffen und/ oder gestützt würden; zweitens würden sie sich zumeist selbst disziplinieren und ihre Produktpreise gemäß einer virtuellen Konkurrenzsituation ›als-ob‹ festlegen, um die Wahrscheinlichkeit des Markteintritts eines anderen Anbieters und damit die Möglichkeit realer Konkurrenz zu minimieren. Solange der Marktzutritt also offen sei, bestehe kaum die Gefahr von exzessiven Monopolrenten. Drittens sei es selbst im Falle von ›natürlichen Monopolen‹, also etwa Fällen, in denen die Anfangsinvestitionen für einen neuen Anbieter viel zu hoch wären und der Markt daher von wenigen oder gar nur einem Anbieter beherrscht wird, immer noch besser ein privates Monopol zu dulden, als den entsprechenden Wirtschaftszweig zu verstaatlichen.[61] Auf die Gründe für diesen letzten Punkt wird noch zurückzukommen sein. Bisher lässt sich festhalten, dass sich in der Theorie Friedmans eine Abkehr von aktiver Wettbewerbspolitik im Sinne einer Anti-Monopolpolitik hin zur Deregulierung von Märkten als wettbewerbspolitischer Maxime findet. Solange durch Regulierungsabbau Wettbewerbshemmnisse in Form von Marktzugangsbeschränkungen abgebaut würden und sich die Preisbildung auf Märkten auf der Grundlage stetiger Geldmengenpolitik unverzerrt vollziehen könne, sei jegliche Regulierung von staatlicher Seite kontraproduktiv für das Wirtschaftswachstum. Wie schon Hayek betont also auch Friedman die Dynamik des Marktes, die nicht durch staatliche Regulierung, welche die Freiburger ja zumindest in der Monopolpolitik gefordert hatten, gehemmt werden soll. Im Gegensatz zu Hayek geht diese Perspektive aber nicht mit einer gleichzeitigen Distanzierung von Gleichgewichtsanalysen und der allgemeinen Formalistik der Neoklassik einher. Im Gegenteil, Friedman ist unter den Neoliberalen wohl derjenige, der sich am meisten für eine Rehabilitierung zumindest einiger Aspekte dieser Forschungsrichtung mit den Mitteln der zeitgenössischen Mathematik und Ökonometrie einsetzt. Auf diese Fragen wird weiter unten im Rahmen der Thematisierung des Friedman'schen Wissenschaftsverständnisses und seines Programms der *Positive Economics* zurückzukommen sein. Zunächst müssen aber noch einige weitere wirtschaftspolitische Implikationen des monetaristischen Neoliberalismus herausgearbeitet werden, die uns zu seiner stoischen Ausrichtung zurückführen. Die Überzeugung von der weitgehenden Effizienz von Märkten bedeutet für Friedman vor dem Hintergrund des oben Erläuterten, dass etwa Beschäftigungspolitik letztlich wirkungslos bleiben muss und selbst unter besten Bedingungen ein gewisses Maß an Arbeitslosigkeit existieren wird, wofür Friedman den Begriff der »natural rate of unemployment« geprägt hat.[62] Muss diese Arbeitslosigkeit von politischer Seite tatenlos hingenommen werden, so soll auch ansonsten der Markt in seinen Prozessen nicht durch Regulierungen gestört werden. Friedman leugnet in seinen späteren Konzeptionen weder die Ungleichheit der Ausgangsbedingungen im marktvermittelten Konkurrenzkampf noch die Ungleichheit der Ergebnisse. Doch von einer Korrektur dieser Ungleichheiten, etwa auch mit dem ordoliberalen Ziel einer Intensivierung des Wettbewerbs, will

Friedman nur wenig wissen. Auch in der Frage des Umgangs mit Diskriminierung etwa aufgrund von Geschlecht oder Hautfarbe soll der Markt die Dinge richten, denn aus ökonomischer Perspektive bedeute Diskriminierung nichts anderes als einen Wettbewerbsnachteil, den sich unter Bedingungen effektiver Konkurrenz eigentlich kein Anbieter langfristig leisten könne.[63] Einzig der vieldiskutierte Vorschlag einer negativen Einkommenssteuer lässt sich als graduelle Abweichung von der generellen Ablehnung redistributiver Politik verstehen. Laut Friedman ist sie gegenüber alternativen sozialpolitischen Optionen zu bevorzugen, weil sie den Marktmechanismus gegenüber jenen weit weniger beeinträchtige und dazu mit einem Minimum an bürokratischem Aufwand implementiert werden könne.[64] Die negative Einkommenssteuer würde die aktuelle Praxis der Besteuerung von Einkommen oberhalb eines steuerfrei gestellten Existenzminimums um die steuerlich finanzierte Aufstockung von darunter liegenden Einkommen ergänzen. Zwar hat Friedman weiterreichenden kollektiven Anstrengungen in der Sozialpolitik wie auch der Bereitstellung von bestimmten öffentlichen Gütern durch Steuermittel nie eine kategoriale Absage erteilt, doch gebühre dem Markt grundsätzlich der Vorzug gegenüber dem Staat, da im Zweifelsfall freie Tauschbeziehungen zwangsbewährtem Staatshandeln vorzuziehen seien. Zuletzt sei auf einen ebenfalls bis heute kontrovers diskutierten Vorschlag hingewiesen, der deutlich macht, dass Friedman nicht nur im ökonomischen Bereich den Markt als Koordinationsmechanismus stärken wollte, sondern auch Vorschläge entwickelte, wie jenseits dieser Sphäre Marktmechanismen etabliert werden könnten. Es handelt sich um die Einführung von Bildungsgutscheinen, die auf einem Markt unterschiedlicher Bildungsanbieter eingelöst werden können. Diese Anbieter könnten öffentliche, private oder auch konfessionelle Träger sein, die entsprechende Bildungsanstalten von Vorschulen bis zu Universitäten betreiben. Friedman argumentiert, dass durch diese Entwicklung eines Bildungsmarktes die Qualität und Vielfalt des Angebots erhöht werde und gleichzeitig der Staat nicht länger als Bildungsmonopolist auftreten könne. Ihm bliebe streng genommen nur die Aufgabe, verbindliche Qualitätsstandards zu formulieren und durchzusetzen, wobei er als ein Anbieter von Bildungsangeboten neben anderen auftreten könne.[65] Solche Versuche einer Ausweitung der Marktzone, die sich als Ökonomisierung des Sozialen verstehen lassen, müssen aus der Perspektive etwa des soziologischen Neoliberalismus äußerst problematisch erscheinen. Es sind vor allem die US-amerikanischen Vertreter des neoliberalen Denkens, die nichtökonomische Sphären in ökonomischen Kategorien oder Modellen zu analysieren versuchen. Bei Buchanan finden sich entsprechende Modelle bezüglich des politischen Systems und bei dem Chicagoer Ökonomen Gary Becker bezüglich jeglicher Sphäre menschlichen Handelns bis hin zu Familie und Kriminalität. Darüber hinaus machen sie explizite Vorschläge, wie die Welt nicht nur in ökonomischen Denkkategorien zu verstehen sei, sondern auch dazu, wie soziale Verhältnisse dahingehend transformiert werden könnten, dass sie diesen Kategorien eher entsprechen, wie es etwa bei der Etablierung eines Bildungsmarktes der Fall ist. Doch bei aller Markteuphorie, die sich durch weite Teile von Friedmans Gesamtwerk zieht, bleibt ihre *normative* Begründung bisweilen überraschend schmallippig: In einer an Hayek erinnernden Formulierung räumt Friedman ein: »Die meisten Unterschiede an Status oder Wohlstand können letztlich als Folge des Zufalls ausgelegt werden«, was das meritokratische Element des Marktwettbewerbs zumindest in Zweifel zieht. Der »kapitalistischen Ethik« gegenüber, die Erfolg, aber nicht notwendigerweise Leistung belohnt, gibt sich Friedman beinahe agnostisch: »Es macht mir Schwierigkeiten, sie mit Fug und Recht zu akzeptieren oder zurückzuweisen oder auch irgendein Alternativprinzip zu rechtfertigen. Ich neige mehr zu der Ansicht, daß sie nicht in sich als ethisches Prinzip angesehen werden kann, daß sie vielmehr als Mittel anzusehen ist ...«[66]

Wie bei den übrigen hier besprochenen theoretischen Ansätzen wollen wir auch im Fall des monetaristischen Neoliberalismus die zugrunde liegende politische Philosophie etwas genauer ausleuchten. Was die Staatstheorie angeht, so findet sich bei Friedman wenig Systematisches, was über die schon erörterten Perspektiven hinausreichen würde. Friedman billigt dem Staat bestimmte Aufgaben zu, zu denen auch die Produktion von Kollektivgütern gehört, wenn er auch gleichzeitig davor warnt, ein mögliches Staatsversagen bei der Produktion dieser Güter, aber auch bei der Regulierung der privaten Produktion gegenüber einem Marktversagen zu unterschätzen. Die Bändigung und Kontrolle staatlicher Macht stehen wie bei Buchanans Sorge um einen übermächtigen ›Leviathan‹ im Mittelpunkt der genuin politischen Überlegungen. Für Friedman gibt es zwei aussichtsreiche Wege, die beim Versuch der Einhegung der Staatsmacht beschritten werden können. Der erste findet sich im schlichten Existieren der Marktwirtschaft verwirklicht, denn Friedman wird nicht müde zu betonen, dass die Trennung der wirtschaftlichen Macht von ihrem politischen Gegenstück politökonomische Gewaltenteilung in ihrer besten Form darstelle und so bedenkliche Machtkonzentrationen vermieden würden. Daher rührt die oben erwähnte Präferenz für ein privates gegenüber einem staatlichen Monopol: »In addition, by dispersing *power*, the free market provides an offset to whatever concentration of political power may arise. The combination of economic and political power in the same hands is a sure recipe for tyranny.«[67] Der zweite Weg ist die altbekannte Selbstbindung der Politik bzw. des Gesetzgebers, die bei Friedman Enthaltsamkeit hinsichtlich der Beschäftigungs-, Konjunktur- und Anti-Diskriminierungspolitik einerseits sowie eine strikt regelgeleitete Geldpolitik andererseits impliziert. In gewisser Weise handelt es sich hier um die Forderung einer Selbstabschaffung der Politik: Abgesehen von Deregulierungsreformen sollen Regierungen von aktiven politischen Impulsen weitestgehend absehen, da diese ohnehin verpufften oder ›perverse‹ Effekte hätten. Wo Politik zählt, nämlich im Bereich der Geldpolitik, wird sie auf die technischen Fragen der Bestimmung des Geldmengenziels und dessen Erreichbarkeit reduziert.

Interessanter sind Friedmans Vorstellungen von Demokratie, obgleich auch diese sich in vielerlei Hinsicht mit den schon bekannten Perspektiven überschneiden. Zunächst bleibt festzuhalten, dass Friedman einen weiteren möglichen Weg der Einhegung staatlicher Macht, nämlich deren demokratische Kontrolle, nicht einmal für erwähnenswert hält. Die Vorstellung einer effektiven Überwachung staatlicher Instanzen durch den demokratischen Souverän erscheint ihm wie auch den meisten anderen Neoliberalen als zweifelhaft. Der Grund hierfür liegt nicht zuletzt in der geschickten Lobbyarbeit von partikularen Interessengruppen, die auf Kosten der Allgemeinheit das parlamentarisch demokratische System für ihre Zwecke ausnutzten und eine langfristige Politik etwa mit dem Ziel der Inflationsbekämpfung oder des Staatsschuldenabbaus unmöglich machten: »But the minorities specially affected have strong incentives to mount a propaganda barrage to assure that the majority are not well informed, and their task is easier than that of their opponents. They have visible, immediate effects to portray; their opponents, indirect delayed effects.«[68] Diese ›Herrschaft der Minderheiten‹ ist nicht die einzige Dysfunktionalität, die eine von Parteien dominierte Demokratie mit sich bringt. Da Parteien immer für ein ganzes Bündel mehr oder weniger konsistenter politischer Positionen stehen, ist der Wähler gezwungen, sich mit der Stimmabgabe für eine Partei auch implizit all diese Positionen zu eigen zu machen, auch wenn eine Zusammenstellung von Positionen unterschiedlicher Parteien eher seinen individuellen Präferenzen entsprochen hätte. Hinzu kommt, dass per Mehrheitssystem verabschiedete Gesetze nicht nur für diese Mehrheit, sondern auch für die unterlegene Minderheit gelten, obwohl sie nicht deren Präferenzen entsprechen. In beiderlei Hinsicht, so Friedman, kontrastiert die politische Demokratie auf sehr ungünstige Weise mit der Demokratie des Marktes: »When you vote daily in the supermarket, you get precisely what you voted for, and so does everyone else. The ballot box produces conformity without unanimity; the marketplace, unanimity without conformity. That is why it is desirable to use the ballot box, so far as possible, only for those decisions where conformity is essential.«[69] Betrachtet man Markt und Demokratie also einzig als alternative Mechanismen zur weitestmöglichen Realisierung der eigenen Präferenzen, dann liegt es nahe, die Rolle des Bürgers mit all ihren Defiziten durch die Rolle des Konsumenten zu ergänzen und somit möglichst viele Fragen der marktvermittelten Koordination und damit den individuellen Entscheidungen der Konsumenten zu überantworten. Der zeitgenössische Ruf nach einem politisch und/oder ökologisch bewussten Konsum speist sich nicht zuletzt aus diesen Vorstellungen einer Konsumentensouveränität, die durch Boykotte oder gezielte Bevorzugung bestimmter Produkte oder Marken vermeintlich mehr Steuerungswirkung entfaltet als ihr demokratisches Pendant.[70]

Trotz dieses Plädoyers für die Ergänzung der Demokratie durch Marktprozesse ist sich Friedman allerdings darüber im Klaren, dass kollektive Entscheidungsverfahren bei aller Dysfunktionalität erforderlich bleiben werden. Hier könne die Wissenschaft wertvolle Dienste leisten, indem sie zu einer Rationalisierung der Diskussion beitrage. Deshalb ist abschließend auf Friedmans Konzeption einer ökonomischen Wissenschaft einzugehen. Im Gegensatz zu den übrigen hier diskutierten Perspektiven, denen ein eher umfassendes Verständnis ihrer wissenschaftlichen Disziplin im Sinne einer politischen Ökonomie zugrunde lag, findet sich bei Friedman in gewisser Weise eine Rückorientierung zu Marshall und anderen Wissenschaftlern des 19. Jahrhunderts, die sich für eine methodologisch strenge und mit Modellen arbeitende Disziplin der *Economics* aussprachen. Friedman macht sich diesen Impetus zu eigen und unterscheidet nun zwischen *Normative* und *Positive Economics*, wobei Letztere aufgrund ihrer Methodologie eher einen Anspruch auf Wissenschaftlichkeit erheben können. Die Grundsätze der Methodologie einer positiven Ökonomie legt Friedman 1953 in einem bis heute kontrovers diskutierten Aufsatz nieder, in dem u.a. Sinn und Unsinn ökonomischer Modelle erörtert werden. Gegen den verbreiteten Vorwurf, dass diese Modelle auf unrealistischen Annahmen beruhten, führt Friedman ins Feld, dass es die Aufgabe von Modellen sei, die Realität zu vereinfachen, da deren Abbildung im Maßstab 1:1 keinerlei Erkenntnisgewinn biete. Als Gütekriterium für Modelle könne also nur ihr Potenzial zur Generierung von Hypothesen und Voraussagen fungieren. Es spiele keine Rolle, wie unrealistisch die Annahmen eines Modells seien, solange sie wahre und informative Aussagen über die Wirklichkeit ermöglichten. Damit steht Friedman im Kreise seiner neoliberalen Mitstreiter weitgehend allein, gehört doch zu deren Krisendiagnosen zumeist auch die Kritik am übertriebenen Formalismus, Szientismus oder der Wirklichkeitsfremdheit der Wirtschaftswissenschaften, gerade wenn sie auf der Grundlage von Modellen und mathematischen Formeln operieren. Am nächsten dürfte Friedman, wenn auch nicht in der Frage der Methodologie, so doch in der grundsätzlichen Bedeutung der ökonomischen Wissenschaft Walter Eucken stehen. Wie dessen Nationalökonomie so soll auch die positive Ökonomik eine zentrale Rolle im politischen Prozess übernehmen. Friedman ist der Meinung, dass Dispute über ökonomische Fragen kaum die zugrunde liegenden Wertvorstellungen und damit Gegenstände der normativen Ökonomik beträfen: »If this judgment is valid, it means that a consensus on ›correct‹ economic policy depends much less on the progress of normative economics proper than on the progress of a positive economics yielding conclusions that are, and deserve to be, widely accepted. It means that a major reason for distinguishing positive and normative economics is precisely the contribution that can thereby be made to agreement about policy.«[71] Wie Euckens Nationalökonomie für sich in Anspruch nimmt, wissenschaftliche Wahrheit im Gegensatz zu den Ideologien der Partikularinteressen zu liefern, so liefert auch die positive Ökonomik – im Unterschied zu ihrer normativen Version – entpolitisiertes Wissen über wirtschaftliche Zusammenhänge, das paradoxerweise gerade durch diesen Status politisch wirksam werden kann. Dies kann, u.a. im Licht der vielfältigen meinungsstarken Positionierungen Friedmans, zu der Befürchtung Anlass geben, dass hier unter dem Mantel wissenschaftlicher Unparteilichkeit letztlich der Versuch unternommen wird, die grundsätzlichen Parameter öffentlicher Meinungsbildungsprozesse in Richtung einer bestimmten Wirtschaftspolitik zu verschieben.[72]

Nach diesem Überblick über die verschiedenen Variationen neoliberalen Denkens und ihre Hauptvertreter wollen wir uns abschließend noch einmal der Frage nach der Unterscheidbarkeit des Neoliberalismus von seinen nächsten theoretischen Verwandten zuwenden. Das Verhältnis zu seinem Vorläufer, dem Liberalismus, ist schon ausführlich als das einer Revitalisierung einer zumindest in Teilen revidierten und modernisierten liberalen Agenda thematisiert worden. Schon in diesem Fall wird klar, dass sich kaum kategoriale Trennlinien zwischen unterschiedlichen geistesgeschichtlichen Strömungen ziehen lassen, will man den entsprechenden Theorien vollständig gerecht werden. Ähnlich verhält es sich mit der Unterscheidung zwischen Neoliberalismus und Anarcholiberalismus bzw. Libertarianismus, zu deren Vertretern vor allem Murray Rothbard und Robert Nozick gerechnet werden und zu deren Vordenkern u.a. der mehrfach erwähnte von Mises zählt. Naturgemäß dreht es sich bei der Abgrenzung von einer zumindest in Teilen anarchistisch inspirierten Denkströmung um die Rolle des Staates. Hier zeigt sich die interne Vielstimmigkeit eines weit verstandenen Neoliberalismus in besonderer Weise. Von den deutschen Ordoliberalen und ihrem starken Schiedsrichterstaat ist schlechterdings keine Brücke zu den Anarcholiberalen zu schlagen, und auch Buchanan billigt dem Staat bei aller Kritik positive Funktionen, etwa die Produktion öffentlicher Güter, zu, die über die schwächste Version des Anarcholiberalismus in Form des Minimalstaats bei Nozick hinausgehen. Dem Libertarianismus am nächsten stehen Hayek und Friedman, deren Denken in der Betonung von spontaner Ordnungsbildung und deregulierten Märkten am meisten Raum für eine Vermittlung mit einer fundamentalen Staatskritik bietet. Hier gibt es sicherlich grundsätzliche und punktuelle Übereinstimmungen, wobei es umgekehrt kaum möglich erscheint, die frühen, noch stark ordnungspolitisch geprägten Stellungnahmen Friedmans und die späte Parteinahme für einen evolutionären Institutionalismus von Seiten Hayeks in Einklang mit libertarianischen Prämissen und Forderungen zu bringen.[73] Bleibt als letztes und möglicherweise komplexestes Verhältnis das zwischen Neoliberalismus und dem Konservatismus in seinen verschiedenen Spielarten zu erörtern, wobei hier nur drei

Punkte angesprochen werden sollen.[74] Zunächst lässt sich eine Affinität zwischen der konservativen Orientierung am Bewahrenswerten, dessen Verlust oder Aufgabe Gefahren mit sich brächte einerseits und den kulturkritischen bzw. kulturpessimistischen Untertönen des neoliberalen Denken andererseits herstellen. Eine solche Tonlage findet sich in unterschiedlichen Schattierungen bei allen behandelten Autoren, wobei das Spektrum vom resignativen Kulturpessimismus des späten Röpke bis zur Sorge um Stillstand und Verkümmerung der amerikanischen Kultur bei Friedman reicht, der damit zumindest dem kulturellen Konservatismus am schwersten zu vermitteln sein dürfte – man denke nur an Friedmans Forderung einer Entkriminalisierung der Drogenpolitik. Zweitens weist vor allem der deutsche Ordoliberalismus von Röpke und Rüstow große Affinitäten mit dem kommunitaristischen Denken auf, das sich zwar nicht eindeutig, aber doch zumindest in Teilen als konservativ kennzeichnen lässt. Schließlich stehen hier wie dort die Integrität ›natürlicher‹ Kleingemeinschaften, Solidarität nach dem Subsidiaritätsprinzip, die Entsprechung von Freiheit und Verantwortung gegenüber der Gemeinschaft sowie die Wahrung spezifischer Gemeinschaftswerte im Vordergrund.

Doch bei aller Wahlverwandtschaft zwischen bestimmten Varianten von Konservatismus und Neoliberalismus bleiben drittens doch beträchtliche Differenzen festzuhalten, die hier exemplarisch mit Rückgriff auf die Abgrenzungsbemühungen eines Neoliberalen selbst, nämlich Hayeks in seinem berühmten Nachwort zur *Verfassung der Freiheit*, herausgearbeitet werden sollen. Im englischsprachigen Original schlägt sich schon im Titel *Why I am not a Conservative* die Entschiedenheit der Selbstverortung nieder, die Hayek an mehreren Punkten festmacht:[75] Zum einen ist es die taktische Position des Konservatismus, der sich in der Verhinderung des Fortschritts erschöpfe, in welche

Richtung dieser sich auch vollziehe, und der daher im Zweifelsfall auch zu Kompromissen mit Sozialisten bereit sei. »Das Wesentliche am Liberalismus ist jedoch, dass er nicht stillstehen, sondern in anderer Richtung fortschreiten will«,[76] was in anderem Zusammenhang durch Hayeks Forderung untermauert wird, (neo-)liberale Utopien zu entwickeln, um die ideologische Auseinandersetzung mit dem Sozialismus für sich zu entscheiden. Das grundsätzliche Misstrauen des Konservatismus gegenüber dem Neuen verbinde sich darüber hinaus mit Autoritätsgläubigkeit und der Bereitschaft, insbesondere die staatliche Autorität für konservative Zwecke einzusetzen, wobei keinerlei Prinzipien existierten, die etwa den privaten Bereich z.B. in Fragen der Religionsausübung schützten. Abgesehen von den eher kurz abgehandelten Vorwürfen einer oftmals nationalistischen Ausrichtung des Konservatismus und seines grundsätzlichen Vorbehalts gegenüber der Demokratie – wo doch nur die unbeschränkte Demokratie wie jede andere unbeschränkte Herrschaft das eigentliche Problem darstelle –, konzentriert sich Hayek abschließend auf den »Obskurantismus« des Konservatismus, d.h. seine Ablehnung neuer Erkenntnisse, selbst wenn diese (wissenschaftlich) gut untermauert seien. An zwei Punkten lässt sich hier noch einmal beobachten, wie ambivalent Hayeks Position trotz der angestrebten klaren Verortung bleibt. Zunächst ist schon weiter oben betont worden, dass der stärker evolutionstheoretisch argumentierende späte Hayek der konservativen Logik eines Burke nahekommt und daher die Behauptung, »für die Liberalen sind sie [langbestehende Institutionen der Vereinigten Staaten] nicht deswegen wertvoll, weil sie althergebracht oder weil sie amerikanisch sind, sondern weil sie den Idealen entsprechen, an denen er festhält«,[77] zumindest einige Frage offen lässt. Darüber hinaus lassen sich Konvergenzen auch beim Wissensproblem ausmachen. Nicht nur trifft sich Hayek zweifellos mit dem Konservatismus in der Kritik an einem konstruktivistischen Rationalismus, wie sie auch von Röpke und Rüstow vertreten wird. Sein Wissensbegriff umfasst auch das in Praktiken und Institutionen eingelagerte implizite Wissen, das nie gänzlich diskursivierbar ist und damit auch in gewisser Weise unverfügbar bleibt, obwohl es gleichzeitig äußerst nützlich ist. Diese Vorstellung von Wissen liegt den Vorstellungen etwa des unstrittig konservativen Michael Oakeshott in seiner berühmten Aufsatzsammlung *Rationalismus in der Politik* sowie zeitgenössischen konservativen Denkern derart nahe, dass man auch in dieser Hinsicht von einer großen Nähe zwischen dem bekennenden ›Old Whig‹ Hayek zum Konservatismus sprechen kann.[78]

3. Gesellschaftliche Neoliberalisierungsprozesse: USA, Großbritannien und Deutschland

In der beinahe vierzigjährigen Geschichte des ›real existierenden‹ Neoliberalismus nehmen zwei der drei folgenden Fallbeispiele eine besondere Stellung ein: die sogenannte Reagan-Revolution in den USA und der Thatcherismus in Großbritannien. Der Neoliberalismus als politökonomisches Reformprojekt bzw. als Politik-Bündel mit Maßnahmen, die von der Deregulierung von Märkten bis zur Privatisierung von Staatseigentum reichen, ist allerdings keineswegs auf den nordatlantischen Raum oder die OECD-Welt beschränkt. Mittlerweile kann tatsächlich von einem globalen Phänomen gesprochen werden. Einige seiner Hauptschauplätze wollen wir einleitend besichtigen, bevor die USA, Großbritannien und Deutschland einer detaillierteren Betrachtung unterzogen werden.[79]

3.1 Die Welt des Neoliberalismus: Ein Überblick

Die erste Station unserer Übersicht über Neoliberalisierungsprozesse auf vier Kontinenten ist Südamerika, denn hier – in Chile – befindet sich die Wiege des Neoliberalismus als realpolitischem Projekt. Nach dem Putsch gegen den Präsidenten Salvador Allende 1973 verordnete die Militär-Junta unter General Pinochets Führung dem Land eine radikale Reformkur, die sich im Wesentlichen auf einen wirtschaftspolitischen Maßnahmenkatalog stützte, der u.a. von Absolventen der University of Chicago verfasst wurde. Das in Form einer drastischen ›Schock-Therapie‹ umgesetzte Programm umfasste eine Vielzahl von Maßnahmen, die von der Öffnung des inländischen Marktes für ausländische Investitionen über die Senkung staatlicher Ausgaben und die Deregulierung diverser Märkte bis hin zur Privatisierung von Sozialprogrammen und Staatseigentum sowie der Aufhebung von Preiskontrollen reichten. Ein ähnliches Muster dieser ersten Versuche einer neoliberalen Reformpolitik lässt sich in etwa zur gleichen Zeit in Brasilien, Uruguay und Argentinien erkennen. In allen Fällen wurde die neue Wirtschaftspolitik von einer Militär-Junta durchgesetzt und ging mit massiven staatlichen Repressionen einher, die sich gegen Regimegegner im Allgemeinen und Gewerkschaftsvertreter im Besonderen richteten. Die intellektuellen Stichwortgeber des Neoliberalismus, allen voran Milton Friedman, der nach Chile und Brasilien reiste und dessen Studenten – die sogenannten *Chicago Boys* – die wirtschaftspolitischen Reformmaßnahmen mitverfasst hatten, betonte immer wieder, dass ein autoritäres Militärregime keine Voraussetzung für die Umsetzung neoliberaler Reformen sei und keine notwendige Verbindung zwischen beidem existiere. Doch wie im vorigen Kapitel gezeigt wurde, ist zumindest die Vorstellung eines starken und unabhängigen Staates integraler Bestandteil der meisten Variationen neoliberalen Denkens.

Neben diesem ersten weist Südamerika ein weiteres Muster der Neoliberalisierung auf, das *mutatis mutandis* auch in vielen anderen Kontexten anzutreffen ist: eine krisenbedingte Dynamik, bei der den internationalen Organisationen des Internationalen Währungsfonds (IWF) und der Weltbank zentrale Bedeutung zukommt. Denn Währungs- bzw. Staatsschuldenkrisen zwangen beispielsweise Mexiko, Argentinien und Bolivien während der 1980er und 1990er Jahre, mit dem IWF teilweise mehrfach Rettungspakete auszuhandeln, die die Gewährung dringend benötigter Finanzmittel an wirtschaftspolitische Reformen knüpften – die sogenannten Strukturanpassungsprogramme. Die südamerikanische Schuldenkrise der 1980er und 1990er Jahre, die mit der noch zu erläuternden Hochzinspolitik der US-amerikanischen Notenbank in den 1980er Jahren im Zusammenhang stand, wurde so zum Katalysator von Reformen, die den IWF-Forderungen zu entsprechen hatten. Diese Forderungen speisten sich wiederum im Wesentlichen aus dem sogenannten *Washington Consensus*, der auf den Ökonomen John Williamson zurückgeht und den kleinsten gemeinsamen Nenner der Politikempfehlungen des IWF und der Weltbank bezeichnet. Das Zehn-Punkte-Programm umfasst u.a. staatliche Haushaltskonsolidierung, stabile Währungspolitik, Marktöffnung für ausländische Direktinvestitionen, Liberalisierung der Finanzmärkte sowie des Außenhandels, Schutz von Eigentumsrechten, Deregulierung der Wirtschaft und Privatisierung von Staatseigentum – und ist somit inhaltlich nicht allzu weit von den durch Militärdiktaturen umgesetzten Politikrezepten in Chile und Argentinien entfernt.[80] Letzteres musste sich nicht zuletzt wegen der vom Militär angehäuften Schulden Anfang der 1990er Jahre einem Strukturanpassungsprogramm unterziehen, das das Land jedoch nicht vor der Insolvenz 2002 bewahren konnte. Ist Südamerika der Geburtsort des real existierenden Neoliberalismus, so hat sich hier bzw. in Lateinamerika inzwischen der entschiedenste Widerstand gegen ihn entwickelt, sowohl von zivilgesellschaftlicher wie von politischer Seite. Die Regierungen Argentiniens und Chiles haben sich mittlerweile vom neoliberalen Kurs abgewandt, und für viele ihrer Nachbarn gilt Ähnliches.[81] Zwei wichtige Schlussfolgerungen aus den südamerikanischen Erfahrungen mit dem Neoliberalismus sind festzuhalten: Erstens zeigt sich deutlich, dass die Akteure IWF und Weltbank für viele Neoliberalisierungsprozesse von immenser Bedeutung waren, und zweitens lassen sich an diesem Beispiel die beinahe paradoxen Auswirkungen solcher Prozesse beobachten. Denn entgegen der neoliberalen Theorieforderung nach einem starken Staat und trotz der teilweisen Umsetzung durch Militärdiktaturen war eine nicht zu übersehende Folge der Reformprogramme oftmals weder die Unabhängigkeit des Staates noch eine strikte Trennung von Gesellschaft und Wirtschaft. Im Gegenteil führte gerade der Ausverkauf staatlichen Eigentums einerseits zu einer finanziellen Schwächung der Staaten und andererseits zur Entstehung von Seilschaften zwischen politischen und ökonomischen Eliten, die die Privatisierungsgewinne unter sich aufteilten. Hatte Alexander Rüstow noch vor dem Staat als Beute gesellschaftlicher Interessengruppen gewarnt, so ist dem real existierenden Neoliberalismus ein solcher Beutezug in gewisser Weise gelungen.

Blicken wir nun kurz auf Afrika, wo Neoliberalisierungsprozesse in vielen Fällen ebenfalls auf die Strukturanpassungsprogramme des IWF zurückgehen, die im Austausch für finanzielle Unterstützung umzusetzen sind.[82] Auch hier ist natürlich zu vermerken, dass der IWF erst durch die Überschuldung oder den Devisenmangel diverser Länder einen derart enormen Einfluss gewinnen konnte, wobei die Ursachenforschung für diese Finanzkrisen an dieser Stelle zu weit führen würde. Allerdings wird man die Verantwortung kaum ausschließlich bei den jeweiligen Ländern sehen können, weil dabei etwa sich verschlechternde *terms of trade* oder Preisschwankungen im Rohstoff- oder Nahrungsmittelbereich, deren Produktion und Export oftmals die entscheidende wirtschaftliche Stütze eines Landes darstellen, eine wichtige Rolle spielen – eine Wirtschaftsstrategie, die von Seiten des IWF immer wieder ganz im Sinne der ricardianischen Freihandelsidee empfohlen worden war. Insgesamt 29 afrikanische

Länder mussten im Laufe der 1980er Jahre Zuflucht unter den Rettungsschirmen des IWF suchen und entsprechende Strukturanpassungen durchführen, wobei es sich vor allem um subsaharische Länder handelte. Die meisten der insgesamt 36 afrikanischen Empfänger von IWF-Hilfen gehören trotz der durchgeführten Strukturanpassungsprogramme mittlerweile zu den ärmsten Ländern der Welt, den sogenannten *Heavily Indebted Poor Countries*, was neoliberale Reformen nicht gerade als Erfolgsrezept ausweist, wenngleich zweifellos auch eine Vielzahl anderer Faktoren dazu beiträgt.

Auch in Australien und vor allem in Neuseeland sind Neoliberalisierungsprozesse zu verzeichnen, die allerdings von dem in Südamerika und Afrika ausgemachten Muster abweichen und eher an europäische Entwicklungen erinnern.[83] Schließlich handelt es sich weder um Militärdiktaturen, noch ist die Neoliberalisierung die indirekte Auswirkung einer akuten Krise bzw. dem Druck des IWF geschuldet, sondern es handelt sich jeweils um die Agenda einer demokratisch gewählten Regierung, die interessanterweise in beiden Ländern durch die Labour Party gestellt wurde. Dies soll jedoch nicht bedeuten, dass der wirtschaftspolitische Richtungswechsel etwa in Neuseeland weniger radikal als in Südamerika ausgefallen wäre. Im Gegenteil gelten die vor allem in den Jahren 1984 bis 1990 unter der Labour-Regierung verabschiedeten Reformen im globalen Maßstab als äußerst weitreichend – wobei auch die folgende Regierung unter Führung der National Party sich die Agenda zu eigen machte. Darunter finden sich viele der üblichen Elemente der Neoliberalisierungsstrategie, die hier insbesondere auf eine Öffnung des neuseeländischen Marktes abzielte und daher neben den bekannten Rezepten der Inflationsbekämpfung, der Deregulierung und der Haushaltsdisziplin auch die Reduzierung von Handelshemmnissen sowie die Eliminierung von Kapitalverkehrskontrollen beinhaltete. Zu erwähnen sind außerdem zum einen die Steuerreformen, mit denen die Spitzensteuersätze gesenkt sowie die indirekten (Verbrauchs-)Steuern angehoben und so stark degressive Wirkungen erzeugt wurden, d.h. Einkommensschwächere vergleichsweise stärker als Gutverdienende belastet wurden. Zum anderen ist die Liberalisierung des Arbeitsmarktes im Zuge des Arbeitsvertragsgesetzes von 1991 bemerkenswert, dessen Abkehr von (Flächen-)Tarifverträgen hin zum Individualvertrag zwischen Beschäftigten und Unternehmen u.a. eine bedeutende Schwächung der Gewerkschaften zur Folge hatte.[84]

Beim Blick auf Asien fällt ein weiteres Mal die Rolle des IWF ins Auge. Denn auch hier ist es eine massive Währungskrise – die sogenannte Asienkrise –, die 1997 den Fonds auf den Plan rief, dessen Rat zum Umgang mit der Krise wie zuvor im Wesentlichen in der Empfehlung einer Neoliberalisierung im Sinne des *Washington Consensus* bestand. Durch die Strukturanpassungen könne das gestörte Vertrauen in Wirtschaft und Währung der verschiedenen Länder von Thailand (wo die Krise ihren Ausgang nahm) über Malaysia, Indonesien, die Philippinen bis zu Taiwan, Singapur und Südkorea wiederhergestellt werden. Teil der Rezeptur waren auch Hochzins- und Austeritätspolitik, in deren Gefolge die Konjunktur einbrach und Arbeitslosigkeit wie auch Armut massiv zunahmen.[85]

Zuletzt sind die Länder im eurasischen Raum zu erwähnen, die einstmals Schauplatz des real existierenden Sozialismus waren, bevor sie sich einem real existierenden Neoliberalismus überantworteten. Insbesondere die Länder des ehemaligen Warschauer Paktes mussten sich ab 1989/90 mehr oder weniger drastischen Rosskuren bei der Systemumstellung von Sozialismus auf Kapitalismus unterziehen. Den Anfang machte Polen, wo das Muster der Neoliberalisierung sich ein weiteres Mal im Tausch von IWF-Unterstützung gegen die Annahme des *Washington*

Consensus vollzog. Im Fall Russlands war der IWF zwar involviert, hier finden sich aber auch Elemente, die stärker dem autoritären Muster Südamerikas ähneln. Denn der erste Präsident Russlands, Boris Jelzin, umgab sich nicht nur mit einem ökonomischen Beraterstab, der bald den Spitznamen »Chicago Boys« hatte wie einst in Chile oder Argentinien. Jelzin regierte auch ausgestattet mit Sondervollmachten und nach seiner Entmachtung des Parlaments de facto als Alleinherrscher. Hinzu kommt, dass die Liberalisierungen und insbesondere die Privatisierungen in bis dahin nicht dagewesenem Ausmaß zur Bildung einer kleinen Klasse von sogenannten Oligarchen führte, die staatseigene Betriebe oftmals weit unter Wert erwarben und innerhalb kürzester Zeit riesige und äußerst profitable Firmenkonsortien aufbauten, was wiederum zur Formierung eines politisch-ökonomischen Komplexes führte, der sich in engen Verbindungen zwischen politischen und ökonomischen Eliten manifestierte. Auch dies erinnert an die Konstellation in diversen südamerikanischen Ländern.[86]

Abschließend sind die beiden wichtigsten der aufstrebenden Schwellenländer zu erwähnen, nämlich Indien und China, in denen die Beschreitung des Pfades der Neoliberalisierung in gewisser Weise auch einen Systemwechsel beinhaltet. Allerdings unterscheiden sich beide Fälle von den Ostblockstaaten dahingehend, dass hier keine ›Schock-Therapien‹ durchgeführt wurden. Gleichwohl lässt sich zunächst mit Blick auf Indien über die Jahrzehnte hinweg nicht weniger als eine 180-Grad-Wende des wirtschaftspolitischen Kurses beobachten. War das Land nach seiner Unabhängigkeit lange Zeit den Prinzipien des Sozialismus oder doch zumindest der Sozialdemokratie verpflichtet, so waren es auch hier die 1980er Jahre, die einen anfangs noch schleichenden Wandel in Richtung Neoliberalismus einleiteten, der ab Beginn der 1990er Jahre energisch vorangetrieben wurde. Diese

Radikalisierung ab 1991 steht einerseits im Zusammenhang mit einer Schuldenkrise des indischen Staates, die dem IWF ein weiteres Mal die Möglichkeit gab, seine Hilfsmaßnahmen an wirtschaftspolitische Reformen zu koppeln, und andererseits mit der Ernennung von Manmohan Singh zum Finanzminister, der die neoliberalen Vorgaben des IWF konsequent umsetzte und über die Jahre sogar noch überbot. Dies beinhaltete diverse Handels- und Finanzmarktliberalisierungen sowie die Privatisierung großer Teile der einstmaligen ›gemischten Ökonomie‹, die beispielsweise auch staatliche Banken und Schlüsselindustrien umfasste.

Bleibt noch das Land, das gemeinhin als kommende Supermacht des 21. Jahrhunderts gehandelt wird: die Volksrepublik China. Allein die offizielle Staatsbezeichnung lässt die Vermutung, der Strukturwandel Chinas sei von Neoliberalisierungsprozessen begleitet worden, wenig naheliegend erscheinen. Schließlich ist China laut offizieller Selbstbeschreibung ein sozialistisches Land. Doch beginnend mit den Reformen unter dem Parteivorsitzenden Deng Xiaoping entwickelte sich ein spezifisch chinesisches Modell des Neoliberalismus, das von David Harvey als »Neoliberalismus mit ›chinesischem Antlitz‹« bezeichnet wird und in gewisser Weise an das erinnert, was im vorigen Kapitel als autoritäre Dimension des Neoliberalismus charakterisiert wurde.[87] Unter Deng wurden staatseigene Betriebe privatisiert, und durch Umstellungen in der ehemals kollektivierten landwirtschaftlichen Produktion kam es zu einer massiven Abwanderung der armen Landbevölkerung in die entstehenden industriellen Zentren, wo dieses neue Proletariat wie einstmals im England des 19. Jahrhunderts ein riesiges Reservoir an billigen Arbeitskräften bildete, das die Produktion und den Export billiger Konsumgüter auf Massenbasis ermöglichte. Und die Reformen gingen noch weiter: In den 1990er Jahren wurden beispielsweise einige der privatisierten Firmen in Aktiengesellschaften verwandelt und China begann – durch die Ausweisung von sogenannten *Special Enterprise Zones* – gezielt und mit großem Erfolg ausländische Direktinvestitionen ins Land zu locken. Ziel dieser Öffnung für ausländische Konzerne, die vor allem die arbeitsintensiven Bereiche ihrer Produktion nach China verlagerten, war es nicht zuletzt, von deren Managementtechniken zu lernen und von einem gewissen Technologietransfer zu profitieren, was China immer wieder den Vorwurf der Industriespionage und Produktpiraterie eingebracht hat. Der chinesische Neoliberalisierungspfad blieb und bleibt trotz einiger schon vertrauter Elemente wie etwa der (Teil-)Privatisierung und der Handelsliberalisierung (China ist seit 2001 Mitglied der Welthandelsorganisation) unverwechselbar. Dies zeigt sich zum einen an der Weigerung, die Finanzmärkte zu deregulieren, Kapitalverkehrskontrollen aufzuheben und den Wechselkurs des Renminbi freizugeben, was in vielen anderen Fällen integrale Bestandteile der Neoliberalisierungspakete waren. Zum anderen ist es natürlich die autoritäre Herrschaft einer kommunistischen Partei, die über die gewaltigen sozioökonomischen Transformationsprozesse wacht und der Neoliberalisierung Chinas ihr besonderes Gepräge gibt. Die Ironie, dass es gerade eine kommunistische Partei ist, unter deren Führung sich die erzkapitalistische Ausbeutung breiter Bevölkerungsschichten einerseits und die zunehmende ökonomische Bereicherung nicht zuletzt von Parteikadern andererseits vollzieht, sucht tatsächlich ihresgleichen.

Am Ende dieses kurzen Überblicks wollen wir einige Punkte festhalten, deren wichtigster sicherlich in der Einsicht besteht, dass der Neoliberalismus alles andere als ein auf die nordatlantische Welt der OECD beschränktes Phänomen ist. Wie hier gezeigt wurde, war Südamerika das Labor, in dem früh mit neoliberalen Politiken experimentiert wurde, bevor diese dann mit der Etablierung des *Washington Consensus* in alle Welt exportiert wurden. Auffällig ist zweitens der Zusammenhang zwischen Finanz-, Währungs- und Wirtschaftskrisen einerseits und Neoliberalisierungsprozessen andererseits. In einer beträchtlichen Zahl von Fällen folgten Neoliberalisierungsschübe auf diese Krisen und wurden als Krisenbewältigungsstrategie deklariert. Drittens ist auf die wichtige, wenn nicht gar zentrale Rolle des IWF und der Weltbank bei der mehr oder weniger zwanglosen Diffusion neoliberaler Politikrezepte hingewiesen worden. Allerdings darf dem IWF nicht die Alleinverantwortung für die Durchsetzung von Neoliberalisierungsprozessen zugesprochen oder angelastet werden. Schließlich können derartige Transformationen nur gelingen, soweit sie ein Mindestmaß an Rückhalt bei den jeweiligen nationalen Eliten genießen, die ja zumindest in Teilen von Reformen profitieren können. Man würde die Macht des IWF über- und die Eigenheiten neoliberaler Politik falsch einschätzen, wenn man glaubte, sie ließen sich einfach per Dekret oktroyieren. Auch eignet sich der IWF heute nur noch bedingt zum Feindbild für die Gegner des Neoliberalismus, denn spätestens unter Dominique Strauss-Kahn, der 2007 zum Direktor ernannt wurde, nahm die Bedeutung des *Washington Consensus* als wirtschaftspolitisches Allheilmittel für die Politikempfehlungen des IWF erkennbar ab.

Die vierte Bemerkung betrifft die schwierige Frage von Einheit und Vielfalt von Neoliberalisierungsprozessen. Zunächst zeigt der Überblick eine bemerkenswerte Uniformität, was den Inhalt der Politikpakete von der Handelsliberalisierung bis zur Privatisierung betrifft. Im *Washington Consensus* manifestiert sich der Glaube, dass es tatsächlich universal gültige wirtschaftspolitische Rezepte gebe, die in jedwedem Kontext erfolgreich Anwendung finden könnten. Darüber hinaus lassen sich, wie angedeutet, bestimmte Pfade der Neoliberalisierung sowie wiederkehrende Akteure, allen voran der IWF, identifizieren. Doch schon hier zeigt sich eine beträchtliche Variationsbreite der Neoliberalisierungsmuster, etwa im Hinblick auf die Akteure (IWF, Militärdiktaturen, regulär gewählte Regierungen etc.) und beispielsweise auch hinsichtlich der Tragweite und Radikalität der Transformationen:[88] Neoliberalisierung bedeutet im Fall Russlands eine umfassende Systemumstellung nach dem Zusammenbruch des Kommunismus; im Fall der asiatischen ›Tigerstaaten‹ ist es eine vom IWF durchgesetzte Reaktion auf die Asienkrise. In Neuseeland beschließt eine demokratisch legitimierte Regierung Reformen, wohingegen diese in den südamerikanischen Militärdiktaturen und China autoritär und teils unter Einsatz aller repressiven Staatsapparate durchgesetzt werden. Dementsprechend unterscheiden sich die Ergebnisse dieser Prozesse noch weitergehend, denn selbst wenn sich die Maßnahmepakete ähneln und bestimmte typische Pfade und Muster herausgearbeitet werden können, so treffen die Reformen doch auf jeweils spezifische sozioökonomische Kontexte, politische Kulturen und institutionelle Arrangements. Je genauer man einzelne Fälle betrachtet, desto eher wird sich deshalb das Bild einer besonderen Gestalt des Neoliberalismus im jeweiligen Zusammenhang ergeben. Nicht zuletzt aus dieser Vielgestaltigkeit ergibt sich die Schwierigkeit, den Neoliberalismus konzeptionell eindeutig zu erfassen: »These conditions might give license, of course, to sprawling and ill-disciplined conceptions of neoliberalism, just as they might induce others to question the utility of neoliberalism as an analytical construction. It is a methodological fact, however, that neoliberalism only exists in such hybrid ›messy‹ forms ...«[89] Allerdings darf umgekehrt eine Konstante inmitten dieser Vielfalt keinesfalls vergessen werden. Wo auch immer neoliberale Reformprozesse initiiert und durchgeführt wurden, haben sie neben vielen unterschiedlichen Effekten wie beispielsweise in manchen Fällen auch einem gestiegenen Wirtschafts- bzw. Wohlstandswachstum stets eines zur Folge gehabt: Die soziale Ungleichheit hat dramatisch zugenommen.

3.2 Der Thatcherismus

Wenden wir unseren Blick nun dem Fall Großbritanniens unter den Regierungen Margaret Thatchers zu, die von 1979 bis 1990 Premierministerin des Vereinigten Königreichs war. Im Folgenden werden zunächst Voraussetzungen, Verlauf und die politischen Agenden der Ära des Thatcherismus erläutert, ehe im Anschluss auf den Zusammenhang von Akteuren, Strukturen/Institutionen und die Strategien des Thatcherismus eingegangen wird, wobei auch deren Auswirkungen thematisiert werden.[90]

Die wohl wichtigste Voraussetzung für das politische Projekt des Thatcherismus liegt in den wirtschaftlichen Schwierigkeiten, in denen sich Großbritannien neben vielen anderen Ländern der OECD-Welt während der 1970er Jahre befand. Wie im ersten Kapitel schon kurz erwähnt, handelt es sich hier um das Phänomen der Stagflation, d.h. ein stagnierendes Wirtschaftswachstum, das mit hohen Inflationsraten einhergeht, wobei die inflationären Tendenzen noch durch zwei Ölpreisschocks zu Anfang und Ende der 1970er Jahre verstärkt wurden. Die Kombination von stagnierendem Wachstum und Inflation stellte die keynesianische Wirtschaftstheorie vor Erklärungsprobleme, nach deren Annahmen sie eigentlich nicht hätte vorkommen dürfen. Damit geriet der wirtschaftspolitische Konsens der Nachkriegszeit im Hinblick auf Keynesianismus und Sozialstaat, den sich auch die konservativen Tories weitgehend zu eigen gemacht hatten, unter Druck. Zur wirtschaftlichen Krise kam eine politische, in deren Verlauf die Autorität des Staates zusehends von gesellschaftlichen Gruppen infrage gestellt schien. Vor allem aus konservativer Perspektive wurde immer wieder insbesondere die Rolle der Gewerkschaften problematisiert, die als streikfreudig und militant galten, was sich vor allem im sogenannten *Winter of Discontent* 1978/79 zu bestätigen schien, in dem massive Streiks im öffentlichen Sektor den Eindruck einer macht- und orientierungslosen Labour-Regierung unter Premierminister Callahan verstärkten. Margaret Thatcher war nach ihrer Zeit als Ministerin 1970 bis 1974 eher durch Zufall zur Oppositionsführerin aufgestiegen und daher parteiintern keineswegs unumstritten, als die Tory-Party mit ihr als Spitzenkandidatin 1979 die Unterhauswahlen gewann. Kontrovers war vor allem ihr klares Bekenntnis zu einer neoliberalen Politik, die sich an den Ideen Hayeks und Friedmans orientieren sollte.[91] Bei vielen Tories hielten sich Vorbehalte gegenüber einem wirtschaftspolitischen Kurswechsel, der selbst ihnen als zu radikal erschien.

Thatchers erste Amtszeit war vor allem geprägt durch den Versuch einer konsequenten Umsetzung eines monetaristischen Neoliberalismus. Dieser beinhaltete zum einen eine rigide Geldmengenpolitik, um die Inflation zu bekämpfen, wie sie Friedman immer wieder gefordert hatte und mit der auch schon vorherige Regierungen zumindest experimentiert hatten.[92] Zum anderen gehörte zur Konzentration auf eine Hochzinspolitik und die Kontrolle der Geldmenge auch eine explizite Abkehr von der Arbeitslosigkeitsbekämpfung als staatlicher Aufgabe. Dass dies kein reines Lippenbekenntnis war, zeigte sich schon bald, als Geldpolitik und die Abschaffung von Kapitalverkehrskontrollen zu einer Verteuerung von Krediten und einem Anstieg des Pfund-Kurses führten, was eine schwere Rezession und den Verlust Hunderttausender Arbeitsplätze vor allem in der im Norden des Landes ansässigen Industrieproduktion nach sich zog. Thatcher blieb unbeeindruckt von den sich abzeichnenden politischen Kosten von Rezession und Arbeitslosigkeit und verteidigte den monetaristischen Kurs auch gegen Gegner im eigenen Kabinett, von denen einige im Rahmen einer Kabinettsumbildung 1981 ihren Hut nehmen mussten.[93]

Es darf allerdings mit Recht bezweifelt werden, dass Thatcher 1982 wiedergewählt worden wäre, hätte nicht Argentinien kurz vorher die von Großbritannien beanspruchten Falkland-Inseln vor der argentinischen Küste besetzt und so den Falkland-Krieg ausgelöst, aus dem Großbritannien erwartungsgemäß als Sieger hervorging. Die nationalistischen Aufwallungen im Umfeld dieser militärischen Auseinandersetzung erleichterten es Thatcher, Unterstützung nicht nur für die Außenpolitik, sondern für die Regierungspolitik insgesamt zu gewinnen, so dass sie 1982 mit großer Mehrheit im Amt bestätigt wurde.

Die zweite Amtszeit Thatchers von 1982 bis 1987 war geprägt durch eine Ausweitung der Politik-Agenda auf Bereiche, die für die Regierung in den ersten drei Jahren kaum eine Rolle gespielt hatten. Gleichzeitig vollzog sich ein schleichender, aber letztlich nicht zu übersehender Abschied vom strikten Pfad des Monetarismus hin zu einer angebotsorientierten Wirtschaftspolitik, den sogenannten *Supply-Side Economics*, die insbesondere auf Steuersenkungen als Anreiz zu vermehrter wirtschaftlicher Aktivität setzten. Bis zum Ende der Ära Thatcher wurden die Steuersätze vor allem für hohe Einkommen massiv gesenkt; so fiel zum Beispiel der Spitzensteuersatz von 83 Prozent im Jahre 1975 um mehr als die Hälfte auf nur noch vierzig Prozent im Jahre 1989. Gleichzeitig betonte die Regierung jedoch die Notwendigkeit fiskalischer Disziplin, um das Haushaltsdefizit nicht in die Höhe zu treiben. Daher sollten die Steuersenkungen durch Einsparungen bei den staatlichen Ausgaben und Steuererhöhungen in anderen Bereichen finanziert werden – nicht zuletzt durch höhere indirekte Steuern, die, wie schon erwähnt, degressive Effekte entfalten.[94] Tatsächlich gelang es der Regierung, fast über die gesamten 1980er Jahre hinweg, die Ausgaben – wenn auch nur minimal – zu senken und so über die Zeit die Staatsschulden zu reduzieren. Die Ausgaben gingen einerseits durch Kürzungen etwa im Bereich der Arbeitsmarktpolitik oder bei den Industriesubventionen zurück, andererseits dadurch, dass sich die Regierung durch Privatisierungsmaßnahmen einiger finanzieller Belastungen entledigte.[95] Damit sind wir bei einem weiteren wichtigen Element der Politik Thatchers angelangt, das für die neoliberalen Vordenker zentral war, nämlich der Privatisierung von Staatseigentum. Den Anfang machte in dieser Beziehung der Verkauf des kommunalen Wohnungsbestandes, der sogenannten Council Houses, an die vormaligen Mieter, der sich vor allem bei den neuen Wohnungseigentümern nicht zuletzt aufgrund der Subventionierung durch die Regierung als äußerst populär erwies; gleichzeitig wurden die staatlichen Ausgaben im Wohnungswesen massiv zurückgeschraubt. Zwischen 1984 und 1990 wurden dann unter anderem British Telecom, British Gas, British Airways und British Steel sowie diverse öffentliche Infrastrukturbetriebe privatisiert. Mehrere Punkte verdienen in diesem Zusammenhang Erwähnung: Erstens konnten mit den Privatisierungserträgen die Staatseinnahmen (allerdings nur einmalig)[96] aufgestockt werden, was zur vorübergehenden Haushaltskonsolidierung beitrug. Zweitens fällt auf, dass die Regierungspolitik in den meisten Fällen nicht mehr und nicht weniger bewirkte als die Überführung eines öffentlichen Monopols in ein privates, d.h., es wurden keine Versuche unternommen, einen funktionierenden Marktwettbewerb aufzubauen, wie es vor allem die Lehre des Ordoliberalismus gefordert hätte; stattdessen wurden die nun privatisierten Monopole öffentlich reguliert: »Der gemischte Wirtschaftssektor Großbritanniens wurde durch das Modell einer staatlich regulierten Privatwirtschaft ersetzt, wobei die Probleme, die sich aus der Konzentration ökonomischer Macht in den Monopolunternehmen einerseits und aus der Tätigkeit von Regulierungsbehörden nach amerikanischem Vorbild ergeben, unbeachtet blieben.«[97] Drittens wurden diese Maßnahmen von Werbekampagnen für den Erwerb von Aktien an den privatisierten Unternehmen begleitet, um so die Entwicklung eines sogenannten *Popular Capitalism* zu fördern, der auf einer breiten Schicht von Besitzenden (Aktien, Immobilien etc.) basieren und so das Rückgrat für die von Thatcher immer wieder apostrophierte *Enterprise Society* bilden sollte.[98]

Waren die Gewerkschaften während ihrer ersten Amtszeit eher indirekt von Thatchers Politik betroffen, nämlich durch die Arbeitsplatzverluste im Zuge der Rezession und die entsprechende Schwächung der Verhandlungsposition der Arbeitnehmer und ihrer Vertreterorganisationen, so gerieten sie in der Folgezeit zusehends ins Fadenkreuz der Regierungspolitik. Mehrere Gesetze beschränkten zum einen das Streikrecht der Gewerkschaften und stärkten zum anderen die Rechte der einfachen Mitglieder gegenüber der Führung in der Hoffnung, dass sich Erstere als weniger radikal erweisen würden und sich so die Militanz der Arbeitnehmervereinigungen insgesamt einschränken lasse. Misst man den Erfolg dieser Strategie am Organisationsgrad der Arbeitnehmerschaft und der Häufigkeit von Streiks, die beide massiv zurückgingen, so muss die Schwächung der Gewerkschaften als eine der wichtigsten Auswirkungen des Thatcherismus betrachtet werden. Zum Symbol wurde das Kräftemessen mit der National Union of Mineworkers 1984, auf deren langen Streik die Regierung unnachgiebig reagierte und so einer der wichtigsten und militantesten Einzelgewerkschaften letztendlich eine schmerzhafte Niederlage zufügte. Doch obwohl die Gewerkschaften geschwächt waren, führte dies zumindest im Bereich der Kernbelegschaften nicht zum erhofften Abbau der von neoliberaler Seite immer wieder beklagten ›Lohnrigiditäten‹ – in diesem Sektor des Arbeitsmarktes stiegen die Löhne sogar noch während der Rezession.

Kommen wir nun zu einem Punkt, von dem man vor dem Hintergrund der neoliberalen Warnung vor einem ausufernden Staat, der Ressourcen für unproduktive Zwecke verschwendet, vermuten könnte, dass er von zentraler Bedeutung für die Politik-Agenda des Thatcherismus war: dem Abbau des Sozialstaates. Obwohl die Operationalisierung der Frage nach einem möglichen Sozialstaatsabbau mit vielerlei Schwierigkeiten verbunden ist, da seit langem umstritten ist, wie dies zu messen ist,[99] besteht unter den Kommentatoren weitgehende Einigkeit darüber, dass der Thatcherismus in dieser Hinsicht weniger erreichen konnte, als zu erwarten war. Letztendlich stiegen die Sozialausgaben während Thatchers Regierungszeit, und zwar nicht nur aufgrund der höheren Kosten etwa für die Arbeitslosenunterstützung während der Rezession zu Beginn der 1980er Jahre, sondern auch durch die Mehraufwendungen im Bereich der Gesundheitsfürsorge. Dennoch wäre es vorschnell, beispielsweise auf eine weitgehende Kontinuität zu schließen. Nicht nur kam es zu Umverteilungen zwischen den verschiedenen sozialstaatlichen Bereichen und Programmen, bei denen vor allem die Wohnungspolitik, die Altersfürsorge und die sozialen Dienste zu den großen Verlierern zählten, sondern darüber hinaus gelang es Thatcher auch, einen Mentalitätswandel dahingehend zu initiieren, dass der Sozialleistungsstaat angehalten wurde, sein Handeln vermehrt nach Effizienzkriterien zu beurteilen und ein Selbstverständnis als Dienstleister zu entwickeln. Entsprechend sollten Bürger-›Klienten‹ stärker als Konsumenten und Nachfrager von bestimmten Leistungen betrachtet werden, um durch eine Übernahme von Management- und Unternehmensführungstechniken aus der Privatwirtschaft Kosteneinsparungen und Qualitätssteigerungen zu bewirken. Teil dieser Umstellungen, auf die im nächsten Kapitel noch einmal genauer zurückzukommen ist, war es, den Sozialstaatskonsumenten die Option einer privaten Alternative zu öffentlichen Programmen zu bieten (*opting out*), z.B. durch private Rentenversicherungen. Insbesondere von dieser Möglichkeit wurde reger Gebrauch gemacht, was nicht zuletzt auf die staatliche Subventionierung des Wechsels zurückzuführen sein dürfte. Erwähnenswert ist darüber hinaus der Versuch, den National Health Service, dessen (teilweise) Privatisierung sich als politisch unmöglich herausgestellt hatte, durch eine Art künstlichen internen Markt und die Anforderung, bestimmte Dienste auch extern auszuschreiben bzw. von anderen Anbietern kostengünstiger erbringen zu lassen (*competitive tendering*), in eine Art gesundheitliche Mischwirtschaft zu transformieren. Zwar waren Krankenhäuser, Ärzte etc. Teil eines staatlichen Gesundheitsapparates, sie sollten sich aber nach privatwirtschaftlichem Vorbild auf einem Pseudomarkt als Anbieter und Nachfrager von Leistungen gegenübertreten.

Die letztgenannten Reformen fallen bereits in die dritte Amtszeit Thatchers von 1987 bis 1990, die im Zeichen von Kontroversen über Europa bzw. die Frage des Beitritts zum Europäischen Währungssystem (ERM) und insbesondere der umstrittenen Einführung einer kommunalen Kopfsteuer, der *Poll Tax*, stand. Diese Kommunalsteuer ist nicht nur deshalb von großer Bedeutung, weil sie sich als höchst unpopulärer politischer Fehlschlag entpuppte, an dem Thatcher dennoch unbeirrt festhielt und so das Ende ihrer Regierungszeit selbst mit einleitete. Sie steht auch für eine nicht zu unterschätzende Dimension des Thatcherismus, der sich auf den Umbau des Staates bzw. das Verhältnis von Staat und Gesellschaft bezog. Seit Mitte der zweiten Amtszeit verfolgte die Regierung eine Politik der Schwächung der Kommunalebene. Dies äußerte sich vor allem in dem Versuch, deren Finanzausstattung durch eigene Einnahmequellen zurückzuschrauben, Kompetenzen von der kommunalen Ebene auf andere Instanzen zu verlagern und die erst Anfang der 1970er Jahre eingerichteten Bezirksräte der sogenannten Metropolitan Councils wie auch des Greater London Councils gänzlich abzuschaffen. Auch die *Community Charge*, wie die *Poll Tax* offiziell hieß, war als Element dieser anti-kommunalen Politik zu verstehen: »It was intended to facilitate a further shift of the cost of local-government services from central government to local government, and at the same time to make local government accept responsibility for the burden of taxes they imposed.«[100] Dieser Versuch, die Macht der Kommunalverwaltung, welche als Bastion der Labour-Partei galt, zu schwächen, verweist schon auf die grundsätzliche politische Strategie des Thatcherismus, die nun mit Verweis auf Akteure und Strukturen zu erörtern ist.

Beginnen wir mit den wichtigsten Befürwortern und treibenden Kräften des Thatcherismus. Hier sind zunächst Thatcher und ihr engerer Kreis wie etwa das Kabinettsmitglied Sir Keith Joseph und der marktliberale Flügel der Tory-Partei zu nennen, die sich, wie weiter oben angedeutet, bis etwa Mitte der zweiten Amtszeit noch gegen eine Vielzahl innerparteilicher Widersacher behaupten mussten, bevor diese weitgehend an Bedeutung verloren und die Partei insgesamt ›thatcherisiert‹ wurde.[101] Von nicht zu unterschätzender Bedeutung sind darüber hinaus die Think-Tanks, die teilweise schon existierten, teilweise unter Thatcher ins Leben gerufen wurden und die die thatcheristischen Vorstellungen in den öffentlichen Diskurs einspeisten sowie durch sozialwissenschaftliche Analysen zu untermauern versuchten. Zu den wichtigsten dieser Denkfabriken, deren strategische Bedeutung im Kampf um ›Herzen und Köpfe‹ bereits Hayek betont hatte, zählen das Centre for Policy Studies, das Adam Smith Institute sowie das Institute of Economic Affairs.[102]

Abgesehen von diesen aktiven Betreibern des Thatcherismus gibt es zwei Gruppen bzw. Kräfte, die stark von ihm profitierten und als indirekte Stütze seiner Politik gelten können. Dabei handelt es sich zum einen um das überwiegend in London angesiedelte und traditionell mächtige Finanz- und Handelskapital, dem sowohl die stärkere Integration Großbritanniens in den Weltmarkt als auch der monetaristische Hochzinskurs und das resultierende starke Pfund unter Thatcher zugutekamen. Vor allem profitierte *The City* von der schlagartigen Deregulierung des Finanz- und Börsengeschäfts am 27. Oktober 1986, das London in einer Art ›Big Bang‹ erneut zu einem Zentrum des internationalen Finanzwesens machte, welches es bis zum heutigen Tag ist.

Zum anderen handelt es sich um ein wichtiges Segment der Wählerbasis Thatchers, das eher kleinbürgerliche und sozialkonservative *Middle England*, das nicht nur von der nationalistisch-populistischen Rhetorik der Regierung angesprochen wurde, sondern in vielen Fällen auch diejenigen umfasste, die vom subventionierten Kauf einer ehemaligen Gemeindewohnung oder billigen Volksaktien privatisierter Unternehmen profitierten und so für die Regierung eingenommen wurden. Inwieweit es tatsächlich gelang, dieses Klientel, das in Teilen Mitglieder der Arbeiterklasse umfasste, an Thatcher und ihre Partei zu binden, ist eine umstrittene Frage, die wir weiter unten noch einmal aufnehmen.

Die Liste der Gegner des Thatcherismus beginnt mit Thatchers innerparteilichen Gegnern und reicht von dort bis zur Labour-Party und den Gewerkschaften, wobei einige Kommentatoren auch das House of Lords und die BBC als wichtige Bastionen des Widerstands ansehen. Für die meisten dieser Gegner gilt, dass sie zu den Verlierern des Thatcherismus gezählt werden müssen. Ab Mitte der 1980er Jahre waren die innerparteilichen Gegner einer neoliberalen Politikausrichtung innerhalb der Tory-Party weitgehend marginalisiert, was sich nicht einmal durch den Rückzug Thatchers selbst im Jahr 1990 änderte. Die Labour Party durchlebte während der 1980er Jahre eine tiefgehende, ja existenzielle Krise, die vor allem von Kommentatoren aus dem linken politischen Spektrum zum entscheidenden Erklärungsfaktor für die Stärke des Thatcherismus erhoben wurde. Erst mit der Transformation von Labour zu ›New Labour‹ gelang es der Partei in den 1990er Jahren, wieder mehrheitsfähig zu werden. Auch darauf wird zurückzukommen sein. Die Macht der Gewerkschaften wurde unter Thatcher nachhaltig geschwächt, was auf die tiefe Rezession zu Beginn ihrer Amtszeit, aber auch die erwähnten gesetzgeberischen Tätigkeiten der Regierung zurückzuführen ist. Hätte man von diesen Akteuren und Institutionen ohnehin vermutet, dass sie negativ vom Thatcherismus betroffen waren, so mag dies für den Spitzenverband der britischen Industrie, die Confederation of British Industry (CBI) um so überraschender sein. Doch auch sein Einfluss und mit ihm die Bedeutung des industriellen Sektors insgesamt ging unter Thatcher in beträchtlichem Maße zurück. Nahm die Macht des Finanz- und Handelskapitals zu, so gilt das Gegenteil für große Teile des Industriekapitals, das eine Verlagerung der Wirtschaftsaktivitäten von der Massenfertigung zur flexiblen und diversifizierten Nischenproduktion wie auch zur sogenannten *Knowledge-Based Economy* erlebte und sich danach von der mit der Rezession Anfang der 1980er Jahre einsetzenden tendenziellen Deindustrialisierung Großbritanniens nie vollständig erholte.

Sehen wir uns nun die Strategie des Thatcherismus genauer an, die sich anhand einiger Attribute charakterisieren lässt. Zunächst handelt es sich um ein inkrementalistisches, d.h. ein schrittweises Vorgehen, das darüber hinaus auf eine Zentralisierung der Entscheidungsprozesse sowie eine Abschottung der entsprechenden Foren von äußeren Einflüssen abzielt.[103] Ob sich darüber hinaus auch von einer Strategie des »autoritären Populismus« sprechen lässt, wie vor allem Stuart Hall immer wieder betont hat, ist abschließend zu diskutieren.[104]

Der Inkrementalismus des Thatcherismus ist immer wieder hervorgehoben worden und verdient nicht zuletzt deshalb Beachtung, weil er das völlige Gegenteil der sogenannten Schock-Therapie bzw. Schock-Doktrin darstellt, die etwa im Südamerika der 1970er, aber auch im Russland der 1990er Jahre als Königsweg zur Umsetzung der neoliberalen Agenda galt. Es waren nicht zuletzt neoliberale Vordenker wie Hayek, Friedman und der Vater des *Washington Consensus* John Williamson, die dargelegt hatten, dass die Implementierung von massiven Reformen selbst unter dem Eindruck einer Krise allenfalls schnell und gebündelt gelingen könne.[105] Dagegen bewies Thatcher einen langen Atem und konnte noch in ihren letzten Regierungsjahren teils weitreichende Reformen durchsetzen. Der Grund für diese kontinuierliche Handlungsfähigkeit der Regierung dürfte vor allem im Zusammenspiel zwischen der Zentralisierungsstrategie und dem strukturell-institutionellen Kontext liegen. Beginnen wir mit Letzterem. Das politische System Großbritanniens zeichnet sich vor allem durch eine vergleichsweise geringe Anzahl von sogenannten Vetospielern bzw. institutionellen Vetopunkten aus, die den Gestaltungsspielraum der Regierung einschränken würden. Zumeist handelt es sich um eine Einparteienregierung, die keine Rücksicht auf Koalitionspartner nehmen muss. Aufgrund einer fehlenden geschriebenen Verfassung und dem damit einhergehenden vergleichsweise geringen Verrechtlichungsgrad der britischen Gesellschaft insgesamt sind der Regierung auch durch die Judikative nur geringe Grenzen gesetzt. Wegen der unitarischen Staatsstruktur, die keine Bundesländer oder -staaten kennt und die politische Macht auf kommunaler Ebene einzig als vom souveränen Parlament delegiert betrachtet, besteht wenig Anlass zur Sorge über eine für föderale Staaten typische Politikverflechtungsfalle, die die Handlungsfähigkeit der Zentralregierung einschränken würde. Kurz gesagt, bietet das britische System der Regierung und hier wiederum vor allem dem Premierminister – der Premierministerin – eine bemerkenswerte Machtfülle, die nicht zu Unrecht als Wahldiktatur bezeichnet wurde. Die Regierung Thatcher verstand es, diese Machtressourcen zu nutzen, um ihre ohnehin schon beträchtliche Entscheidungsautonomie auszubauen. So wurden die Zentren der Opposition bzw. potenzielle Vetospieler – von der eigenen Partei bis hin zu den Gewerkschaften – systematisch geschwächt und im gleichen Zug Entscheidungskompetenzen zentralisiert. Leidtragende dieser Strategie waren vor allem die intermediären Institutionen.[106] Die Strategie lässt sich auch als eine Entflechtung von Staat und Gesellschaft beschreiben, die auf die Abschottung der staatlichen Willensbildungsprozesse zielt, indem alle Einfallstore gesellschaftlicher Einflussnahme verbarrikadiert werden, und erinnert an die Vorstellungen einiger neoliberaler Vordenker wie etwa Hayek. Sie stellt damit nicht zuletzt eine explizite Abkehr vom Politikmodell des keynesianischen Korporatismus dar, der einen wichtigen Teil des britischen Nachkriegskonsenses bildete.

Vor allem die akademische Linke hat darüber hinaus ausgiebig die Frage debattiert, inwieweit es sich bei der Strategie des Thatcherismus um einen autoritären Populismus handelt, der sich häufig ideologischer Elemente bediente.[107] Die These beinhaltet meines Erachtens eine zweifache Pointe, die die bisherigen Befunde ergänzen können. Zum einen betont Hall zu Recht die Bedeutung der ideologischen bzw. diskursiven Ebene der Politik des Thatcherismus, deren Erfolg beim Machterwerb und Machterhalt sich nicht allein durch die Inhalte ihres Programms erklären lässt. Ein ideologisches Element kommt etwa in der national-autoritären Rhetorik der ›Eisernen Lady‹ zum Tragen, aber auch in der Art und Weise, wie diskursiv Unterscheidungen zwischen ›uns‹ und ›ihnen‹ in die eigene Bevölkerung eingezogen bzw. verschoben wurden. Thatcher sprach mit Bezug auf die Gewerkschaften vom inneren Feind und stigmatisierte Immigranten und Sozialhilfeempfänger als ›andere‹, denen die große Mehrheit rechtschaffener und arbeitsamer Briten gegenübergestellt wurde – wobei im Übrigen die Position der Regierung mit Bezug auf die Situation von Brit*innen* über die Jahre hinweg ambivalent blieb.[108] Zweitens verweist Halls These darauf, dass die Politik des Thatcherismus nicht nur auf die Schwächung bestimmter Gruppen und Institutionen ausgelegt war, sondern darauf, eine neue Hegemonie zu erlangen, was nur durch die Bindung neuer Wählergruppen an das Projekt des Thatcherismus gelingen konnte. In diesem Zusammenhang ist noch einmal auf den Verkauf der Kommunalwohnungen und die Verbreitung von Volksaktien mit der Zielsetzung eines ›Volkskapitalismus‹ hinzuweisen, die sich als Elemente einer hegemonialen Strategie verstehen lassen.[109] Andere Kommentatoren haben daneben den komplementären Versuch betont, in sozialstaatlichen Arrangements institutionalisierte kollektive Identitäten aufzulösen. Doch sollte dies tatsächlich Teil der Strategie gewesen sein, muss sie in diesem Aspekt zumindest insofern als gescheitert gelten, als die öffentliche Meinung sich im Laufe der Thatcher-Regierung immer stärker zugunsten des Sozialstaats und nicht gegen ihn aussprach.[110] Dennoch hinterließ die Ära Thatcher, wie wir noch sehen werden, ein bleibendes Erbe, denn »a major shift in policy becomes permanent when the opposition parties adopt it as their own«[111].

3.3 Die Reagan-Revolution

Blicken wir nun auf das zweite Beispiel nordatlantischer Neoliberalisierungsprozesse, die als Reagan-Revolution berühmt-berüchtigt wurde.[112] Hier sollen zunächst Voraussetzungen, Verlauf und die wichtigsten inhaltlichen Reformen der Reagan-Ära erläutert werden, um im Anschluss, wie schon im Fall Großbritanniens, auf die beteiligten Akteure und vor allem die Strategie der Implementierung einer neoliberalen Politik einzugehen. Abschließend folgen einige Bemerkungen zu Gemeinsamkeiten und Unterschieden zwischen Thatcherismus und Reaganismus.

Die Voraussetzungen für den Wahlsieg Ronald Reagans 1980 ähneln in vielerlei Hinsicht den Bedingungen in Großbritannien. Auch die USA kämpften während der 1970er Jahre mit stagnierendem Wachstum und hohen Inflationsraten, so dass der Keynesianismus, zu dem sich selbst der Republikaner Richard Nixon noch Anfang der 1970er Jahre mit den Worten »We are all Keynesians now« bekannt hatte, nun als wirtschaftspolitisches Modell zur Disposition stand. Der Grund hierfür lag nicht allein im Phänomen der Stagflation, sondern auch in der Aufkündigung des seit 1944 bestehenden Bretton-Woods-Währungssystems durch die USA, mit dem eine entscheidende Voraussetzung für eine einzelstaatliche keynesianische Politik wegfiel. Zusätzlich zur ökonomischen Krise schien nach dem verlorenen Vietnamkrieg, dem Einmarsch sowjetischer Truppen in Afghanistan und der missglückten Rettung der in Geiselhaft genommenen Angehörigen der US-Botschaft im Iran 1979/80 auch der politische Weltmachtstatus der USA ins Wanken geraten zu sein. Der demokratische Präsident Jimmy Carter sprach in einer berühmt gewordenen Rede von einer bedrückenden Mutlosigkeit, die das Land erfasst habe.

Gleichzeitig war als Spätfolge der spektakulär gescheiterten Präsidentschaftskandidatur des erzkonservativen Barry Goldwater 1964 das rechtsliberale Lager in den 1970er Jahren kontinuierlich gewachsen. Dessen staatsskeptische Ausrichtung dokumentierte sich nicht zuletzt in den sogenannten *Tax Revolts*, die vor allem in Kalifornien, wo Reagan seit 1966 als Gouverneur regierte, bahnbrechenden Erfolg hatten. 1978 gab es dort ein Volksbegehren, das zur Verabschiedung der sogenannten *Proposition 13* führte, welche die Grundsteuern durch Deckelung nach oben massiv reduzierte und damit Pate stand für die Entwicklung, die auch die USA insgesamt unter Reagan erfassen sollte: Das Steueraufkommen schrumpfte dramatisch, und nicht zuletzt aus diesem Grund ist Kalifornien zumindest relativ gesehen heute ähnlich überschuldet wie Griechenland.

Reagans erste Amtszeit begann mit einem Paukenschlag, der bis heute seinesgleichen sucht. Unmittelbar nach seinem Amtsantritt gelang es ihm, Gesetze durchzusetzen, die die Weichen für seine Präsidentschaft stellten. Zunächst handelte es sich um den sogenannten *Omnibus Budget Reconciliation Act* (OBRA), der beträchtliche Einsparungen vor allem im sozialstaatlichen Bereich beinhaltete. Des Weiteren wurde eine Steuerreform in Form des *Economic Recovery Tax Act* (ERTA) verabschiedet, der Einkommens- und Unternehmenssteuern insgesamt stärker reduzierte, als dies je zuvor in der Geschichte des Landes geschehen war, wobei die oberen Einkommensschichten deutlich stärker profitierten als die unteren. So sank allein der Spitzensteuersatz um mehr als fünfzig Prozent. Zudem wurde das Militärbudget unter Reagan erhöht, der sich entschlossen zeigte, den Rüstungswettlauf mit der von ihm als »Evil Empire« bezeichneten Sowjetunion zu gewinnen. Damit sind einige der wichtigsten inhaltlichen Elemente der Reagan'schen Variante des Neoliberalismus bezeichnet, die im Folgenden erläutert werden. Die

Steuersenkungen stellten ein, wenn nicht gar das zentrale Instrument von Reagans Politik dar. Nicht nur waren sie bei der Bevölkerung äußerst populär, sie galten auch als Kernelement der sogenannten *Supply-Side Economics*, die schon im Zusammenhang mit Thatcher erwähnt wurden, in den USA aber eine ungleich wichtigere Rolle spielten. Die zentrale Annahme dieser Schule besagt, dass Wirtschaftswachstum den Einsatz von Investivkapital erfordert, das sich nur unter der Voraussetzung bilden kann, dass es nicht in Form hoher Steuern vom Staat abgeschöpft wird. Populär wurden diese Vorstellungen vor allem durch die berühmt-berüchtigte Laffer-Kurve, die nach dem kalifornischen Ökonomen Arthur Laffer benannt wurde und nicht nur darlegt, dass zu hohe Steuern privatwirtschaftliche Aktivitäten vermindern, sondern dass darüber hinaus die Senkung der Steuersätze aufgrund der dadurch erhöhten Wirtschaftsaktivität sogar zu einem insgesamt höheren Steueraufkommen führe. Dies heißt nicht weniger, als dass Steuersenkungen sich letztlich selbst finanzieren; ein erstaunlich optimistisches Theorem, das vom späteren Präsidenten George Bush Senior noch im Vorwahlkampf 1979 als »Voodoo Economics« kritisiert worden war. War das keynesianische Modell davon ausgegangen, dass vor allem geschicktes staatliches Nachfragemanagement die Wirtschaft beleben könne, so war es nun also die Angebotsseite, der optimale Bedingungen geboten werden sollten durch eine Politik, die sich inhaltlich weitgehend mit den bekannten neoliberalen Rezepten deckte. Denn auch viele der Kürzungen im sozialstaatlichen Bereich ließen sich einerseits als ›Anreiz‹ verstehen, das eigene Auskommen durch Erwerbsarbeit und nicht auf der Grundlage von Transferzahlungen zu bestreiten, und stärkten andererseits die Position der ›Angebotsseite‹, da sie die Arbeitskraft stärker kommodifizierten und damit die der Arbeitgeber verbesserten. Darauf wird noch einmal zurückzukommen sein.

War das zentrale Instrument der Angebotspolitik die Fiskalpolitik, so umfasste diese nicht nur Steuersenkungen, sondern auch die Vereinfachung des Steuerrechtes, die in einer Steuerreform 1986 umgesetzt wurde und also schon in Reagans zweite Amtszeit fiel. Das Reformgesetz folgte in vielen Punkten den Vorschlägen, die etwa von Milton Friedman und anderen bezüglich der Ausgestaltung des Steuerrechts immer wieder gemacht worden waren.[113] Zwar wurde keine *Flat Tax*, also ein Einheitssteuersatz, eingeführt, wie die radikalste Forderung Friedmans lautete, doch immerhin wurde die Anzahl der Steuerklassen auf nur noch sechs gesenkt und die Spreizung der Steuersätze reduziert. Der Effekt dieser Reform war, wie schon 1981, eine Steuersenkung, doch wie damals begünstigte sie vor allem Gutverdienende, deren Sätze jenen der Durchschnittsverdiener angenähert wurden – de facto ein Abrücken von einem progressiven Einkommenssteuersystem. Gleichwohl muss festgehalten werden, dass im Zuge der gleichen Steuerreform der sogenannte *Earned Income Tax Credit* (EITC) massiv ausgeweitet wurde. Dieser Steuerfreibetrag reduziert die Steuerschuld und führt vor allem bei Geringverdienern zu Steuerrückerstattungen. Durch die Reform von 1986 wurden die Voraussetzungen zum Erhalt des EITC gelockert und der Betrag aufgestockt. Bis 1990 nahm die Zahl der Familien, die EITC erhielten, von 7,4 auf 12,5 Millionen zu, der maximale Rückerstattungsbetrag verdoppelte sich auf beinahe 953 US-Dollar, und die staatlichen Ausgaben bzw. Einnahmeausfälle verdreifachten sich.[114] Allerdings bleibt die Bewertung von derartigen Programmen umstritten, handelt es sich doch genau genommen schlicht um eine staatliche Subventionierung des Niedriglohnsektors. Angesichts der Tatsache, dass die Lohnentwicklung in den unteren Einkommensregionen während der gesamten 1980er Jahre stagnierte bzw. sogar negativ war und der bundesrechtliche Mindestlohn bei durchschnittlich gerade einmal fünf US-Dollar lag, wird die Dringlichkeit einer solchen Subventionierung deutlich, die jedoch nichts daran ändern konnte, dass die Armutsrate in der Reagan-Ära geradezu explodierte: Zwischen 1979 und 1987 wuchs die Anzahl der Armen um mehr als sechs Millionen.[115]

Doch betrachten wir nun die Angebotspolitik, deren zweites Standbein neben der Fiskalpolitik die Deregulierungsanstrengungen von Seiten der Regierung bildete. Schon die Regierung Carter hatte sich an einer recht umfassenden Deregulierungsoffensive versucht, und unter Reagan setzte sich dieser Trend verstärkt fort. Noch im ersten Monat seiner Präsidentschaft unterschrieb der Präsident eine Exekutivanordnung, nach der bei jeder existierenden oder geplanten Regulierung die jeweiligen Kosten und der zu erwartende Nutzen zu prüfen seien. Überwögen die Kosten, so sei von der entsprechenden Regel abzusehen. Deutlich wird daran, wie auch an den Thatcher-Reformen des öffentlichen Sektors, der Versuch, die privatwirtschaftliche Rationalität der Betriebsführung auf den Staat zu übertragen. Darauf wird im nächsten Kapitel näher einzugehen sein. Selbstverständlich variieren die Einschätzungen bezüglich des Erfolgs dieser Deregulierungspolitik. Während viele neoliberale Kommentatoren allenfalls kleine Lichtungen im Dickicht des Regulierungsdschungels entdeckt haben wollten, sahen andere beträchtliche Errungenschaften.[116]

Wie im Fall des Sozialstaatsabbaus ist auch die Operationalisierung der Frage nach dem Ausmaß der Deregulierung mit einigen Problemen behaftet. Zwar legt die Zahl bundesstaatlicher Regelungen, die bis zum Ende von Reagans erster Amtszeit von 90 000 auf 76 000 fiel, nahe, dass große Anstrengungen unternommen wurden,[117] doch können sich De- und Reregulierung eben nicht nur durch das Streichen oder Erlassen von Verordnungen vollziehen, sondern beispielsweise auch durch die Reduzierung des Budgets für ein Aufsichtsamt, das dann seinen Aufgaben nicht mehr in vollem Umfang nachkommen kann.

Vier Punkte sind hier hervorzuheben. Erstens wurden die Deregulierungsmaßnahmen als Teil der Angebotspolitik deklariert, die vor allem während der Rezession zu Beginn der 1980er Jahre unternehmerische Aktivitäten erleichtern sollte (das Schlagwort vom *Regulatory Relief* verlieh dieser Zielsetzung Ausdruck). Zweitens fällt auf, dass die Deregulierungspolitik keineswegs einheitlich war. Zwar brachte Reagan in Fragen der Außenhandelspolitik viele internationale Verträge und Vereinbarungen mit auf den Weg, die erst unter Clinton verabschiedet bzw. ratifiziert wurden, wie etwa die Uruguay-Runde, die zur Gründung der Welthandelsorganisation führte oder die Verhandlungen über den Vorgänger der nordamerikanischen Freihandelszone NAFTA zwischen den USA und Kanada. Im Übrigen jedoch war seine Handelspolitik auch von protektionistischen Elementen geprägt, so dass hier nicht unbedingt von einer Liberalisierung die Rede sein kann.

Mit Blick auf die US-Wirtschaft lässt sich des Weiteren festhalten, dass die Regulierung von Monopolen, die bekanntlich einen Kernpunkt der ordoliberalen Theorie darstellt, zurückgefahren wurde, was in gewisser Weise der theoretischen Entwicklung der *Chicago School* entspricht. So wurden etwa Klagen auf Grundlage des *Sherman Acts* gegen IBM fallengelassen, und insgesamt gingen die Anti-Monopol-Verfahren während der 1980er Jahre auf den Stand der 1960er Jahre zurück.[118] Dabei war das Jahrzehnt über weite Strecken durch Unternehmenszusammenschlüsse, mehr oder weniger feindliche Firmenübernahmen und die berüchtigten *leveraged buy-outs* gekennzeichnet, bei denen Finanzinvestoren angeschlagene Firmen mit geliehenem Geld kaufen, um sie dann zu zerschlagen und die profitablen Teile weiterzuverkaufen. Oliver Stones Film *Wall Street* hat diesem Typ des Finanzinvestors in der Person Gordon Gekkos und seinem Motto »Gier ist gut« ein Denkmal gesetzt. Die Konjunktur des *paper entrepreneurship*, in dessen Rahmen Unternehmen oder Teile von Unternehmen erworben, abgestoßen und neu zusammengesetzt werden, ist nicht nur darauf zurückzuführen, dass Reagans fiskalische Umverteilungspolitik Kapitalbestände entstehen ließ, die auf der Suche nach lukrativen Anlagen auch in derartige Projekte flossen. Sie ist außerdem zumindest in Teilen auf die Deregulierung des Finanzwesens zurückzuführen, die unter Reagan schon zu Beginn der 1980er Jahre ihren Anfang nahm und beispielsweise Zusammenschlüsse von Banken ermöglichte. Darüber hinaus wurden die Spar- und Hypothekenkassen (Savings and Loans Associations) von diversen Auflagen bezüglich ihrer Anlagemöglichkeiten befreit, was letztlich eine Bankenkrise nach sich zog, die in manchen Aspekten an die Ereignisse seit 2008 erinnert, wenn auch in sehr viel kleineren Dimensionen. Dennoch beliefen sich die Gesamtkosten der Bankenrettung auf mehr als 600 Milliarden Dollar.[119] Zuletzt sind in diesem Zusammenhang der *Regulatory Relief* für Unternehmen durch die massive Schwächung von Regulierungsbehörden wie der Occupational Safety and Health Agency (OSHA) sowie der Environmental Protection Agency (EPA) zu nennen, deren Aufgabe die Gewährleistung von Sicherheit am Arbeitsplatz bzw. Umweltschutz sind.[120]

Profitierten so Unternehmen und Investoren von der Fiskal- und Deregulierungspolitik Reagans, wurde schon unmittelbar nach Reagans Amtsantritt deutlich, dass die Regierung ihre angebotsorientierte Politik im Zweifelsfall auch gegen die amerikanischen Arbeitnehmerorganisationen durchsetzen würde. Auf den Streik der Fluglotsengewerkschaft 1981 reagierte die Regierung – unter Verweis auf die angebliche Illegalität des Ausstandes –, indem sie nach Verstreichen eines Ultimatums 11 000 Fluglotsen fristlos kündigte, deren Stellen eine reduzierte und schlechter entlohnte Ersatzbelegschaft übernahm. Abgesehen von dieser hochsymbolischen Auseinandersetzung kann man im Gegensatz zur Regierung Thatcher allerdings im Falle Reagans nicht von einer breit angelegten Anti-Gewerkschaftspolitik sprechen, was jedoch vor allem auf die bekannte Schwäche der amerikanischen Gewerkschaftsorganisationen zurückzuführen sein dürfte.

Zum weiteren Bedeutungsverlust der Gewerkschaften während der Reagan-Ära trug nicht zuletzt die scharfe Rezession 1981/82 bei, was uns zur Rolle der amerikanischen Notenbank und zur Bedeutung der Theorie des Monetarismus für den Reaganismus bringt. Im Gegensatz zum britischen Fall war die monetaristische Geldmengenpolitik in den USA nicht mehr als eine kurze Episode. Gleichwohl hatte der sogenannte Volcker-Schock, benannt nach dem damaligen Notenbankchef und heutigen Obama-Wirtschaftsberater Paul Volcker, dramatische Folgen. Durch die scharfe Verknappung der Geldmenge und entsprechende Zinssteigerungen gelang es einerseits, die Inflationsrate derart nachhaltig zu senken, dass die Federal Reserve Bank schon 1982 wieder zu einer Verbilligung des Geldes zur Stützung der Konjunktur übergehen konnte. Andererseits löste Volckers Politik vor allem in Südamerika die weiter oben erwähnte Schuldenkrise mit aus, da der Realwert der ohnehin beträchtlichen Dollarschulden jener Länder exponenziell anstieg. In den USA verursachte sie eine scharfe Rezession, die vor allem im produzierenden Sektor den dauerhaften Verlust von Tausenden von Arbeitsplätzen mit sich brachte und so die Verhandlungsmacht der Gewerkschaften weiter unterminierte.

Damit sind alle Elemente der Reaganomics bis auf ein letztes, aber entscheidendes benannt. Denn vom Beginn seiner Amtszeit verfolgte Reagan ein weiteres Ziel, das gemeinsam mit den Steuersenkungen absolute Priorität genoss: die Erhöhung der Rüstungsausgaben. Damit erhielt die Regierungspolitik einen äußerst ambivalenten, wenn nicht sogar widersprüchlichen Zug. Denn die Rüstungsausgaben nahmen bis zum Ende der Amtszeit Reagans, ausgehend von einem ohnehin hohen Niveau, um mehr als einhundert Prozent zu[121] und konterkarierten daher sowohl das offizielle Bekenntnis der Regierung zu einem ausgeglichenen Haushalt als auch die kategorische Absage an eine keynesianische Nachfragepolitik. Schließlich hatte sie de facto die gleiche Wirkung wie Letztere – mit dem wichtigen Unterschied, dass die staatlichen Mittel eben nicht über den Sozialstaat, sondern über einige große Rüstungskonglomerate in die Wirtschaft gepumpt wurden: Der Begriff des *Warfare Keynesianism* anstelle des *Welfare Keynesianism* machte die Runde, und mit den wirtschaftspolitischen Vorstellungen des Neoliberalismus ließ sich all dies nur schwer vereinbaren.[122] Schließlich sicherten die Rüstungsverträge den Unternehmen in vielen Fällen derart generöse Profite zu, dass sie versteckten Subventionen gleichkamen, die ein weiteres Mal die Seilschaften zwischen Firmen, Politikern und Bürokratie bedienten.

Noch dramatischer waren die Auswirkungen der Rüstungspolitik auf den Haushalt. Wie erwähnt, hatte die Regierung immer wieder auf die Notwendigkeit einer disziplinierten Haushaltspolitik hingewiesen und konnte sich hierbei auf die *Supply-Side Economics* wie auch die neoliberale Theorie stützen. Doch in der Kombination mit Steuersenkungen, durch die dem Staat beträchtliche Einnahmen verloren gingen, und sozialstaatlichen Kürzungen, die trotz ihres beträchtlichen Umfangs diesen Ausfall nicht kompensieren konnten, führten die immensen Rüstungsausgaben zu Haushaltsdefiziten, die trotz einer vor allem in Reagans zweiter Amtszeit wachsenden Wirtschaft beständig bei etwa fünf Prozent lagen. Daran konnte im Übrigen auch die Verabschiedung einer moderaten Schuldenbremse, des sogenannten *Gramm-Rudman-Hollings Act* im Jahre 1985, nichts ändern, wobei die Gründe ihres Leerlaufens umstritten sind. Eines der Vermächtnisse der Reaganomics, das von den Grundsätzen der neoliberalen Theorie nicht weiter entfernt sein könnte, stand damit jedoch fest: Die Schulden der USA nahmen unter Reagan astronomische Ausmaße an und stiegen zwischen 1979 und 1989 um mehr als 15 Prozentpunkte auf etwa 53 Prozent des Bruttoinlandproduktes.[123]

Damit sind wir bei der Frage der beteiligten Akteure und den Auswirkungen des Reaganismus angelangt. Neben Ronald Reagan selbst, der nach zwischenzeitlichem Popularitätsverlust zumindest am Ende seiner zweiten Amtszeit formidable Zustimmungswerte in der Bevölkerung genoss und mittlerweile in der Republikanischen Partei zu einer Art Mythos geworden ist, sind hier wohl als wichtigste Personen der schon erwähnte Paul Volcker und insbesondere der Direktor des Office of Management and Budget (OMB) David Stockman zu nennen.[124] Die Geldpolitik Volckers beendete die Inflation, und unter Stockmans Federführung gelangen u.a. die frühen politischen Coups der Administration in Form der OBRA- und ERTA-Gesetze. Nicht zuletzt auf Äußerungen Stockmans geht im Übrigen auch die Debatte zurück, ob der Verschuldungspfad der USA möglicherweise Teil einer bewussten Strategie der Regierung war, die das Ziel verfolgte, den Schuldendruck so weit zu erhöhen, dass er als Hebel zur Durchsetzung eines tiefgreifenden Sozialstaatsabbaus dienen konnte.[125] Der Erfolg dieser angeblichen *Starving-the-Beast*-Strategie – die Bezeichnung spielt auf den (Sozial-) Staat als unersättliche Bestie an, die ausgehungert werden muss – wird unterschiedlich bewertet: Zum Zweck des kurzfristigen Sozialstaatsabbaus erwies sie sich zwar als weitgehend untauglich, doch längerfristig führte sie dazu, dass von einem weiteren *Ausbau* des Sozialstaats keine Rede mehr sein konnte, da dem Staat

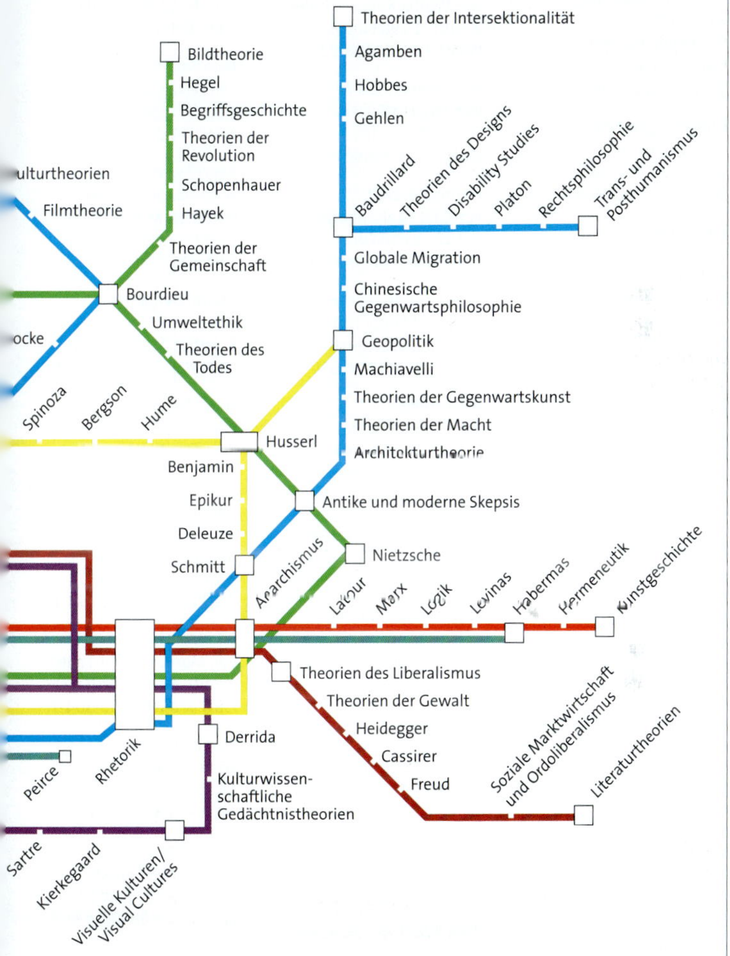

Reihe »Zur Einführung«

A

Theodor W. Adorno
von Gerhard Schweppenhäuser
7. Aufl., 14,90 Euro [D]
ISBN 978-3-88506-671-2

Giorgio Agamben
von Eva Geulen
3. Aufl., 13,90 Euro [D]
ISBN 978-3-88506-670-5

Hans Albert
von Eric Hilgendorf
13,50 Euro [D]
ISBN 978-3-88506-943-0

Analytische Philosophie
von Albert Newen
3. Aufl., 15,90 Euro [D]
ISBN 978-3-88506-611-8

Anarchismus
von Daniel Loick
3. Aufl., 15,90 Euro [D]
ISBN 978-3-88506-768-9

Angewandte Ethik
von Urs Thurnherr
2. Aufl., 15,90 Euro [D]
ISBN 978-3-88506-322-3

Anthropozän
von Hannes Bergthaller und Eva Horn
3. Aufl., ca. 16,90 Euro [D]
ISBN 978-3-96060-311-5

Antike und moderne Skepsis
von Markus Gabriel
3. Aufl., 14,90 Euro [D]
ISBN 978-3-88506-649-1

Antike politische Philosophie
von Walter Reese-Schäfer
2. Aufl., 15,90 Euro [D]
ISBN 978-3-88506-971-3

Architekturtheorie
von Jörg H. Gleiter
ca. 17,90 Euro [D]
ISBN 978-3-96060-324-5

Hannah Arendt
von Grit Straßenberger
3. Aufl., 14,90 Euro [D]
ISBN 978-3-88506-089-5

Argumentationstheorie
von Josef Kopperschmidt
3. Aufl., 13,90 Euro [D]
ISBN 978-3-88506-320-9

Aristoteles
von Christof Rapp
6. Aufl., 16,90 Euro [D]
ISBN 978-3-88506-690-3

Ästhetik
von Stefan Majetschak
5. Aufl., 14,90 Euro [D]
ISBN 978-3-88506-634-7

Ästhetische Bildung
von Iris Laner
14,90 Euro [D]
ISBN 978-3-96060-300-9

Augustinus
von Johann Kreuzer
2. Aufl., 13,90 Euro [D]
ISBN 978-3-88506-609-5

B

Michail Bachtin
von Sylvia Sasse
2. Aufl., 14,90 Euro [D]
ISBN 978-3-88506-659-0

Roland Barthes
von Ottmar Ette
2. Aufl., 13,90 Euro [D]
ISBN 978-3-88506-694-1

Jean Baudrillard
von Falko Blask
4. Aufl., 13,90 Euro [D]
ISBN 978-3-88506-067-3

Begriffsgeschichte
von Falko Schmieder und Ernst Müller
15,90 Euro [D]
ISBN 978-3-96060-317-7

Walter Benjamin
von Sven Kramer
5. Aufl., 13,90 Euro [D]
ISBN 978-3-88506-683-5

Henri Bergson
von Gilles Deleuze
5. Aufl., 14,90 Euro [D]
ISBN 978-3-88506-336-0

Bildtheorie
von Wolfram Pichler und Ralph Ubl
3. Aufl., 15,90 Euro [D]
ISBN 978-3-88506-074-1

Bildungstheorien
von Markus Rieger-Ladich
2. Aufl., 14,90 Euro [D]
ISBN 978-3-96060-304-7

Biophilosophie
von Kristian Köchy
14,90 Euro [D]
ISBN 978-3-88506-650-7

Biopolitik
von Thomas Lemke
2. Aufl., 13,90 Euro [D]
ISBN 978-3-88506-635-4

mit den Steuersenkungen, die sich entgegen der Annahmen der Laffer-Kurve nicht selbst finanzierten, schlicht die notwendige Einnahmebasis abhanden gekommen war.[126]

Wie im Fall Großbritanniens waren auch in den USA bei der Entwicklung und Verbreitung von Ideen und Politikvorschlägen von der Laffer-Kurve bis zur konstitutionellen Schuldenbremse Think-Tanks entscheidend beteiligt: Neben dem American Enterprise Institute waren dabei vor allem das Cato Institute und die Heritage Foundation von Bedeutung.[127] Dies gilt umso mehr, als die Funktion der Politikformulierung und -verbreitung in den USA weit weniger von den politischen Parteien wahrgenommen wird, als dies im stärker parteiendemokratisch geprägten Großbritannien der Fall ist. Die Durchsetzung gegen innerparteiliche Gegner hatte dementsprechend für Reagan und seine Mitstreiter wiederum weniger Relevanz.

Die Nutznießer des Reaganismus sind schnell benannt: Ganz im Sinne der Angebotspolitik war es vor allem *Corporate America*, wobei hier noch einmal unterschieden werden muss zwischen der Industrieproduktion, die an Bedeutung und Einfluss verlor, und dem Finanzkapital mit dem Zentrum der Wall Street, das zu den Gewinnern zählte. Dieser Trend sollte sich im Laufe der 1990er Jahre noch verschärfen.[128] Verlierer waren hingegen die einkommensschwächsten Teile der Bevölkerung, die von den sozialstaatlichen Kürzungen besonders stark betroffen waren.[129] Hierbei ist festzuhalten, dass insbesondere bei Minderheiten die Armutsgefährdung massiv zunahm und dass sich trotz einer Zunahme des weiblichen Anteils an der Erwerbsbevölkerung eine ›Feminisierung der Armut‹ vollzog.

Blicken wir zuletzt auf die Strategie des Reaganismus, die sich sinnvollerweise im Vergleich mit der Strategie des Thatcherismus erläutern lässt, da es sich um diametrale Gegensätze in der grundsätzlichen Ausrichtung handelt, was wiederum auf das

Zusammenspiel von strukturellem Kontext und den Strategien der Akteure verweist:[130] War der Thatcherismus auf Inkrementalismus angelegt, so konzentrierten sich die Reformanstrengungen Reagans am Beginn seiner Amtszeit; verfolgte der Thatcherismus eine Zentralisierungsstrategie, so war dies unter Reagan nur im Vorlauf zur Verabschiedung der OBRA- und ERTA-Gesetze der Fall, als die Entscheidungsprozesse im OMB zusammengezogen wurden; im Übrigen lässt sich eher von einer Dezentralisierungsstrategie sprechen, obgleich diese letztendlich nur halbherzig verfolgt wurde. Diese Gesamtstrategie ist vor dem Hintergrund der institutionellen Ausgestaltung des politischen Systems der USA durchaus erfolgversprechend. Denn im Gegensatz zu Großbritannien bieten die USA aufgrund ihres präsidentiellen Regierungssystems, der schwachen Parteien und der föderalen Struktur, um nur die wichtigsten Faktoren zu nennen, eine Vielzahl an Vetopunkten für unterschiedlichste Vetospieler, so dass weitreichenden Reformen nur selten Erfolg beschieden ist. Die Strategie Reagans, noch in der ›Honeymoon-Phase‹ zu Beginn seiner Präsidentschaft möglichst viele Projekte auf einmal auf den Weg zu bringen, bevor sich die Opposition dagegen formieren konnte, erscheint daher überaus plausibel. Wie der weitere Verlauf der Präsidentschaft zeigt, konnten ähnlich umfassende Reformen selbst unter dem Druck eines riesigen Schuldenbergs nicht mehr durchgesetzt werden. Der Versuch, durch Dezentralisierung des Entscheidungsprozesses im Rahmen eines sogenannten *New Federalism* während der zweiten Amtszeit indirekt den Abbau staatlicher Ausgaben voranzutreiben, war zwar aussichtsreich, hätte aber größere Anstrengungen verlangt, um tatsächlich erfolgreich zu sein. Die Verlagerung von Kompetenzen von der zentralstaatlichen Ebene auf die der Bundesstaaten, die mit Verweis auf das Prinzip der Subsidiarität oder eines Wettbewerbsföderalismus auch von der neoliberalen Theorie befürwortet wird, gelang eigentlich nur im Rahmen der OBRA-Reformen. Hier wurde durch die Umwandlung von zentralstaatlichen Transfers für Sozialprogramme die Verantwortung für diese Programme bei gleichzeitiger Budgetkürzung an die Bundesstaaten delegiert, die nun mehr oder weniger gezwungenermaßen die sozialstaatlichen Kürzungen umzusetzen hatten. Diese Verschiebung der Verantwortung ist ein klassischer Fall dessen, was der Politologe Paul Pierson als wichtiges Kalkül in der Politik des Sozialstaatsabbaus herausgearbeitet hat: die Vermeidung der politischen Zurechenbarkeit von Leistungssenkungen, um nicht von den Nutznießern der entsprechenden Programme bei den nächsten Wahlen bestraft zu werden (*blame avoidance*).[131] Auch im Licht dieser Theorie zeigt sich die gegensätzliche strategische Ausrichtung von Thatcherismus und Reaganismus: Reagan setzte weitgehend auf *blame avoidance* – eine Option, die durch den institutionellen Kontext der USA begünstigt wird, durch die aber tendenziell auch die Kontrolle über politische Entscheidungsprozesse etwa durch deren Dezentralisierung verloren geht. Dagegen setzte Thatchers Strategie auf die Zentralisierung des Entscheidungsprozesses bei gleichzeitiger Schwächung möglicher Vetospieler. Insoweit dies gelang, genoss die Premierministerin so einerseits ein außergewöhnliches Maß an persönlicher Kontrolle über die Formulierung der Regierungspolitik und ihre Umsetzung. Andererseits bedeutete dies auch, dass sie bzw. ihre Regierung allein für die Politik des Sozialabbaus und andere Maßnahmen verantwortlich gemacht wurde und den ›schwarzen Peter‹ nicht an andere Institutionen oder Akteure weiterreichen konnte, wie Reagan dies beispielsweise meisterhaft mit der US-Notenbank in der Frage der Verantwortung für die Rezession 1981/82 gelang. Im Fall der oben erwähnten *Community Charge* – im Volksmund auch als »Maggie's Tax« bezeichnet – wurde dies Thatcher zum Verhängnis.

3.4 Die zweite Welle: Neoliberalismus ›von links‹

Die Neoliberalisierungsprozesse in den USA und Großbritannien verdienen aber nicht nur deshalb besondere Aufmerksamkeit, weil ihnen zumindest innerhalb der nordatlantischen OECD-Welt Pionierstatus zukommt und vor allem die USA aufgrund ihrer politisch-ökonomischen Weltmachtstellung Vorbildcharakter für viele andere Nationen hatten bzw. gewichtigen Einfluss auf deren Entwicklung nehmen konnten. In beiden Fällen lässt sich die Geschichte der Neoliberalisierungsprozesse interessanterweise über die Regierungszeiten von Reagan und Thatcher wie auch noch deren unmittelbare Nachfolger George Bush Sr. und John Major hinaus fortschreiben und umfasst auch die Ära Tony Blair in Großbritannien bzw. Bill Clinton in den USA. Interessant ist dies zunächst deshalb, weil Blair und Clinton bekanntlich Parteien angehörten, die sich lange Zeit als ausgesprochene Gegner Thatchers und Reagans profiliert hatten und von daher nicht ohne Weiteres mit einer neoliberalen Agenda in Verbindung gebracht worden wären. Aus einer analytischen Perspektive sind insbesondere die inhaltlichen Verschiebungen im Rahmen dieser neoliberalen Projekte ›von links‹ aufschlussreich. In der Forschung ist daher oftmals von einer ›zweiten Welle‹ der Neoliberalisierung die Rede, wobei die Unterscheidung zwischen einer ersten Phase des »Roll-Back-Neoliberalismus« und einer zweiten Phase des »Roll-Out-Neoliberalismus« aussagekräftiger ist, da sie die inhaltlichen Modifikationen in den Blick nimmt.[132] Die erste Phase wird in diesem Schema als Versuch aufgefasst, eine etablierte sozioökonomische Ordnung aufzubrechen, Institutionen zu unterminieren und überkommene Auffassungen zu diskreditieren; Aufgaben, die demnach in erster Linie Thatcher und Reagan zufielen. Der zweiten Phase wird dagegen eine konstruktivere Ausrichtung zuerkannt, da ein neuer Konsens gefunden bzw. die in Ansätzen etablierte neue sozioökonomische Ordnung konsolidiert werden sollte, wobei die marktzentrierte Ordnung des Neoliberalismus der Flankierung durch andere Elemente bedürfe, um ein gewisses Maß an Stabilität zu erreichen: »As a market-building project, then, neoliberalization involves the simultaneous and iterative roll-back of institutional and social forms [...] together with the roll-out of restructured institutional and state forms.«[133] Letzteres fiel den Regierungen Clinton und Blair zu. Die Grundparameter von deren Neoliberalismus 2.0 sollen hier im Folgenden in aller Kürze skizziert werden.

Blicken wir zunächst auf die Amtszeit Bill Clintons, der von 1992 bis 2000 amerikanischer Präsident war.[134] Als Gouverneur von Arkansas hatte Clinton eine Neuausrichtung der Demokraten mitinitiiert, die von der Gründung des Democratic Leadership Councils 1985 ausging und ab Anfang der 1990er Jahre eine Verortung der Partei in der politischen Mitte anvisierte, was in der späteren Selbstbeschreibung als »New Democrats« resultierte. Schon während des Wahlkampfs war es Ross Perot als unabhängigem Kandidaten gelungen, die Frage des Defizitabbaus und damit auch der Fiskalpolitik zu einem zentralen Thema zu machen, so dass Clinton sich in dieser Hinsicht positionieren musste. Nach der gewonnenen Wahl kombinierte das erste Budget Steuererhöhungen und Ausgabensenkungen, aber zumindest auch eine Ausweitung des oben schon erwähnten EITC. Insgesamt brachte die Clinton-Regierung weit mehr fiskalische Disziplin auf, als dies die Reagan-Administration geschafft hatte, und so gelang es ihr nicht nur, das Defizit in den ersten fünf Jahren um 500 Milliarden Dollar zu reduzieren; Anfang 1998 konnte Clinton sogar einen ausgeglichenen Haushalt sowie zu erwartende Haushaltsüberschüsse für die kommenden fünf Jahre verkünden. Zweifellos wurde diese rasante Trendwende begünstigt durch ein

Wirtschaftswachstum, das sich aus einer in Fahrt kommenden Globalisierung, der noch nicht geplatzten Blase der ›New Economy‹ und den noch zu erläuternden Deregulierungsmaßnahmen speiste. Doch es bleibt der Eindruck bestehen, dass Clinton sich zumindest hinsichtlich der Haushaltspolitik gegenüber Reagan als der eigentlich neoliberale Defizit-Falke erwies. Dies ist allerdings auch ein Vermächtnis des Verschuldungskurses unter Reagan, der zusätzliche soziale Investitionen, wie sie Clinton ursprünglich vorschwebten, schwer durchsetzbar machte. Darüber hinaus zeigt sich hier die zunehmende Macht der Finanzmärkte, denn der auch vom Notenbankchef Alan Greenspan dringend angeratene Defizitabbau zielte im Wesentlichen darauf ab, diese zu beruhigen, um so ein Ansteigen der Zinsen auf Staatsanleihen mit all ihren negativen Auswirkungen auch für den privaten Sektor zu verhindern. Umgekehrt legte Clinton mehrere Male sein Veto gegen Budgetvorschläge des ab 1994 republikanisch dominierten Kongresses ein, deren Kürzungsabsichten nicht anders als drakonisch bezeichnet werden konnten.[135]

Auch im Bereich der Deregulierungspolitik stand Clinton den Anstrengungen Reagans kaum nach – im Gegenteil: In seiner Analyse der amerikanischen Wirtschaft in den *Roaring Nineties* spricht der damalige Regierungsberater in Wirtschaftsfragen, Joseph Stiglitz, von einer »Deregulierungsmanie«, die sich insbesondere auf die Bereiche Energie, Telekommunikation und Finanzwesen erstreckte und in vielen Aspekten über Reagans Maßnahmen hinausging: »Die Deregulierung im Telekommunikationssektor entfesselte einen wahren Goldrausch; und die Deregulierung im Bankenwesen sorgte dafür, dass der Goldrausch außer Kontrolle geriet.«[136] Langfristig erwies sich vor allem die Deregulierung des Finanzwesens durch den *Financial Services Reform Act* von 1999 als überaus bedeutsam, denn durch ihn wurde die 1933 eingeführte Trennung zwischen Geschäfts- und

Investmentbanken aufgehoben, was als eine der strukturellen Ursachen der Immobilien- und Bankenkrise zehn Jahre später gilt.[137] Doch nicht erst mit dieser Reform wurden die 1990er Jahre zum Jahrzehnt des Finanzkapitals. Hinzu kamen Faktoren wie etwa die vom IWF vorangetriebene Öffnung ausländischer Kapitalmärkte für amerikanische Banken und Finanzprodukte sowie der vom Risikokapital der Wall Street angetriebene Dotcom-Boom. Dass diese Entwicklungen politisch gefördert wurden – etwa durch die Senkung der Kapitalertragssteuer 1997 –, trug dazu bei, dass vor allem kurzfristige Firmenbeteiligungen attraktiver wurden und entsprechend auch die kurzfristige Entwicklung des Aktienwertes, d.h. des sogenannten Shareholder Value, zu einem immer wichtigeren Faktor in der Unternehmensführung wurde – zumal die Geschäftsführer ihre Provisionen zunehmend in Aktienoptionen erhielten und damit umso mehr Anreize hatten, den Kurs der Firmenanleihen zumindest kurzfristig in die Höhe zu treiben. Einen überaus wichtigen Anteil an diesen Entwicklungen hatte aber auch die zunehmende Zahl an Amerikanern, die sich nicht mehr als Sparer, sondern als Anleger verstanden und am Börsenboom mitverdienen wollten, da die Dividenden auf Aktien offensichtlich weitaus höher als die Zinsen auf ein normales Bankkonto waren. So wurde die Finanzialisierung der amerikanischen Wirtschaft eben auch durch normale Bürgerinnen und Bürger mit ihrer ›spekulativen Hoffnung‹ auf höhere Kurse vorangetrieben. Waren es 1985 noch zwanzig Prozent der Bevölkerung, die Aktien besaßen, so waren es 2005 mehr als fünfzig Prozent. Reagan und vor allem Thatcher hatten noch von einem Volkskapitalismus auf der Grundlage weitgestreuten Aktienbesitzes geträumt; im Laufe der 1990er Jahre wurde dieser bis zu einem gewissen Maß Realität, wobei sich die Mehrheit der Aktien nach wie vor in den Händen der Wohlhabenden befand.[138] Unter dem Einfluss dieses staatlich geforderten Strukturwandels hin zu einem finanzmarktgetriebenen Kapitalismus öffnete sich die ohnehin schon beträchtliche Einkommensschere zwischen Reichen und Armen noch sehr viel weiter; heute verdienen Vorstandsvorsitzende von an der Börse gehandelten Unternehmen in vielen Fällen weit mehr als das Hundertfache einfacher Angestellter der gleichen Firma.

Betrachten wir abschließend Clintons Sozial- und Kriminalitätspolitik. Zur allgemeinen Überraschung war nämlich die weitreichendste Reform der ersten Amtszeit nicht die angekündigte (und schließlich gescheiterte) Gesundheitsreform, sondern der *Violent Crime Control and Law Enforcement Act*, der beinahe neun Milliarden Dollar zur Einstellung neuer Polizisten, acht Milliarden Dollar zum Bau neuer Gefängnisse, aber auch zumindest 1,5 Milliarden für Sozialprogramme im Präventions- und Rehabilitationsbereich bereitstellte. Diese Reform ging einher mit einer rhetorischen Offensive, die gemäß den Forderungen der »New Democrats« Begriffe wie Gemeinschaft, Verantwortung und Chancen (*Opportunity*) in den Mittelpunkt stellte und sich am Beispiel der berühmt gewordenen ersten Rede zur Lage der Nation nach Clintons Wiederwahl im Januar 1996 illustrieren lässt.[139] Mit Bezug auf die *Crime Bill* heißt es darin: »More police and punishment are important, but they're not enough. We have got to keep more of our young people out of trouble, with prevention strategies not dictated by Washington, but developed in communities.«[140] Einerseits wird hier die repressive Orientierung einer Law-and-Order-Politik bestätigt, andererseits wird im gleichen Atemzug die Verantwortung der kommunalen Gemeinschaft bzw. ihrer Mitglieder für die Vermeidung von Verbrechen beschworen. Hierauf wird im nächsten Kapitel noch einmal zurückzukommen sein.

Die Fragen von Verantwortung und Gemeinschaft entpuppen sich auch als wichtige Elemente in Clintons zweiter großer Reform, die in seine zweite Amtszeit fällt und die Sozialpolitik betraf. Schon im Wahlkampf 1991 hatte Clinton versprochen »to end welfare as we know it«. Getrieben von einem republikanisch dominierten Kongress unterzeichnete er 1996 den *Personal Responsibility and Work Opportunity Reconciliation Act* (PRWORA), der die einschneidendste Reform des amerikanischen Sozialstaats seit dem New Deal beinhaltete. Mit ihm wurde das bundesstaatliche Armenfürsorgeprogramm *Aid for Families with Dependent Children* (AFDC) ersetzt durch ein einzelstaatlich zu verwaltendes Programm namens *Temporary Assistance for Needy Families* (TANF). Abgesehen von der Dezentralisierung, die mit großen Gestaltungsfreiheiten der Bundesstaaten und dementsprechend mit großen Leistungsdifferenzen einherging, bestand die wichtigste Änderung in einer strikten Koppelung von Transferzahlungen an die Bereitschaft der ›Klienten‹, sich aktiv um Arbeit zu bemühen. Schon früher war auf einzelstaatlicher Ebene mit ähnlichen Regelungen experimentiert worden, doch Clintons Reform verallgemeinerte die Idee *from welfare to work* und stand damit Pate für ähnliche Entwicklungen in Großbritannien oder Deutschland, in denen entsprechende *Workfare*-Programme verabschiedet wurden. In der Sozialfürsorgereform wird einerseits die Verantwortung der Gemeinschaft für den Einzelnen betont, denn die Theorie des *New Paternalism*, deren Geist dem Gesetz zugrunde liegt, besagt, dass die Armen deshalb nicht vorankommen, weil es ihnen an Disziplin und basalen Kompetenzen der Selbstkontrolle mangelt. Der Gemeinschaft fällt somit die Aufgabe zu, sie *in ihrem eigenen Interesse* zur Arbeit anzuhalten: »When they are required to work, therefore, they are not being coerced but pressed to live up to their own intentions. Many recipients seem to appreciate that pressure, rather than resenting it.«[141] Andererseits wird die Verantwortung der Armen gegenüber der Gemeinschaft eingefordert, die sie mit

Transferzahlungen alimentiert. Dem Recht auf diese Unterstützung entspreche die Pflicht, sich um eine Arbeitsstelle zu bemühen, auch wenn dies höhere Mobilität, Weiterbildung, Umschulung oder Arbeit im Niedriglohnsektor erfordere. Die Auswirkungen dieser Reform sind auch 15 Jahre nach ihrer Verabschiedung weiter umstritten. Millionen verschwanden aus den Statistiken der Sozialfürsorge, darunter viele alleinerziehende Mütter. Doch der Arbeitsmarkt, auf den man sie u.a. mithilfe der Drohung von Leistungskürzungen genötigt hatte, bot ihnen in unzähligen Fällen tatsächlich nur befristete, Teilzeit- oder Niedriglohnjobs, so dass sie weiterhin auf andere staatliche Transferzahlungen wie etwa den oben erwähnten EITC oder gar TANF angewiesen blieben.[142]

Was anhand beider Reformen deutlich wird, ist eine diskursive Rahmung, die über ein enges Verständnis von Neoliberalismus als Bekenntnis zu individueller Freiheit und deregulierten Märkten hinausweist. Es ist der Geist des Kommunitarismus, wie er sich beispielsweise in der Tradition des soziologischen Neoliberalismus eines Wilhelm Röpke oder Alexander Rüstow findet, der diese Reformen mit ihrer Betonung der Reziprozität der Verantwortung von Individuum und Gemeinschaft sowie der Entsprechung von Rechten und Pflichten durchzieht. Insgesamt weist dieser Roll-Out-Neoliberalismus zwar eine gewisse Kontinuität gegenüber der Politik Reagans auf, unterscheidet sich von ihr aber zum einen durch seine Flankierung eines marktzentrierten Individualismus mit kommunitaristischen Elementen, die in der ersten Phase des Neoliberalisierungsprozesses kaum eine Rolle gespielt hatten. Zum anderen handelt es sich um die Konsolidierung eines Wirtschaftsregimes, in dessen Rahmen die Deindustrialisierungstendenzen des Roll-Back-Neoliberalismus unter Reagan durch eine entschlossene Entwicklung in Richtung eines finanzmarktgetriebenen Kapitalismus und damit ein neues Akkumulationsregime komplementiert werden.

Blicken wir nun wieder auf die andere Seite des Atlantiks, wo es bis zum Jahr 1996 dauerte, bis die Labour Party unter der Führung Tony Blairs und dem Schatzkanzler und späteren Premier Gordon Brown wieder an die Macht zurückkehrte, wo sie bis 2010 verblieb.[143] Zunächst fällt die Vielzahl von Parallelen zwischen den Regierungen Blair und Clinton ins Auge, was u.a. auf transatlantische Lernprozesse und die internationale Diffusion von Ideen zwischen Parteien der linken Mitte bis hin zu den deutschen Sozialdemokraten zurückzuführen ist. Wie die »New Democrats« wandelte sich auch Labour in der Opposition zu »New Labour« und verabschiedete sich im gleichen Zug von den noch vorhandenen sozialistischen Überbleibseln im Parteiprogramm, um sich stärker in der Mitte des politischen Spektrums zu positionieren. Dazu gehörte auch die für einen Wahlkampf eher ungewöhnliche Festlegung, selbst im Falle eines Wahlsieges die haushaltspolitischen Vorgaben der noch im Amt befindlichen Regierung Major weitestgehend zu übernehmen, wie überhaupt signalisiert wurde, dass New Labour bei der Regierungsübernahme nicht gedenke, die Umwälzungen der Jahre des Thatcherismus grundsätzlich zu revidieren.

Dieses Versprechen wurde gehalten; und wie im Falle Clintons und Reagans lassen sich viele Politikbereiche benennen, in denen die Gemeinsamkeiten zwischen New Labour und dem Thatcherismus gegenüber den Unterschieden überwiegen. Wie schon angedeutet, übten sich Blair und Brown zumindest während der ersten Amtszeit ihrer Regierung in haushaltspolitischer Disziplin, hielten sich an einige sogenannte ›goldene Regeln‹ und vermieden – auch mit Blick auf die zunehmende Macht der *City* wie die internationalen Finanzmärkte insgesamt – tunlichst den Eindruck, die Partei könne in das vermeintlich typische Politikmuster der Labour Party des *tax and spend* zurückfallen. Ebenfalls mit Blick auf die Finanzmärkte entschloss sich die Regierung auf Betreiben Browns zu einem Schritt, den die Thatcher-Regierung selbst in ihrer monetaristischen Hochphase nicht unternommen hatte, und verlieh der Bank of England die offizielle politische Unabhängigkeit ihrer Entscheidungen. Eine gezielte Regierungspolitik der milden Inflation entsprechend einigen keynesianischen Rezepten wurde damit verunmöglicht.[144] Gleichzeitig wurde die Zentralbank mit dem Auftrag der Inflationsbekämpfung bzw. einer Zielmarke von 2,5 Prozent Geldentwertung versehen. In der Geld- und Haushaltspolitik waren mit diesen Maßnahmen alle möglichen offenen Flanken für eine Kritik aus neoliberaler oder angebotsorientierter Perspektive geschlossen. Auch im Umgang mit den Gewerkschaften zeigte sich die neue Regierung auf Kontinuität bedacht und unterließ es demonstrativ, die vielen gegen Arbeitnehmerorganisationen gerichteten Gesetze der Ära Thatcher zurückzunehmen. Allerdings wurde 1999 immerhin der *Employment Relations Act* verabschiedet, der die rechtliche Stellung von Arbeitnehmern wie auch die Position von Gewerkschaften in den Betrieben wieder stärkte.

Doch trotz all dieser Kontinuitäten wäre es ebenso wie im Falle Clintons und Reagans verfehlt, in der Regierung Blair nicht mehr als die Verlängerung des Thatcherismus mit anderen Mitteln zu sehen. Ein Indiz für bestimmte Verschiebungen ist im Falle Großbritanniens weit mehr noch als in den USA die diskursive Einbettung des Regierungsprojekts von New Labour in das Narrativ des »dritten Weges«, wie es von Anthony Giddens in verschiedenen Publikationen entwickelt worden war.[145] Dieser dritte Weg sollte die Passage zwischen der Skylla des uneingeschränkten Kapitalismus, für den die Thatcher-Jahre standen, und der Charybdis einer sozialdemokratischen Wirtschaftsordnung mit starker sozialistischer Schlagseite, für die ›Old Labour‹ stand, bezeichnen. Dass Giddens nicht der erste Denker in der langen Geschichte des Neoliberalismus ist, der sich an der Konzeption eines dritten Weges versucht – der Begriff findet sich schon bei Röpke und insbesondere Rüstow –, ist durchaus bezeichnend. Denn Giddens dritter Weg soll die Anerkennung des Marktprinzips, einer zunehmend globalisierten Wirtschaft und einer gestiegenen Bedeutung von Finanzmärkten durch eine Stärkung gesellschaftlicher Kohäsion ausbalancieren, die vor allem eine Revitalisierung der Zivilgesellschaft bis hinunter auf die Ebene von kommunaler Gemeinschaft und Familie vorsieht. Auch wenn die Kohärenz des dritten Weges als politischem Projekt und seine Signifikanz als Blaupause für die tatsächliche Politik unter New Labour nicht überbewertet werden sollte, lässt das Modell einige wichtige Merkmale des Blairismus deutlich werden, die sich zum einen von der Politik Thatchers abheben und zum anderen mit bestimmten Dimensionen der Politik Clintons korrespondieren und in all dem – nicht nur, aber auch – auf den soziologischen Neoliberalismus zurückverweisen.

Erstens markiert die Betonung sozialer Kohäsion und zivilgesellschaftlicher Bindungskräfte bis hin zu Kleingemeinschaften einen klaren Unterschied zur radikalindividualistischen Ausrichtung des Thatcherismus. Von Thatcher stammt schließlich die berühmte Äußerung »there is no such thing as society«, und wie weiter oben erläutert, konnte dies nicht nur als Bekenntnis zu einem uneingeschränkten Individualismus, sondern auch als glaubwürdige Drohung an die Adresse von zivilgesellschaftlichen intermediären Institutionen und Kommunalverwaltungen verstanden werden. Passte die Schwächung jener Institutionen und untergeordneten Regierungsinstanzen gut zur Zentralisierungsstrategie Thatchers, so verschrieb sich die Regierung Blair zumindest in gewissem Maße deren Stärkung, was eine Dezentralisierungsstrategie beinhaltete. So wurden Bezirksräte wieder eingerichtet, in einem symbolträchtigen Akt erhielt London einen direkt gewählten Bürgermeister, und vor allem erlangten im Rahmen der sogenannten Devolution die nichtenglischen Regionen des Vereinigten Königreichs wie Schottland und Wales größere Autonomierechte. Allerdings war die Zentralregierung trotz allem nicht bereit, die Kontrolle über die dezentralen politischen Prozesse völlig aus der Hand zu geben.[146]

Der hier sichtbar werdende kommunitaristische Zug des dritten Weges und der Politik New Labours schlägt sich nicht nur in der abstrakten Rede von der Bedeutung von Gemeinschaft und Familie nieder oder im Beharren auf gewissen Pflichten, die mit bürgerschaftlichen Rechten einherzugehen haben.[147] Er zeigt sich – wie im Falle Clintons – auch in den Reformen der Kriminalitäts- und Sozialpolitik. Der *Crime and Disorder Act* von 1998 verschärfte das (Jugend-)Strafrecht im Sinne einer individuellen Verantwortung für begangene Straftaten, stärkte aber gleichzeitig das Präventionsprinzip und mit ihm die Vorstellung, dass intakte Kommunen und eine engagierte Bürgerschaft das beste Rezept gegen Verbrechen und vor allem seine vielfältigen Ursachen seien. Dazu gehörte die Verpflichtung der Kommunalverwaltung und der Polizei, in der Verbrechensvorsorge und -bekämpfung mit privaten Organisationen zu kooperieren.[148] Auf derartige Public-Private-Partnerships (PPP) wird im Rahmen des nächsten Kapitels zurückzukommen sein.

Verantwortung gegenüber der Gemeinschaft wurde auch gemäß dem schon aus den USA bekannten Muster in der Arbeitsmarkt- bzw. Sozialhilfereform des New Deal eingefordert. Dieses *Welfare-to-Work*-Programm, das genau genommen mehrere ›Deals‹ für unterschiedliche Zielgruppen umfasst und 1997 verabschiedet wurde, orientierte sich zum einen am Vorbild der entsprechenden Reform in den USA, konnte aber zum anderen an existierende Programme, die noch unter Thatcher verabschiedet worden waren, anknüpfen, wobei die Koppelung der Gewährung von Transferleistungen an bestimmte Anforderungen gegenüber den Klienten noch einmal verschärft wurde. Im Fall des New Deals für junge Arbeitslose im Alter von 18 bis 24 bedeutet dies beispielsweise, dass sie entweder eine Arbeit im privaten oder gemeinnützigen Bereich aufnehmen (Selbstständigkeit stellt unter bestimmten Umständen eine Möglichkeit dar) oder an (Fort-)Bildungsmaßnahmen teilnehmen müssen, um ihre Beschäftigungsfähigkeit (*employability*) kurz- oder mittelfristig zu erhöhen. Die Weigerung, einen dieser Wege *from welfare to work* einzuschlagen, führt im Regelfall zur Reduzierung der Transferleistungen in Form der sogenannten *Jobseekers's Allowance.*[149] Diese Anforderungen an junge potenzielle Arbeitnehmer wurden kombiniert mit dem Versuch einer möglichst bedarfsgerechten und individualisierten Förderung, u.a. durch eine bessere Vermittlung durch Behörden und private Vermittlungsagenturen. New Labour nutzte eine einmalige Steuer auf die Gewinne von Infrastrukturunternehmen, die unter Thatcher und Major privatisiert worden waren, um den New Deal zu finanzieren, der mit etwa fünf Milliarden Pfund immerhin den größte Einzelkostenpunkt im ersten Budget 1997 ausmachte.

Angesichts dieser beträchtlichen Ausgaben, die nicht nur der Durchsetzung der Forderungen gegenüber Arbeitslosen, sondern eben auch ihrer Förderung dienten, wäre es verkürzt, diesen Aspekt des New Deals einzig als moralisches Feigenblatt einer ansonsten harschen Wiedereingliederungspolitik in den Arbeitsmarkt mit allen Mitteln zu interpretieren. Umgekehrt darf nicht übersehen werden, dass in vielen Fällen der Eintritt in den Arbeitsmarkt über den Niedriglohnsektor bzw. sogenannte atypische Beschäftigungsformen (Teilzeit, Befristung etc.) erfolgte, in denen sich die Flexibilisierung des Arbeitsmarktes niederschlägt, die schon unter Thatcher und Major erfolgt war und nun durch New Labour konsolidiert wurde. Diese Konsolidierung vollzog sich u.a. durch den Versuch, die Zunahme der ›arbeitenden Armen‹, die mit der Liberalisierung des Arbeitsmarktes einhergeht, mithilfe von staatlichen Zuwendungen zu verhindern. Hierzu gehören Steuergutschriften wie der *Working Families Tax Credit* (das Äquivalent des EITC in den USA) und der *Children's Tax Credit*, die 2003 in den *Working Tax Credit* und den *Child Tax Credit* überführt wurden, aber vor allem die Einführung eines nationalen Mindestlohns. Diese Maßnahmen kamen nicht zuletzt den vielen Frauen zugute, die schon in der Thatcher-Ära zusehends in den Arbeitsmarkt eintraten, die sich aber überproportional in atypischen Beschäftigungsverhältnissen wiederfanden und damit insbesondere dem Risiko von Armut trotz Arbeit ausgesetzt waren. Die Bewertung dieses Aspektes der Arbeitsmarktpolitik bleibt dennoch – wie im Fall des EITC in den USA – umstritten, denn auch bei diesem Maßnahmenbündel handelt es sich zumindest in Teilen – abgesehen etwa vom Mindestlohn – schlicht um eine staatliche Subventionierung des Niedriglohnsektors.

Fassen wir diese kursorischen Betrachtungen der Regierungszeit von New Labour zusammen, so entsteht ein Bild, das durchaus Ähnlichkeiten mit Bill Clintons Präsidentschaft in den USA aufweist. So wird zwar das Erbe der ersten Wellen von Neoliberalisierungsprozessen aufgenommen und in vielerlei Hinsicht weiterentwickelt. Darüber hinaus finden sich aber flankierende Elemente, die im weitesten Sinne als kommunitaristisch bezeichnet werden können und die dem Neoliberalismus 2.0 ein Gesicht mit veränderten Konturen verleihen.[150] Gleichwohl erscheint es weiterhin angebracht, von einer bestimmten Variation des Neoliberalismus zu sprechen, denn wie das erste Kapitel gezeigt hat, deckt das Feld neoliberaler Theorien vor allem mit dem soziologischen Neoliberalismus auch die Kombination von Marktorientierung und kommunitaristischen Werten ab, die in der Politik Clintons und noch sehr viel prononcierter bei Blair anzutreffen ist. Darüber hinaus vollzieht sich in beiden Regierungsperioden eine entschlossene Ausrichtung der jeweiligen volkswirtschaftlichen Akkumulationsregime auf die Finanzmärkte mit den jeweiligen Zentren London und New York sowie ein politisch vorangetriebener wirtschaftlicher Strukturwandel von der Industrie- zur Dienstleistungsgesellschaft bzw. zur vielbeschworenen ›Wissensökonomie‹, der vor dem Hintergrund einer fortgeschrittenen ökonomischen Globalisierung und angesichts der Erfordernisse nationaler Wettbewerbsfähigkeit für notwendig befunden wurde. In diesem Sinn kann tatsächlich von einer Konsolidierung eines gewandelten Wirtschaftsregimes gesprochen werden, dessen Möglichkeitsbedingung wiederum im Aufbrechen des politökonomischen Nachkriegskonsenses in beiden Ländern durch Reagan und Thatcher liegt. Daher erscheint es nicht unzutreffend, diese langfristigen Neoliberalisierungsprozesse über verschiedene Regierungen hinweg als die Art von »schöpferischer Zerstörung« zu charakterisieren, wie sie der Ökonom Joseph Alois Schumpeter als typisch für den Kapitalismus insgesamt ansah.

3.5 Verspäteter Neoliberalismus: Deutschland

Als drittes und letztes Fallbeispiel wollen wir Deutschland betrachten, das aus mehreren Gründen besondere Aufmerksamkeit verdient, auch wenn es im Gegensatz zu den USA und Großbritannien unter Thatcher und Reagan nicht unbedingt zum Standardrepertoire der Darstellung gesellschaftlicher Neoliberalisierungsprozesse gehört. Doch von Interesse ist der deutsche Fall zunächst insofern, als man hier im Vergleich zu anderen OECD-Ländern wie den USA und Großbritannien, aber auch Australien und Neuseeland von einer ›verspäteten‹ Neoliberalisierung sprechen kann. Jedenfalls fehlt es im Deutschland der 1980er Jahre unter der christlich-liberalen Regierung Kohl an vergleichbaren Versuchen eines fundamentalen wirtschaftspolitischen Kurswechsels. Schließlich verstand diese zwar den Regierungswechsel als (geistig-moralische) »Wende«, versprach aber gleichzeitig auch »Kontinuität«: »Zusammen verwiesen ›Wende‹ und ›Kontinuität‹ auf den zwar vorhandenen, aber begrenzten Veränderungswillen der neuen Regierung – die ›Wende in Kontinuität‹.«[151] Demgegenüber zeichnet sich die Politik der rot-grünen Koalition unter Gerhard Schröder ab der Jahrtausendwende und der in der Folge verabschiedeten Agenda 2010 durch stärkeren neoliberalen Gestaltungs- und Reformwillen aus. Ein weiteres Mal wird durch diesen Fall also die Vielfalt der Neoliberalisierungspfade deutlich, denn wie noch zu zeigen sind wird, fallen Roll-Back- und Roll-Out-Neoliberalismus in der rot-grünen Politik in gewisser Weise zusammen. Darüber hinaus ist die rot-grüne Reformpolitik wegen des wirtschaftlichen Wiedererstarkens Deutschlands im Gefolge der Reformen von besonderem Interesse. Galt Deutschland während der 1990er und frühen 2000er Jahre als ›kranker Mann Europas‹, erfreute es sich danach trotz anhaltender Wirtschaftskrisen überraschend guter wirtschaftlicher Rahmendaten vom Wirtschaftswachstum bis zu den Arbeitslosenzahlen. Mittlerweile gilt die höchst kontroverse Agenda-Politik in ihren Langzeitwirkungen vielen Kommentatoren als zentrales Geheimnis des wirtschaftlichen Erfolges der Folgejahre: »Das deutsche Job-Wunder macht die Hartz-Reformen zum Vorbild für ganz Europa.«[152] Was genau verbirgt sich also hinter der Agenda 2010, und wie dekliniert sich die rot-grüne Politik der Neoliberalisierung?

Wie angedeutet, wird man bezüglich der sozial-liberalen Koalition der 1980er Jahre nicht von einem ›Kohlismus‹ sprechen können, wenn damit ein politisches Projekt gemeint ist, das einen ähnlichen Reformeifer versprüht, wie dies unter Reagan und Thatcher der Fall war. Dennoch gelang auch der Regierung Kohl die Umsetzung einiger klassisch neoliberal-angebotsorientierter Forderungen wie etwa Steuersenkungen, und darüber hinaus war sie durchaus erfolgreich beim Versuch der Haushaltskonsolidierung: So sanken die Staatsausgaben zwischen 1979 und 1989 um immerhin vier Prozent, und die Staatsverschuldung stieg nur moderat um etwa 3,5 Prozent.[153] Dennoch lassen sich insgesamt und im Vergleich zu Großbritannien oder den USA nur schleichende Neoliberalisierungsprozesse verzeichnen, die zudem Anfang der 1990er Jahre durch die Wiedervereinigungseffekte konterkariert wurden. Auf die Probleme bei der Integration der ostdeutschen Erwerbstätigen in den Arbeitsmarkt reagierte die Regierung mit einem »Vereinigungskeynesianismus wider Willen«,[154] und die weitgehende Finanzierung der Überführungskosten der ostdeutschen Bevölkerung in den westdeutschen Sozialstaat über die sozialen Sicherungssysteme anstelle von erhöhten Steuern führte zu einem erneuten Anschwellen der Staatsverschuldung. Ab Mitte der 1990er Jahre war so eine Drohkulisse in Stellung gebracht, deren Elemente von der zunehmenden Staatsverschuldung und insbesondere einem kostenträchtigen Sozialstaat über den demografischen Wandel einer alternden Gesellschaft bis zum Verlust der Wettbewerbsfähigkeit des Standorts Deutschland in einer zunehmend globalisierten Welt reichten. Hinzu kam die Wahrnehmung eines ›Reformstaus‹, der die Politik in der Endzeit der Ära Kohl nach der Meinung vieler Beobachter kennzeichnete und der 1997 öffentlichkeitswirksam vom damaligen Bundespräsidenten Roman Herzog thematisiert wurde: Der Mehltau, der sich über das Land gelegt habe, müsse nun mit dem berühmten »Ruck« abgeschüttelt werden, der durch Deutschland zu gehen habe.

Als Sozialdemokraten und Grüne 1998 die Bundestagswahl gewannen, zeigte sich noch im ersten Regierungsjahr, dass der Konflikt um eine Neupositionierung der SPD unter dem Banner des dritten Weges im Gegensatz etwa zu New Labour nicht während der Oppositionszeit ausgefochten worden war, sondern innerhalb von Partei und Regierung weiterschwelte. Personifiziert wurde er durch den Finanzminister Oskar Lafontaine, dessen erster und einziger Budgetentwurf zusätzliche Ausgaben im Geist des Keynesianismus vorsah, wie überhaupt die ersten gesetzgeberischen Aktivitäten der Regierung noch ganz im Zeichen der alten Sozialdemokratie standen und die Rücknahme der letzten arbeitsmarkt- und sozialpolitischen Gesetzesnovellen der Regierung Kohl vorsahen.[155] Doch mit dem Rücktritt Lafontaines gerieten traditionelle Sozialdemokraten gegen die sogenannten Modernisierer um Kanzleramtsminister Bodo Hombach in die Defensive, und im gleichen Maße schwenkte die Regierung zusehends auf eine angebotsorientierte Politik des dritten Weges nach dem Vorbild von New Labour ein. Beredtes Zeugnis von dem bevorstehenden Kurswechsel lieferte das sogenannte Schröder-Blair-Papier, das im Sommer 1999 veröffentlicht wurde und auf das noch zurückzukommen sein wird.

Natürlich kann im Folgenden nicht die rot-grüne Politik in ihrer ganzen Breite Gegenstand der Betrachtung sein, vielmehr sind es vor allem die von der Agenda 2010 berührten Politikbereiche sowie die aus den USA und Großbritannien bekannten Policy-Ansatzpunkte neoliberaler Transformationen, die hier im Mittelpunkt stehen sollen, wobei Letztere gemäß der tatsächlichen Chronologie hier den Anfang bilden.[156]

Mit der Amtsübernahme Hans Eichels, der an die Stelle von Oskar Lafontaine trat, war die kurze keynesianische Auftaktepisode in der Haushalts- und Steuerpolitik beendet. Eichels erster Haushaltsentwurf fuhr die Ausgaben in eben jenem Maß zurück, in dem sie von Lafontaine erhöht worden waren. Für die kommenden Jahre stand aus Eichels Perspektive die Haushaltskonsolidierung im Mittelpunkt, die zumindest bezüglich der Ausgaben auch moderate Erfolge zu verzeichnen hatte, denn diese konnten immerhin gedeckelt, wenn auch nicht in nennenswerter Weise gesenkt werden. Allerdings erwiesen sich diese Sparanstrengungen angesichts der Entwicklung der Steuereinnahmen letztlich als völlig unzureichend, was dazu führte, dass Deutschland zweimal in Folge (2002 und 2003) die Maastricht-Kriterien der Neuverschuldung nicht einhalten konnte.[157] Zurückzuführen waren die fehlenden Steuereinnahmen einerseits auf weltwirtschaftliche Faktoren wie das Platzen der New-Economy-Blase Ende der 1990er Jahre und die einsetzende US-Rezession nach dem 11. September 2001. Doch womöglich noch schwerer wog der hausgemachte Teil des Problems in Form der 1999 verabschiedeten rot-grünen Steuerreform.[158] Unter anderem sank der symbolträchtige Einkommenssteuerspitzensatz um elf Punkte von 53 auf 42 Prozent, die Körperschaftssteuer auf Gewinne von Kapitalgesellschaften auf 25 Prozent, und zuletzt wurde die Steuer auf Gewinne aus der Veräußerung von Anteilen an Kapitalgesellschaften ganz abgeschafft – zumindest vorübergehend.[159] Zwar erscheint der letzte Punkt als belangloses Detail, das nur für Steuerexperten von Interesse ist, doch dieser Eindruck täuscht. Denn anders als etwa in den anglo-amerikanischen Staaten zeichnete sich die deutsche Wirtschaft lange Zeit durch unzählige Querverbindungen und Beteiligungen sowohl zwischen Unternehmen als auch Banken aus – es war u.a. diese Vernetzung der deshalb als solche bezeichneten »Deutschland AG«, die lange Zeit eine Alternative zur Dominanz des finanzmarktgetriebenen Shareholder Value bot: Wie die von Peter

Hall und David Soskice entwickelte Perspektive der *Varieties of Capitalism* betont, können sich Unternehmen in sogenannten *Coordinated Market Economies*, zu deren Typus auch Deutschland gehört, nicht nur über Börse und Finanzmärkte mit Geld versorgen, sondern auch über eng mit ihnen verzahnte Banken.[160] Aufgrund ihres Einblicks in die Unternehmensführung sind diese eher bereit, langfristige Strategien zu unterstützen, selbst wenn dies kurzfristig Gewinne dezimiert und der Aktienkurs fallen mag. Reicht der Planungshorizont der Unternehmensführung dagegen mit Rücksicht auf den Shareholder Value und aus Angst vor feindlichen Übernahmen nicht weiter als bis zum nächsten Quartalsabschluss, so sind kurzfristige Strategien zur Stützung bzw. Erhöhung des Aktienkurses wahrscheinlicher. Mit dem Wegfall von Steuern auf Veräußerungsgewinne wurde bewusst eine ›Entflechtung‹ der Deutschland AG in Gang gesetzt, die sich damit von ihrer Struktur her dem Typus der sogenannten *Liberal Market Economies* zumindest angenähert hat.

Abgesehen von diesen strukturellen Auswirkungen hatten die verschiedenen Neuregelungen der Steuerreform vor allem einen Aggregatseffekt: Sie ließen die Steuereinnahmen in dramatischer Weise einbrechen, was u.a. an technischen Mängeln bzw. einer Fehleinschätzung der Reaktion von Unternehmen und Banken auf die Neuregelungen lag, denen beispielsweise unter den neuen Regelungen im Jahr 2001 das Kunststück gelang, keinerlei Körperschaftssteuer mehr zu bezahlen: »Per saldo mussten die Finanzämter sogar fast eine halbe Milliarde Euro an die Firmen auszahlen – das hatte es noch nie gegeben.«[161] Jenseits der Einführung der Ökosteuer und einer gewissen Entlastung von Geringverdienern bleibt der Gesamteindruck einer rot-grünen Fiskalpolitik, die in gewisser Weise die *Supply-Side Economics* der 1980er Jahre noch einmal neu erfand und der ein ähnlich ambivalenter Erfolg beschieden war. Die Unternehmensgewinne nach

Steuern stiegen, die Wachstumseffekte blieben gering, doch die fehlenden Steuereinnahmen bescherten dem Staat ein wachsendes Defizit und erhöhten so weiter den Druck, Ausgaben zu senken.

Blicken wir nur kurz auf ein Politikfeld, das vor allem bei der neoliberalen Transformation vormaliger *mixed economies* von großer Bedeutung ist, in denen nicht nur private Anbieter, sondern auch der Staat beispielsweise über eigene Unternehmen bestimmte Güter produziert, nämlich die Privatisierung. Hier gab es natürlich schon in den frühen 1990er Jahren im Gefolge der deutschen Einheit eine Welle beträchtlichen Ausmaßes, als ehemalige staatseigene Betriebe der DDR über die Treuhandanstalt privatisiert wurden. Interessanter für den vorliegenden Kontext aber ist die Entwicklung nach der rot-grünen Regierungsübernahme. Denn obwohl die ersten systematischen Ansätze zu einer Privatisierung staatlichen Eigentums bis in die 1980er Jahre zurückreichen, weist die Privatisierungskurve vor allem ab Ende der 1990er Jahre steil nach oben: »Von 1982 bis zum Jahresende 2005 sank die Zahl der unmittelbaren und mittelbaren staatlichen Beteiligungen auf Bundesebene von 985 auf den historischen Tiefstand von 109. Mehr als die Hälfte der Privatisierungen wurden nach 1999 durchgeführt ...«[162] Im letzten Haushalt der rot-grünen Regierung 2005 waren etwa 15 Milliarden Euro an Privatisierungserlösen veranschlagt, die u.a. durch den Verkauf von noch vorhandenen Beteiligungen bei (teil-)privatisierten Unternehmen wie Post und Telekom realisiert werden sollten. Doch nicht nur auf Bundesebene, sondern auch auf kommunaler Ebene zeichnete sich ab Ende der 1990er Jahre ein verstärkter Trend zur Privatisierung ab. Hier waren es vor allem öffentliche Infrastrukturunternehmen von der Müllabfuhr bis zur Wasserversorgung sowie der städtische Wohnungsbestand, die in vielen Fällen privatisiert wurden. In diesem Zusammenhang verdienen auch die sogenannten Cross-Border-Leasing-Verträge Erwähnung, die eine Reihe von Stadtkämmerern mit zumeist amerikanischen Finanzinvestoren abschloss. Hierbei werden Teile der städtischen Infrastruktur an einen Investor verkauft, um dann beispielsweise die entsprechende Kläranlage oder Straßenbahn über die nächsten dreißig Jahre zurückzuleasen. De facto handelt es sich um ein Geschäft, das durch Steuervergünstigungen in den USA und damit letztlich durch amerikanische Steuerzahler finanziert wird. Der Haken für die etwa 150 deutschen Kommunen von Berlin bis Heidenheim und von Köln bis Zwickau, die solche Verträge seit Mitte der 1990er Jahre abgeschlossen haben, bestand in der Tatsache, dass sie die Eigentumsrechte an den Anlagen und Betrieben und somit auch jegliche autonome Gestaltungsmöglichkeit aufgegeben hatten, gleichzeitig aber vertraglich gezwungen waren, beispielsweise das betreffende Straßenbahnnetz ohne Rücksicht auf etwaige Mehrkosten instand zu halten. Dies führte in manchen Fällen trotz der hohen einmaligen Verkaufserlöse langfristig sogar zu Nettoverlusten. In diesen Trend fügen sich zuletzt auch die neuen Formen der Public Private Partnerships (PPP) ein, in denen ehemals staatlich bereitgestellte Leistungen und Güter in Zusammenarbeit zwischen staatlichen und privaten Produzenten erbracht werden. Dieses bis Ende der 1990er Jahre vor allem in den USA und Großbritannien verbreitete Instrument fand danach auch in Deutschland immer größeren Anklang – noch kurz vor den Neuwahlen 2005 planten die rot-grünen Regierungsfraktionen einen Gesetzesentwurf, der derartige Teilprivatisierungen erleichtern und beschleunigen sollte. Auf diese PPPs als Elemente einer spezifisch neoliberalen Art des Regierens wird im nächsten Kapitel noch einmal zurückzukommen sein. Abschließend muss angesichts dieser beträchtlichen Privatisierungsoffensive – der aufgrund der negativen Erfahrungen vor allem auf der kommunalen Ebene mittlerweile ein gegenläufiger Trend zum Rückkauf ehemaligen Staatsbesitzes gefolgt ist, wobei in vielen Fällen der Wille vorhanden ist, aber das nötige Geld fehlt – kurz auf die dahinter liegenden Ursachen eingegangen werden. Denn sicherlich mögen hier auch genuin neoliberale Annahmen bezüglich der größeren Effizienz privater Produzenten bei der Bereitstellung von Gütern und Dienstleistungen eine Rolle spielen, aber daneben steht als mindestens ebenso wichtiger Faktor die Notwendigkeit der Haushaltskonsolidierung, die von der Bundes- bis zur Kommunalebene reicht.[163] Doch natürlich ist der Verkauf des ›Tafelsilbers‹ das Gegenteil einer nachhaltigen Politik der Haushaltskonsolidierung, handelt es sich dabei nicht um ohnehin defizitär operierende staatliche Unternehmen.

Damit sind wir beim letzten Politikfeld angelangt, in dem die rot-grüne Regierungskoalition starke neoliberale Akzente setzte:[164] der Arbeitsmarktpolitik, auf die sich auch wesentliche Teile der sogenannten Agenda 2010 beziehen. Sie wurde von Gerhard Schröder im Rahmen einer Regierungserklärung mit dem offiziellen Titel »Mut zum Frieden und zur Veränderung« am 14. März 2003 verkündet. Darin heißt es: »In den letzten Monaten haben wir [...] erhebliche Anstrengungen unternommen, den Arbeitsmarkt weiter zu flexibilisieren. Wir haben die Zeit- und Leiharbeit von bürokratischen Beschränkungen befreit und so aufgewertet, dass die Unternehmen ihren Bedarf an qualifizierten Arbeitskräften flexibel decken können.«[165] Hier wird schon deutlich, dass ein wichtiges Ziel der Reformen – vom Job-AQTIV-Gesetz (2001) bis zu den sogenannten Hartz-Reformen I bis IV (2003 bis 2005 in Kraft getreten) – die Flexibilisierung von Arbeitsverhältnissen bzw. die Flexibilisierung der Arbeitnehmer selbst war. Das Arbeitskräfteangebot sollte so in unterschiedlichster Hinsicht der entsprechenden Nachfrage angepasst werden: Kurzfristige Beschäftigungsnachfrage kann dann durch Leih-

oder Zeitarbeit gestillt werden, die den Arbeitgebern maximale Disponibilität der entsprechenden Arbeitskräfte bieten. Darüber hinaus soll durch Weiterbildungs- und Trainingsmaßnahmen der falsch oder unzureichend ausgebildete Teil des Arbeitskraftreservoirs entsprechend der Nachfrage qualifiziert werden. Das sozialdemokratische Bekenntnis zu einem flexibilisierten bzw. einem in diesem Sinne deregulierten Arbeitsmarkt findet sich schon im Schröder-Blair-Papier mit dem offiziellen Titel *Der Weg nach vorne für Europas Sozialdemokraten* von 1999, wo es heißt, »flexible Märkte sind ein modernes sozialdemokratisches Ziel«,[166] und prägt auch die Hartz-Gesetze insofern, als hier die Förderung geringfügiger Beschäftigung (Mini-Jobs, Ich-AGs) und die Vermittlung in atypische Beschäftigungsverhältnisse im Allgemeinen zu einer zentralen Strategie im Kampf gegen die Arbeitslosigkeit erhoben werden. Auch hierzu hatte schon das Schröder-Blair-Papier in aller Deutlichkeit Stellung bezogen: »Teilzeitarbeit und geringfügige Arbeit sind besser als gar keine Arbeit, denn sie erleichtern den Übergang von Arbeitslosigkeit in Beschäftigung.« Zum einen zielen die Arbeitsmarktreformen also auf eine größere Flexibilität der Arbeitsverhältnisse ab, zum anderen wird dieses Ziel an eine Neubestimmung des Verhältnisses zwischen Individuum und Gemeinschaft gekoppelt, wie der unmittelbar folgende Satz demonstriert: »Eine neue Politik mit dem Ziel, arbeitslosen Menschen Arbeitsplätze und Ausbildung anzubieten, ist eine sozialdemokratische Priorität – wir erwarten aber auch, dass jeder die ihm gebotenen Chancen annimmt.«[167] Dieser Satz enthält offensichtlich beide Aspekte des Mottos ›Fördern und Fordern‹, das schon den *Workfare*-Reformen in den USA und Großbritannien zugrunde lag. Buchstabiert man Slogans wie ›Fördern und Fordern‹ oder ›von der aktiven zur aktivierenden Arbeitsmarktpolitik‹ aus, so zeigt sich abermals der kommunitaristische Einsatz, der die grundsätzliche Akzeptanz der Marktlogik flankiert und individuelle Freiheitsrechte an die Einforderung von Verantwortungspflichten des Einzelnen gegenüber sich selbst und quasi *uno actu* auch gegenüber der Gemeinschaft koppelt. Bemüht sich die Gemeinschaft um Möglichkeiten der Arbeitsaufnahme oder Qualifizierung des Einzelnen, so liegt es in seiner Verantwortung gegenüber sich selbst und der ermöglichenden Gemeinschaft, diese Chance auch wahrzunehmen – folgerichtig kann die entsprechende Forderung legitimerweise erhoben werden. Auf den Punkt gebracht wird diese kommunitaristische Neutarierung von Rechten und Pflichten in einem Beitrag von Gerhard Schröder selbst über die neue Bedeutung der Bürgergesellschaft: »Mir geht es beim Konzept der modernen Zivilgesellschaft um etwas anderes: [...] Um mehr Eigenverantwortung, die zu Gemeinwohl führt.«[168] Teil dieser Gleichung sind aber auch die Sanktionen, die denjenigen drohen, die die geforderte Eigenverantwortung nicht an den Tag legen. Übersetzt in die Hartz-Reformen des Arbeitsmarktes bedeutet dies, dass ganz nach amerikanischem und britischem Vorbild auch in Deutschland Leistungen gekürzt werden können und sollen, falls der ›Klient‹ nicht bereit ist, sich aktivieren zu lassen, etwa weil er es versäumt, an Weiterbildungsmaßnahmen teilzunehmen oder etwa einen Umzug ablehnt, um eine ›zumutbare‹ Arbeitsstelle anzunehmen. Der Soziologe Stephan Lessenich hat im Zusammenhang mit diesen Sanktionsmöglichkeiten, die vermeintlich nur im ureigensten Interesse der Arbeitssuchenden an der eigenen Disziplinierung und Motivierung eingesetzt werden, zu Recht von einem »punitiven Paternalismus« gesprochen und auf die bereits angedeutete Doppelcodierung individueller Verantwortung hingewiesen, auf die im nächsten Kapitel noch einmal eingegangen wird.[169] Verantwortung trägt der Einzelne gegenüber sich selbst, er schuldet sich gewissermaßen selbst ein aktiv-autonomes Leben jenseits der Alimentierungen durch die Gemeinschaft, er trägt diese Verantwortung aber auch gegenüber der Gemeinschaft, die sich darauf verlassen können muss, dass der Einzelne seinen *moral hazard*, d.h. die Fehlanreize überwindet, die von Versicherungsversprechen ausgehen, und alles in seiner Macht Stehende tut, um die Leistungen der Gemeinschaft nicht über Gebühr in Anspruch nehmen zu müssen. Der Sozialstaat im flexibilisierten Kapitalismus ist also nicht allein durch Erosion oder Rückzugstendenzen gekennzeichnet, er ist darüber hinaus »im höchsten Maße aktivisch mit der Produktion sozialverantwortlicher Subjekte beschäftigt«, die gleichzeitig marktgängig und gesellschaftsfähig sind.[170]

All diese Regelungen und mehr sind in den ersten drei Hartz-Gesetzen enthalten; den Schlusspunkt bildete das zuletzt verabschiedete und in Kraft getretene vierte Gesetz, in dem Sozial- und Arbeitslosenhilfe im sogenannten Arbeitslosengeld II in etwa auf vormaligem Sozialhilfeniveau zusammengefasst wurden. Gab es nur wenig Widerspruch gegen den grundsätzlichen Versuch, das Nebeneinander von Arbeitslosenhilfe/Arbeitsämtern des Bundes und kommunaler Sozialhilfe/Sozialamt, zwischen denen die ›Klienten‹ bis dahin oftmals hin und hergeschoben wurden, aufzulösen, so handelt es sich bei der Einführung des Arbeitslosengeldes II um einen der kontroversesten Punkte der Hartz-Reformen. Das höhere Arbeitslosengeld I kann von unter 55-Jährigen nur noch maximal ein Jahr lang bezogen werden, danach steht ihnen der Regelsatz des Arbeitslosengeldes II zu, der für das Jahr 2012 auf 374 Euro festgelegt wurde. Betrachtet man nun die Arbeitsmarktreform wie auch die rot-grüne Regierungspolitik insgesamt, fallen vor allem die Parallelen zur Politik New Labours ins Auge: von der angebotsorientierten Steuerpolitik über die regelorientierte Wirtschaftspolitik, der im deutschen Kontext die »Politik der ruhigen Hand« entsprach,[171] bis hin zur *Welfare-to-Work*-Arbeitsmarktreform, die zumindest im deutschen Kontext die deutlichste Manifestation der kommunitaristischen Anreicherung individueller Freiheitsrechte durch soziale Verantwortungspflichten darstellte. Die dennoch bestehenden Unterschiede dürften nicht zuletzt vom Fehlen eines signifikanten Roll-Back-Neoliberalismus in Deutschland bis Mitte der 1990er Jahre herrühren, so dass es der rot-grünen Regierung überlassen blieb, einerseits etablierte Muster in Wirtschafts- und Sozialpolitik aufzubrechen (*Roll-Back*), im gleichen Atemzug aber die angestrebte Entfesselung größerer Marktkräfte schon wieder durch die Beschwörung von Gemeinwohl, sozialer Verantwortung und bürgerschaftlichem Engagement einzuhegen (*Roll-Out*).

3.6 Schlussfolgerungen

Zum Abschluss unserer Analyse nordatlantischer Neoliberalisierungsprozesse sollen drei allgemeine Punkte festgehalten werden.

Erstens fallen die Macht von Ideen einerseits sowie das komplexe Verhältnis von Theorie und Praxis andererseits ins Auge. Zwar reden wir von Thatcherismus und Reaganomics, doch Austeritätspolitik und Monetarismus wurden in den USA und Großbritannien bereits vor dem Amtsantritt der konservativen Regierungschefs zumindest in Ansätzen erprobt. Es sind politökonomische Entwürfe und Ideen, die hier von Bedeutung sind, nicht ausschließlich die individuellen Entscheidungsträger.[172] Dieses Muster wird von der zweiten Welle der Neoliberalisierung bekräftigt. Deren Akteure waren nominell Parteien und Regierungschefs der linken Mitte, doch auch sie hatten sich mittlerweile neoliberale Ideen zumindest in beträchtlichem Umfang zu eigen gemacht. Margaret Thatcher ist unter anderem für ihr TINA-Politikmuster des Sachzwangs (*There Is No Alternative*) berühmt geworden, und es scheint, dass auch Ideen und politökonomische Paradigmen Konjunkturen erleben, die diese über unterschiedliche Kontexte hinweg als geradezu alternativlos erscheinen lassen. Nixons »We are all Keynesians now« vom Anfang der 1970er Jahre steht ab Ende der 1990er Jahre ein virtueller transatlantischer Chor gegenüber, der verkündet: ›We are all Neoliberals now‹.

Gleichzeitig verdienen jedoch gerade auch die Brechungen und Diskontinuitäten zwischen Theorie und Praxis Beachtung, die in der Zusammenschau mit dem ersten Kapitel deutlich werden. So reichen die tatsächlichen wirtschaftspolitischen Rezepte von monetaristischem Rigorismus wie aus der Feder Friedmans persönlich bis zum Steuersenkungsmantra der Angebotspolitik und dem *Warfare Keynesianism* unter Reagan. Zwar wird in vielen Fällen privatisiert, doch geht dies oftmals nicht mit der in der Theorie immer wieder geforderten Entflechtung von Staat und Gesellschaft, sondern im Gegenteil mit noch engeren Beziehungen zwischen privaten und öffentlichen Akteuren einher. Entscheidend ist jedoch, dass es dabei nicht zu einem Rückzug des Staates kommt, der ja eigentlich hinter der Forderung nach Privatisierungen, Steuersenkungen und Monetarismus zu stehen schien, was uns zum zweiten wichtigen Punkt dieses Fazits bringt.

Insofern der Neoliberalismus in der Theorie tatsächlich auf ein Zurückschrauben der Staatsaktivitäten abzielt, etwa indem er gegen diskretionäre Interventionen in Wirtschaftsprozesse votiert oder auch die staatliche Finanzierung und Garantie von sozialstaatlichen Leistungen zur Disposition stellt, hat der Neoliberalismus in der Praxis dieses Ziel weitgehend verfehlt. Weder unter Thatcher noch unter Reagan oder im Rahmen der zweiten Neoliberalisierungswelle lässt sich ein tatsächliches Schrumpfen des Staates verzeichnen. Die Modalität staatlichen Handelns mag sich verändern, etwa wenn es nach einer Privatisierung nicht mehr darum geht, staatseigene Unternehmen zu führen, sondern neu entstandene Privatmonopolisten zu regulieren, wie dies etwa im Großbritannien der 1980er Jahre der Fall war. Ausgaben mögen stellenweise sogar beträchtlich gekürzt oder zumindest die Geschwindigkeit ihres Anwachsens im sozialstaatlichen Bereich reduziert worden sein. Doch oftmals handelt es sich hier um Nullsummenspiele, in denen Ressourcen über staatliche Instanzen und unterschiedliche Mechanismen (neben sozialstaatlichen Transfersystemen ist hier vor allem das Steuersystem von Belang) umverteilt werden. Betrachtet man das Volumen staatlicher Aktivität insgesamt, indem man die statistische Größe der Staatsquote als Näherungsindikator verwendet, so zeigt sich diese über das letzte Vierteljahrhundert hinweg weitgehend unverändert – was sich verändert hat, ist die Matrix von Gewinnern und Verlierern dieses byzantinisch anmutenden Redistributionssystems, auf welche sogleich noch einmal zurückzukommen ist.

Nun sprechen Fakten nie für sich selbst, und auch die Persistenz des Staates lässt unterschiedliche Interpretationen zu. Befürworter des Neoliberalismus deuten sie entweder als Zeichen dafür, dass eigentlich noch nie in ausreichendem Maße neoliberale Politik betrieben worden sei, bzw. als Bestätigung der vermuteten übermächtigen Beharrungskräfte, die sich gegen eine tatsächliche Liberalisierung stemmen – denn noch immer gehört es zum Gestus des Neoliberalen, sich zu einer aufrechten und verkannten Minderheit zu rechnen. Andere Kommentatoren weisen darauf hin, dass der Neoliberalismus ohnehin nie den Rückzug eines schrumpfenden Staates, sondern allein eine Neuordnung des Verhältnisses zwischen Staat und Gesellschaft bzw.

Ökonomie avisiert habe. In diese Richtung ziele schließlich auch die Rede vom starken Staat. Eine dritte Gruppe ist wiederum der Meinung, dass der Versuch einer Umsetzung neoliberaler Rezepte quasi notwendigerweise in sein Gegenteil umschlägt. Mit anderen Worten bringt die Politik der Neoliberalisierung nichtintendierte Effekte hervor, die beständig die Verwirklichung ihrer eigentlichen Ziele unterminieren. Schon die verwendete Typologisierung von Roll-Out- und Roll-Back-Neoliberalismus weist in die Richtung eines solchen Argumentes, weil sie unterstellt, dass es sich bei der zweiten Phase *auch* um eine Reaktion auf die nichtintendierten Effekte der ersten Phase handelt – wobei nie von vornherein ausgemacht ist, ob dieser Reaktion Erfolg beschieden sein wird oder welcher Einsatz in ihr zum Tragen kommt. Ohne dass diese Gedanken hier weiter vertieft werden können, verdeutlicht die angedeutete Vielfalt an Interpretationen die Schwierigkeiten bei der Einschätzung von Neoliberalisierungsprozessen und bestätigt damit das Potenzial des Neoliberalismus als ›essentiell umkämpfter‹ Begriff, wie er in der Einleitung skizziert wurde.

Die dritte Schlussfolgerung betrifft die Frage nach Gewinnern und Verlierern, die in dieser Eindimensionalität aber unmöglich abschließend beantwortet werden kann. Im Zusammenhang mit dem Thatcherismus und dem Reaganismus wurde schon versucht, einige der (Kollektiv-)Akteure und Gruppen zu benennen, die von den jeweiligen Reformen profitiert haben oder durch sie benachteiligt wurden. Bei aller Komplexität der sozialstrukturellen Auswirkungen der Reformen etwa mit Blick auf Frauen, Rentner oder Jugendliche und trotz wichtiger Unterschiede zwischen Deutschland, Großbritannien und den USA bleibt zumindest ein überraschend einheitlicher Befund festzuhalten. In allen Ländern haben sich im Laufe der Neoliberalisierungsprozesse drei miteinander verknüpfte Entwicklungen vollzogen: Der Arbeitsmarkt wurde liberalisiert, so dass sich ein mehr oder weniger umfangreicher Niedriglohnsektor atypischer Beschäftigungsverhältnisse herausbildete, dem vor allem Niedrigqualifizierte, Frauen und Angehörige von Minderheiten überproportional angehören. Dies bedeutet nicht, dass der Arbeitsmarkt in Deutschland in gleichem Maße dereguliert wäre wie in den USA, aber die Tendenzen stimmen weitgehend überein.[173] Damit einher ging eine Stagnation der Lohn- und Einkommensentwicklung im Bereich der niedrigen und mittleren Einkommen.[174] Gleichzeitig vollzog sich einerseits ein mehr (Großbritannien) oder weniger (Deutschland) umfangreicher Strukturwandel von der Industrie- zur Dienstleistungs- oder wissensbasierten Gesellschaft, zu deren Ausprägung vor allem auch die Stärkung des Finanzsektors gehörte, wenn man etwa seinen Anteil am Bruttoinlandsprodukt betrachtet – wobei auch hier erhebliche Unterschiede im Ausmaß des Strukturwandels zwischen Deutschland und dem anglo-amerikanischen Raum bestehen.[175] Nicht zuletzt durch die Stärkung dieses Sektors, degressive Steuersenkungen und die Begünstigung von Kapitaleinkünften gegenüber Einkünften aus Lohnarbeit ist es zu einer massiven Steigerung der Einkommen der obersten Einkommensgruppen gekommen, die nun den Namen ›das eine Prozent‹ tragen. Das Gesamtergebnis ist eine Öffnung der sozialen Ungleichheitsschere in einem seit dem Zweiten Weltkrieg nie da gewesenen Umfang, die den langfristigen Egalisierungstrend, der alle drei Länder von 1945 bis in die frühen 1970er Jahre kennzeichnete, neutralisiert hat.

4. Der Neoliberalismus im Spiegel der Sozialwissenschaften: Governance, Subjektivierung und Kriminalität

Nachdem sich das erste Kapitel mit den theoretischen Ursprüngen des Neoliberalismus und das vorige Kapitel mit ausgewählten Beispielen entsprechender politisch initiierter Transformationsprozesse befasst hat, führt das folgende Kapitel die aus heuristischen Gründen getrennt voneinander behandelten Dimensionen neoliberaler Theorie und Praxis nun im Hinblick auf die Frage neoliberalen Regierens zusammen. Dabei wird das Phänomen Neoliberalismus nun aus der Perspektive bestimmter sozialwissenschaftlicher Theorien betrachtet.

Die Wahl der Leitfrage des Regierens ermöglicht die Anknüpfung an zwei Strömungen, die sich hinsichtlich der Untersuchung bestimmter Aspekte des Neoliberalismus über die letzten zwei Jahrzehnte als überaus produktiv und einflussreich erwiesen haben. Es handelt sich hier einerseits um die Governance-Forschung, andererseits um die *Governmentality Studies.* Mit diesen beiden Forschungsperspektiven können nun noch einmal bestimmte Dimensionen des Neoliberalismus fokussiert werden, die bisher nur in Ansätzen thematisiert wurden. Zum einen ist dies die Transformation von Staatlichkeit, welche vor allem die Governance-Forschung beschäftigt, aber auch die Subjektivierungsmacht neoliberaler Anrufungen, welche auf die Formung von Individuen entlang der Leitlinie des unternehmerischen und eigenverantwortlichen Selbst abzielen. Diesem Phänomen gilt die besondere Aufmerksamkeit der *Governmentality Studies.* Beide Forschungsperspektiven sollen abschließend im Hinblick auf die Regierung der Kriminalität im Neoliberalismus zusammengeführt werden, um zu dokumentieren, dass auch vermeintlich marktferne Politikbereiche wie Verbrechensbekämpfung Gegenstand von Neoliberalisierungsprozessen sein können, und darüber hinaus exemplarisch darzulegen, wie verschiedene Forschungsperspektiven in ihrer Kombination trotz aller vorhandenen Differenzen zu einem vertieften Verständnis des Neoliberalismus beitragen können.

4.1 Die Governance-Forschung

Bei der Governance-Forschung handelt es sich um ein mittlerweile weit ausdifferenziertes Paradigma in der Politikwissenschaft und in Teilen der Soziologie. Die Breite des Forschungsfeldes ergibt sich aus der Breite seines Gegenstandes, denn der nur schwer direkt ins Deutsche zu übersetzende Begriff der Governance umfasst im weitesten Sinne »setting, application and enforcement of the rules of the game« und damit »the whole range of institutions and relationships involved in the process of governing«[176]. Es ist diese Bedeutungserweiterung gegenüber dem traditionellen Begriff des Government, welche den Vertretern dieser Forschungsrichtung zufolge den konzeptionellen Mehrwert ausmacht. Government im Sinne von staatlicher Regierung stand für eine Fokussierung der Rolle der Exekutive bei der Formulierung und Durchsetzung der gesellschaftlichen ›Spielregeln‹. Im Unterschied dazu bezeichnet Governance, wie das obige Zitat deutlich macht, ein sehr viel umfassenderes Geflecht von Verhältnissen, die im Hinblick auf diese Spielregeln von Relevanz sind. Was die Governance-Forschung in ihren unterschiedlichen Facetten eint, ist die Grundannahme, dass sich in der politischen Welt vielfältige Prozesse vollzogen haben und weiterhin vollziehen, die eine ganz bestimmte Tendenz haben: »The transformation of the public sector involves ›less government‹ (or less roving) but ›more governance‹ (or more steering)«[177] – oder noch kürzer: *from government to governance*. Doch hinter dieser vermeintlich simplen Formel verbergen sich, wie schon angedeutet, vielfältige Prozesse, die hier in ihrer Gesamtheit nicht thematisiert werden können.

Um den Gegenstand unserer Betrachtungen genauer zu fassen, empfiehlt es sich zunächst, die Verschiebungen auf ihrer höchsten Abstraktionsstufe als eine Dezentrierung von Nationalstaatlichkeit in drei Richtungen zu betrachten: Regieren im umfassenden Sinne findet demnach verstärkt jenseits des Nationalstaats statt; etwa im Mehrebenensystem der Europäischen Union oder einer sich entwickelnden *Global Governance*, die hinsichtlich Umwelt-, aber auch Sicherheitsfragen zunehmend an Bedeutung gewinnt. Obgleich es sich hier um äußerst wichtige Entwicklungen handelt, deren theoretische Aufarbeitung u.a. verspricht, den nach wie vor vorherrschenden methodologischen Nationalismus vieler Forschungsperspektiven hinter sich zu lassen, soll ihre Betrachtung im Rahmen dieser Untersuchung neoliberalen Regierens nicht systematisch weiterverfolgt werden.[178] Einschlägiger für unser Thema ist dagegen schon die Verlagerung von bestimmten Kompetenzen auf Instanzen unterhalb des Nationalstaats, die etwa mit dem schon bekannten Verweis auf das Subsidiaritätsprinzip gefordert und umgesetzt wird und so in eine Dezentralisierung von Governance mündet. Abgesehen von diesen beiden Varianten der Ent*nationalisierung* von Governance ist aber für die Frage neoliberalen Regierens vor allem deren Ent*staatlichung* von besonderem Interesse. Hierunter werden Operationen verstanden, die die Grenze zwischen öffentlicher/staatlicher und privater/zivilgesellschaftlicher Sphäre verwischen. Dies geschieht etwa durch eine stärkere Einbeziehung von nichtstaatlichen Organisationen und Akteuren, aber auch durch eine Übertragung bestimmter staatlicher Funktionen auf den Markt, d.h. eine Privatisierung ehemaliger Staatsaufgaben. Derartige Prozesse führen demnach zu einer mehr oder weniger koordinierten Arbeitsteilung zwischen staatlichen Instanzen, Märkten, Politiknetzwerken sowie kollektiven und individuellen zivilgesellschaftlichen Akteuren (örtliche Gemeinschaften, Non-Profit-Organisationen, gemeinnützige Stiftungen). Die Verwischung der Grenze zwischen öffentlicher und privater Sphäre – die beständig (diskursiv) reproduziert bzw. verschoben wird und nie einfach aus sich heraus existiert – lässt sich dabei fallweise sowohl als *Auslagerung* bestimmter Aufgaben wie auch als *Einbeziehung* nichtstaatlicher Akteure beschreiben. Der letzte Punkt verdient Beachtung, darf doch Entstaatlichung nicht einzig als Abbau staatlicher Kapazitäten und die Delegation von bestimmten Aufgaben missverstanden werden. Gleichzeitig versucht der Staat nämlich, nicht-staatliche Akteure z.B. in der Form von PPPs in den Prozess des Regierens einzubinden, und öffnet sich zugleich auch für alternative Handlungslogiken und -maximen, auf die noch ausführlich zurückzukommen sein wird.

Diese Entwicklungen lassen sich in dreierlei Hinsicht als neoliberal kennzeichnen, wobei es sich auch hier um analytische Unterscheidungen zwischen empirisch miteinander verschränkten Dimensionen handelt.

Zunächst ist hier auf die Entstehungsgründe der neuen Formen von Governance einzugehen, die in gewisser Weise als nichtintendierte Folge von bzw. bewusste Reaktion auf bestimmte Aspekte von Neoliberalisierungsprozessen, aber auch neoliberaler Theoriebildung gedeutet werden können. Der unmittelbare Anlass zu einem solchen Umbau des Staates findet sich nämlich vor allem in den massiven Finanzierungsengpässen, mit denen öffentliche Verwaltungen im Gefolge von neoliberaler Steuersenkungspolitik und dem Versuch der Ausgabenbegrenzung zu kämpfen hatten. Wie im vorigen Kapitel erläutert, kann eine angebotsorientierte Wirtschaftspolitik mittelfristig zur Erosion der Staatseinkünfte führen, und selbst diejenigen, für welche die neuen Formen von Governance aus rein normativen Beweggründen begrüßenswert sind, machen keinen Hehl daraus, dass diese Reformen vor allem aus der (finanziellen) Not geboren wurden.[179] So wurden und werden Staatsfunktionen privatisiert, um sie nicht weiter staatlich finanzieren zu müssen. Bestimmte Infrastrukturprojekte werden unter Beteiligung privater Unternehmen und Investoren durchgeführt, um auch so – mit mehr oder weniger großem Erfolg – die anfallenden Kosten für die öffentliche Hand zu senken. Insgesamt zeichnet sich dieser neue Moderatoren-Staat, der sich als *primus inter pares* darauf konzentriert, die private Bereitstellung von Gütern durch Unternehmen zu koordinieren, und zivilgesellschaftliche Akteure zur Erfüllung ehemals staatlicher Aufgaben ›ermächtigt‹, dadurch aus, dass er zumindest sehr viel kostengünstiger erscheint als der Leistungsstaat alter Prägung.

Daneben ist es aber vor allem auch die prinzipielle Kritik am Staat als ineffizienter Apparat zur Produktion und Verteilung von Gütern und Dienstleistungen, die bis zum im ersten Kapitel erwähnten Traktat Wilhelm von Humboldts zurückreicht und im Neoliberalismus in der Sozialstaatsschelte Hayeks wie auch den grundsätzlichen Überlegungen des Public Choice ihre zeitgenössische Form findet, welche die ideationalen Entstehungsgründe der neuen Governance bezeichnet. Die entsprechenden Argumente wurden schon weiter oben erörtert; zu ergänzen sind allerdings zwei wichtige Punkte: Zum einen wird die prinzipielle Staatskritik im zeitgenössischen Diskurs von den Befürwortern der neuen Governance-Formen oftmals dahingehend spezifiziert, dass der Staat der Moderne im Sinne von Government möglicherweise als adäquates Steuerungsinstrument für eine vergangene Epoche angesehen werden kann, den Anforderungen der Gegenwart aber schlichtweg nicht mehr gewachsen sei: »Die in den dreißiger und vierziger Jahren eingerichteten hierarchischen Bürokratien passen nicht zur veränderlichen und informationsintensiven Gesellschaft und Wirtschaft der neunziger Jahre.«[180] Zum anderen ist die Kritik an einem hierarchisch-bürokratischen Herrschaftsapparat kein exklusives Anliegen des (Neo-)Liberalismus, sondern trifft sich in vielerlei Hinsicht mit Kritikperspektiven, die eher einem politisch linksgerichteten Spektrum zuzuordnen sind. Dies gilt zwar nicht für die klassische Formulierung Max Webers, der unter anderem mit Blick auf den Staat von »stahlharten Gehäusen« sprach, aus denen es für das Individuum kein Entrinnen mehr gebe, jedoch für Theorien von Claus Offe bis zu Jürgen Habermas, die in einigen Punkten an Weber anschließen und in ihren Diagnosen durchaus gewisse Übereinstimmungen mit der liberal-konservativen (Sozial-) Staatskritik aufweisen. Die Kritik am Government im Namen von Governance kann also mit Recht als politisch ambivalent oder zumindest nicht klar einordbar bezeichnet werden, und auf die resultierenden Ambivalenzen bezüglich des Neoliberalismus insgesamt wird noch mehrfach zurückzukommen sein. Abschließend sei hier noch angemerkt, dass natürlich auch die Kontrastierung von Government und Governance in gewisser Weise irreführend ist, da sie den Strohmann eines starren und strikt hierarchisch organisierten Kommandostaates kreiert, vor dessen Hintergrund der partnerschaftliche Umgang im Zeichen der neuen Governance in umso hellerem Licht erstrahlt. Hier handelt es sich allenfalls um Idealtypen, die es in der Wirklichkeit so nie gegeben hat: In dem Moment, als linke und liberalkonservative Staatskritik im Laufe der 1970er Jahre einen ersten Höhepunkt erreichten, existierten in vielen europäischen Staaten korporatistische Arrangements, in deren Rahmen der Staat gerade wirtschaftspolitische Fragen beispielsweise mit den Tarifparteien aushandelte; d.h., selbst damals waren die staatlich-gesellschaftlichen Hierarchien bereits flacher und der Umgang der Akteure mitunter kooperativer, als es die Kritik am bürokratischen Befehlsstaat nahelegt.

Blicken wir nun genauer auf die strukturellen Veränderungen, welche die neuen Governance-Formen mit sich bringen und die ebenfalls in eine neoliberale Richtung weisen. Schon weiter oben wurden sie als eine Verwischung der Grenze zwischen staatlich-öffentlicher und privat-zivilgesellschaftlicher Sphäre beschrieben. Die hinter dieser Verwischung stehende Grundannahme formulieren David Gaebler und Ted Osborne folgendermaßen: »Der entscheidende Gegensatz lautet nicht ›öffentlich‹ oder ›privat‹, sondern Monopol oder Wettbewerb.«[181] Die Problematik des Staates erschließt sich entsprechend aus seiner Rolle als Monopolist. Wird er den Bedingungen des Wettbewerbs unterworfen bzw. lernt er diese auch zu nutzen, so besteht die grundsätzliche Hoffnung, dass er ebenso effizient zu agieren vermag wie andere Marktakteure. Denn warum wachsen Verwaltungen dem Public-Choice-Ansatz zufolge immer weiter, ohne ihre Aufgaben effizient zu erledigen? Es fehlt an den entsprechenden Anreizen, die durch eine effektive Konkurrenz etwa privater Anbieter bestimmter Dienstleistungen gegeben wären. Daraus lassen sich nun diverse Konsequenzen ziehen, die für die Restrukturierung von Staatlichkeit von größter Bedeutung sind. Der Staat kann beispielsweise versuchen, einen Markt für bestimmte öffentliche Dienstleistungen aufzubauen, auf dem dann öffentliche mit privaten Anbietern oder auch nur Letztere miteinander konkurrieren, um so die Preise für die Bürger zu senken bzw. die Qualität der Dienstleistungen zu erhöhen. Derart gemischte Märkte sind mittlerweile in vielen Bereichen Normalität. Doch aufgrund der Eigenheiten bestimmter Güter- und Dienstleistungsmärkte kommt diese Option nicht in allen Fällen infrage. Allerdings gibt es zwei Alternativstrategien. So kann der Versuch unternommen werden, Aufgaben zu dezentralisieren. Nicht nur wären dann die Anbieter staatlicherseits ›näher‹ an den Bürgern und könnten möglicherweise besser auf deren Bedürfnisse eingehen; unterstellt man eine gewisse Flexibilität in der Art und Weise, wie und zu welchem Preis bestimmte Aufgaben erbracht werden, dann kann eine Dezentralisierung auch den Wettbewerb zwischen öffentlichen Verwaltungen ermöglichen, die so tatsächlich ihres Monopols beraubt werden. Ob ein solcher Wettbewerb bestimmter Regeln bedarf, um nicht in ein ruinöses *Race to the Bottom* zu münden, wird seit langem kontrovers diskutiert.

Die verbleibende Alternativstrategie setzt nicht auf Wettbewerb zwischen, sondern innerhalb öffentlicher Verwaltungen, indem interne Quasi-Märkte aufgebaut werden. Hier gelten die schon im zweiten Kapitel erwähnten Reformen der Thatcher-Regierung etwa im Bereich des Gesundheitswesens als wegweisende Pionierleistung. So sollen sich die unterschiedlichen Einheiten einer Behörde oder auch größerer Strukturen als Anbieter und Nachfrager von bestimmten Diensten verstehen, so dass die Monopolstellung des staatlichen Apparats sozusagen von innen aufgebrochen wird. Bei diesen internen Märkten handelt es sich um eine Managementinnovation, die aus dem privaten Sektor stammt, wo Konzerne mit weitverzweigten Lieferketten oftmals auch die zum selben Unternehmen gehörenden Abteilungen und Tochterfirmen miteinander um Preise verhandeln lassen, als handele es sich um externe Zulieferer.

Diese letzte Option verweist nun schon auf die dritte Hinsicht, in welcher die neuen Formen von Governance als neoliberal zu kennzeichnen sind. In dieser kann man auch die radikalste Form der neoliberalen Restrukturierung des Staates sehen. Der Staat soll sich nämlich in seiner Handlungslogik stärker an einem unternehmerischen Ideal orientieren, das mithilfe von Managementtechniken aus der Privatwirtschaft realisiert werden soll. Doch die Schlussfolgerung, dass Verwaltungen dann wie Unternehmen zu führen seien, wird zumindest von den Gurus dieses sogenannten *New Public Management*, den schon mehrfach zitierten Osborne und Gaebler, verneint: »Viele Leute glauben jetzt vielleicht, wir seien der Meinung, die Verwaltung müsse wie ein Unternehmen geführt werden. Dem ist nicht so.« Die Unterscheidung ist eine etwas subtilere: »Aus der Tatsache, dass Verwaltungen nicht wie Unternehmen geführt werden können, sollte man jedoch nicht schließen, dass sie nicht unternehmerischer werden können. Jede Organisation, sei sie öffentlich oder privat, kann unternehmerisch oder aber auch bürokratisch sein.«[182] Das Ideal für Unternehmen wie auch Verwaltungen ist also ein Management, das mit unternehmerischen Mitteln unternehmerische Ziele verfolgt. Die Techniken reichen von Auditing, Benchmarking und Zielvereinbarungen bis hin zu strikter Ergebnisorientierung in der Arbeitsorganisation und Evaluierungen auf der Grundlage von Performance-Indikatoren. Die Ziele beschreiben Osborne und Gaebler als »Dezentralisierung, Verflachung von Hierarchien, Qualitätsmanagement, Suche nach Kundennähe [sic!]«[183]. Gerade mit Blick auf dieses letztgenannte Ziel ist festzuhalten, dass es sich bei den Reformen entlang der Leitlinien des *New Public Managements* durchaus um den Versuch handelt, staatliche Verwaltung der Führung einer privaten Firma anzugleichen – die eben nicht bürokratisch, sondern unternehmerisch geführt wird. Entsprechend werden dann aus Bürgern bzw. Klienten bestimmter Staatsapparate Kunden, die bestimmte Dienstleistungen nachfragen und Anspruch auf ein bestimmtes Serviceniveau erheben. Von dieser unternehmerischen Neuorientierung profitieren laut Osborne und Gaebler nicht nur die Bürgerkunden, sondern auch die Mitarbeiter in öffentlichen Administrationen, die endlich aus dem Prokrustes-Bett antiquierter und unflexibler Verwaltungsvorschriften, welche noch das Erbe der Kameralistik in sich tragen, befreit würden und so endlich auch ihre eigene Kreativität am Arbeitsplatz einbringen könnten, um die Verwaltung insgesamt effizienter zu machen.[184]

Man würde es sich aber zu leicht machen, wenn man das Loblied auf die *Managerial Revolution* in der öffentlichen Verwaltung schlicht als Zynismus abtun würde, der sogar noch die Sparzwänge öffentlicher Haushalte in eine Herausforderung mit potenziell emanzipatorischem Effekt umdeutet. Ganz so einfach liegen die Dinge normativ gesehen durchaus nicht. Zwar ist das *New Public Management* eine der augenfälligsten Formen eines ökonomischen Imperialismus, d.h. der Übertragung privatwirtschaftlicher Handlungslogiken auf nichtökonomische Sphären und Institutionen, aber zugleich kann man die an die öffentliche Verwaltung gerichtete Forderung nach größerer ›Kunden‹-Orientierung nicht einfach als unangebracht oder unnötig zurückzuweisen – jedenfalls nicht, wenn man einmal ein deutsches Ausländeramt besucht hat. In ähnlicher Weise geht auch die Kritik an der Gängelung der Mitarbeiter öffentlicher Verwaltungen durch rigide Vorschriften nicht gänzlich fehl, selbst wenn man in Rechnung stellt, dass Letztere in Teilen auch den notwendigen Preis einer Verwaltung darstellen, die rechtsstaatlichen Anforderungen genügen will. An diesen Beispielen zeigt sich also die normativ-politische Ambivalenz von Reformen des öffentlichen Sektors, der eine Kritik, die hier *allein* Marktradikalismus im Dienste der Umwandlung des Staats zum Unternehmen sehen will, nicht ausreichend Rechnung trägt.

Als Zwischenfazit hinsichtlich der hier skizzierten und in den entsprechenden Theorien reflektierten neuen Formen von Governance kann Folgendes festgehalten werden: Zunächst ist darauf hinzuweisen, dass die Unterscheidung zwischen der Theorie und ihrem Gegenstand im Falle von Governance, die ja beides bezeichnet, bisweilen auf problematische Art und Weise verschwimmt. Betrachtet man allein die Theoriebildung, so lässt sich auch hier in vielen Fällen eine problematische Vermischung von normativen und deskriptiv-analytischen Elementen feststellen. Der unterschwellige normative Bias von bestimmten Governance-Theorien zugunsten der neuen Governance-Arrangements ist mittlerweile jedoch durch explizit kritische Governance-Ansätze – und nicht zuletzt durch die noch zu erläuternden *Governmentality Studies* – etwas ausbalanciert worden. Diese kritischen Ansätze arbeiten die oftmals vorhandene Diskrepanz zwischen Anspruch und Rhetorik neuer Governance-Arrangements und ihrer Realität heraus. Zum einen handelt es sich in manchen Fällen um rein symbolische Reformen, die aber die Substanz zentralisierter Verwaltungsabläufe letztlich unangetastet lassen – wenn etwa örtlichen Verwaltungen Kompetenzen übertragen werden, diese aber gegenüber den Zentralbehörden nach wie vor voll rechenschafts- und auskunftspflichtig sind oder der Spielraum für autonome Entscheidungen der lokalen Akteure und Institutionen durch nationale ›Benchmarks‹ auf ein Minimum beschränkt bleibt.[185] Zum anderen sind hier die nichtintendierten Effekte von Governance-Reformen von Bedeutung, die beispielsweise zu einem Governance-Paradox führen können: Zwar soll durch Hierarchieverflachung, Regierung durch Netzwerke oder gar Privatisierung von bestimmten Funktionen letztlich eine als zu unflexibel und zu teuer kritisierte Bürokratie abgebaut werden, doch oftmals existiert hinsichtlich dieser Funktionen kein effektiver Wettbewerb unter privaten Anbietern, weshalb es dann einer Behörde zur Regulierung dieses Quasi-Marktes bedarf. Ein weiteres Beispiel stellen Politiknetzwerke dar, in die der Staat bzw. einzelne Apparate nun eingebunden sind. Diese werden derart komplex, dass neue administrative Strukturen in Form von Regulierungsbehörden etc. geschaffen werden müssen, um noch ein Minimum staatlicher Steuerungsfähigkeit zu gewährleisten. Derartige Fälle deuten darauf hin, dass Reformen nicht notwendigerweise zu Bürokratie-*Abbau*, sondern paradoxerweise zur gegenläufigen Entwicklung eines weiteren *Aufbaus* von Bürokratie führen können. Vor diesem Hintergrund verweisen kritische Governance-Ansätze darauf, wie wichtig eine Einbeziehung der unbeabsichtigten Nebeneffekte von Governance-Reformen bei deren Beurteilung hinsichtlich Qualitätsverbesserungen und Sparpotenzialen ist. Schließlich belegen die von ihnen durchgeführten Untersuchungen, dass die hier geschilderten Governance-Reformen nicht zwangsläufig und selbstverständlich größere Effizienz bei der Leistungserbringung verbürgen.[186]

Mit diesem Hinweis auf die ›Realität‹ der staatlichen Transformationen kann auch dem Mythos entgegengetreten werden, der Staat ziehe sich unter neoliberalen Vorzeichen durch Aufgabendelegation und Privatisierung immer weiter zurück und büße derart an Handlungskapazität ein, dass er etwa privaten Akteuren, Märkten und anderen Kräften weitgehend machtlos gegenüberstehe. Diese Diagnose greift trotz der Tendenzen, die tatsächlich in diese Richtung weisen, zu kurz. Denn wie die oben skizzierten Szenarien verdeutlicht haben, können Governance-Reformen mitunter *auch* den (unintendierten) Effekt einer tatsächlichen Stärkung der zentralstaatlichen Ebene haben. Generell gilt, dass die Einbindung des Staates in Politiknetzwerke,

Mehrebenensysteme, Public Private Partnerships etc. zwar eine Verkomplizierung politischer Steuerung bedeutet, doch sie kann schließlich auch den staatlichen Handlungsradius beträchtlich ausweiten. Sowohl sozialdemokratische Trauer als auch neoliberale Freude über das unmittelbar bevorstehende Ableben des Nationalstaates alter Prägung müssen daher gegenwärtig als verfrüht gelten.

4.2 Die Gouvernementalitätsperspektive

Die Frage, wie unter neoliberalen Vorzeichen regiert wird, bezeichnet auch einen zentralen Punkt der Forschungsagenda der *Governmentality Studies*, allerdings wird sie hier im Vergleich zu den besprochenen Governance-Ansätzen auf eine andere Art und Weise aufgefasst. Die *Governmentality Studies* oder Gouvernementalitäts-Studien gehen zurück auf eine Reihe von Vorlesungen, die der französische Philosoph Michel Foucault 1978/79 am Collège de France gehalten hat und die im Nachhinein in der deutschen Übersetzung den Obertitel »Geschichte der Gouvernementalität« erhielten.[187] Als roter Faden durch die 25 Vorlesungen, die ein thematisch weit gefasstes Feld umreißen, zieht sich die Frage nach den von Foucault als solchen bezeichneten »Rationalitäten« und »Technologien« des Regierens. Ziel ist eine Analytik der reflektierten Praktiken des Regierens – die sogenannte Gouvernementalität –, die sich vom normativ aufgeladenen Vokabular alternativer staatstheoretischer Diskurse absetzt, aber gleichwohl eine kritische Geschichte unserer politischen Gegenwart hinsichtlich der Modalitäten des Regierens ermöglichen soll. Diese Geschichte lässt Foucault im Anschluss an und in Reaktion auf Niccolo Machiavellis *Der Fürst* im 16. Jahrhundert beginnen. Er verfolgt sie über die verschiedenen Gouvernementalitäten von Staatsräson, Merkantilismus, Physiokratismus und Liberalismus bis hin zum deutschen Ordoliberalismus und dem amerikanischen Neoliberalismus der Humankapitaltheorie Gary Beckers, welche zusammen beinahe die gesamte zweite Vorlesungsreihe *Die Geburt der Biopolitik* ausmachen. Dementsprechend spielen Liberalismus und Neoliberalismen auch für die *Governmentality Studies* eine wichtige Rolle,[188] wenngleich deren Forschungsagenda sich auch auf andere Themen erstreckt. Worin liegt nun die Besonderheit der Gouvernementalitätsperspektive im Allgemeinen und ihres Verständnisses des Neoliberalismus im Besonderen? Diese Fragen lassen sich mit Verweis auf einige konzeptionelle Weichenstellungen Foucaults beantworten, die der Begrifflichkeit der Gouvernementalität zugrunde liegen.

Es handelt sich hierbei erstens um die enge Verzahnung von Regierungspraktiken einerseits und Reflexionsformen über das Regieren andererseits. Die Gouvernementalitätsperspektive bemüht sich also um die Zusammenführung von ›Theorie‹ und ›Praxis‹ der Regierung. Im Unterschied zu vielen anderen ist Foucault der Meinung, dass Theorie und Praxis des Regierens immer schon aufeinander bezogen sind, da die Reflexion über das Regieren dessen Objektbereich (ein Territorium, eine Bevölkerung, eine Ökonomie etc.) diskursiv konstituiert und dies unweigerlich schon mit Blick auf die tatsächliche Regierungspraxis. Doch die Ideen des ›richtigen‹ Regierens werden laut Foucault in dieser Praxis auch nicht einfach angewandt oder umgesetzt. Sollte überhaupt dieser Versuch gemacht werden, so sei davon auszugehen, dass er scheitert – allerdings auf produktive Art und Weise. Was Foucault hier im Auge hat, sind die nicht-intendierten Effekte einer bestimmten Regierungsweise, die bestimmte Probleme und im Gefolge auch eine Problematisierung in Diskursen über das Regieren mit sich bringen. Aufgrund dieses engen Zusammenhangs zwischen den Praktiken des Regierens und des Reflektierens über das Regieren spricht Foucault auch vom Projekt einer Geschichte der Problematisierungen: Dieses erforscht, aufgrund welcher Entwicklungen überhaupt die Bevölkerung oder die Ökonomie zum Problem werden können und in welcher Art und Weise sich diese Problematisierungen vollziehen.

Die Antwort auf diese Fragen verweist auf eine weitere grundbegriffliche Verknüpfung Foucaults, die oben bereits angedeutet wurde. Das Register, in dem eine Regierungsweise problematisiert wird, ist keineswegs historisch invariant, sondern ergibt sich aus einer spezifischen Rationalität des Regierens, also einer bestimmten Art des Denkens über Regierung. Die jeweilige Regierungsrationalität legt dabei bereits durch ihre Bestimmung, was sie als Objekt der Regierung ansieht und wie sie sich die Beschaffenheit dieses Gegenstandes vorstellt, auch ein bestimmtes Portfolio an Technologien und Techniken nahe, die als geeignet erscheinen, dieses Objekt effektiv bzw. effizient zu regieren. Umgekehrt kann die Entwicklung neuer Technologien, wie etwa Statistik oder Kartografie, aber auch die Entwicklung von Techniken der Menschenführung, wie etwa moderne Managementdiskurse, Anlass zu Verschiebungen in der Rationalität des Regierens geben. Wie im zunächst erläuterten Fall von ›Theorie‹ und ›Praxis‹ des Regierens geht Foucault also auch von einem engen Ineinandergreifen von Rationalitäten und Technologien/Techniken des Regierens aus. Etwas vereinfacht gesagt, ergibt sich die Originalität der Gouvernementalitätsperspektive aus dieser Zusammenführung von Ebenen, die in alternativen Ansätzen zumeist isoliert voneinander betrachtet werden.

Der letzte Punkt, der hier hervorgehoben werden soll, bezieht sich in gewisser Weise ebenfalls auf eine Verknüpfung, welche die Foucault'sche Position gegenüber vielen anderen Theorien, die sich mit Fragen der Regierung befassen – beispielsweise auch den meisten Governance-Ansätzen – auszeichnet. Die Regierung im Sinne einer *Führung von Menschen*, auf die sich Foucault in seinen Vorlesungen konzentriert, bezeichnet ein Verhältnis, das sich keineswegs auf repressive Herrschaft über Individuen reduzieren lässt. Vielmehr unterstreicht Foucault vor allem mit Blick auf die Regierungspraktiken jüngeren Datums ihre Relationalität und ihren Ansatzpunkt, nämlich die Konstituierung des zu regierenden Subjekts. Beide Aspekte bedürfen einer Erläuterung. Regierung vollzieht sich gemäß einer bestimmten Rationalität über den Einsatz bestimmter Technologien/Techniken. Die Individuen sind diesen Zugriffen jedoch nicht hilflos ausgeliefert, auch wenn dies die Rhetorik Foucaults stellenweise suggeriert. Vielmehr ist davon auszugehen, dass die Individuen mehr oder weniger bewusst auch Strategien des ›Gegen-Verhaltens‹ oder der ›Entunterwerfung‹ entwickeln und verfolgen, d.h., sie werden, gespeist aus unterschiedlichsten Motivlagen, versuchen, sich einer bestimmten Form von Regierung zu entziehen. Dies bedeutet, dass die Gouvernementalitätsperspektive sich nicht ausschließlich auf eine Analyse der Regierung oder gar der Regierenden beschränken darf, sondern ihren Blickwinkel auch auf die *Regierten* ausweiten muss. Dies ist aus systematischen Gründen erforderlich, weil das oben angesprochene produktive Scheitern von Regierungsprogrammen u.a. auf eine aktive oder passive Widerständigkeit der Individuen gegenüber Versuchen zurückzuführen ist, sie einer bestimmten Form der Regierung zu unterwerfen.

So muss also die Regierung, die im Übrigen nicht gleichbedeutend mit rein staatlich organisierter Regierung sein muss, in Beziehung zu ihrem Objekt, nämlich den zu regierenden Individuen gesetzt werden. Diese sind im Sinne der *Relationalität* von Regierung nicht nur Applikationsgegenstand von Regierungstechnologien, sondern verfügen selbst auch über Techniken der

Selbstregierung, die nicht notwendigerweise mit Ersteren kompatibel sein müssen und möglicherweise sogar bewusst gegen diese eingesetzt werden können.

Eine weitere oben angedeutete Besonderheit der Gouvernementalitätsperspektive liegt in ihren spezifischen Annahmen über die Art und Weise, wie Regierungstechniken auf Individuen wirken. Gemäß dem Foucault'schen Machtverständnis wird Macht – und eine mögliche Form der Machtausübung ist Regierung oder Führung – nicht (nur) in repressiver Absicht auf ein schon voll konstituiertes Subjekt ausgeübt, das diesem Regierungsimpetus von außen mit voll entwickelten Selbsttechnologien entgegentritt. Vielmehr handelt es sich bei der Regierungsmacht um eine *Subjektivierungsmacht*, die sich nicht darin erschöpft, ein als gegeben angesehenes Individuum mit Normen und Befehlen zu bedrängen, sondern das Subjekt selbst mitkonstituiert und entsprechend darauf abzielt, Einfluss auf seine spezifische Ausformung zu nehmen. Diese Prozesse der Subjektwerdung, die immer unabgeschlossen bleiben, vollziehen sich also in einem mehr oder weniger konflikthaften Zusammenspiel von Selbst- und Fremdführung bzw. -regierung. In Kombination mit der erläuterten Relationalität der Regierung bedeutet dies, dass Regierungstechnologien nicht allein darauf ausgerichtet sind, bestimmte Handlungsmuster bei den regierten Individuen hervorzubringen, sondern sehr viel ›tiefer‹ bei der Konstitution jener als Subjekte ansetzen. Ihr Ziel muss dabei die Konvergenz bzw. eine grundsätzliche Kompatibilität zwischen dem Selbstverhältnis der Subjekte und einer bestimmten Regierungsrationalität sein.

An dieser Stelle kann nun der Neoliberalismus als eine spezifische Gouvernementalität eingehender betrachtet werden, d.h. die für ihn charakteristischen Regierungstechnologien und die entsprechende Subjektivierungsmacht. Aus neoliberaler Perspektive stellt sich das ›Problem‹ des Regierens folgendermaßen dar:

Aufbauend auf den Regierungsrationalitäten des Physiokratismus und Liberalismus begreift der Neoliberalismus die Bevölkerung als ganze wie auch die einzelnen Individuen als Objekte des Regierungshandelns – im Gegensatz etwa zu älteren Gouvernementalitäten, die in erster Linie ein bestimmtes Territorium als Regierungsobjekt betrachteten. Foucault verwendet hier immer wieder den schillernden Begriff der »Biopolitik«. Damit meint er Formen des Regierens, welche auf der Grundlage der Erhebung von Todes-, Krankheits- und Geburtsraten sowie anderer Aggregatwerte darauf hinzuwirken versuchen, die Entwicklung dieser Werte innerhalb einer Schwankungsbreite um empirische Mittelwerte herum zu stabilisieren. Dabei muss auch der biopolitische Versuch einer Art Globalsteuerung der Bevölkerung letztlich beim Individuum ansetzen, dessen Regierung daher im Mittelpunkt der folgenden Betrachtungen stehen soll. Zwei miteinander verknüpfte Fragen sind in diesem Zusammenhang zu klären: Wie genau vollzieht sich die Produktion von Subjekten, und nach welchem Leitbild werden sie im Rahmen der neoliberalen Gouvernementalität geformt?

Zur Erläuterung der Prozesse, aus denen das Subjekt hervorgeht, machen die *Governmentality Studies* oftmals Anleihen bei einer berühmten Denkfigur Louis Althussers, der sogenannten Interpellation. Althusser beschreibt die Wirkung ideologischer Staatsapparate an einem Spaziergänger, der sich auf den unbestimmten Ruf ›He, Sie da‹ eines Polizisten unwillkürlich umdreht, da er sich angesprochen fühlt. Genau dieser Mechanismus liegt gemäß Althusser auch beim Prozess der Subjektwerdung vor, wobei eine grundsätzliche Ambivalenz zu verzeichnen ist: »Seine Hervorbringung und seine Unterwerfung fallen zusammen.«[189] In derartigen Prozessen der Anrufung wird man, um eine von Friedrich Nietzsche geprägte Formel zu verwenden, zu dem, der man ist, d.h., es wird in ihnen eine bestimmte Art von Subjekt hervorgebracht. Anrufungen können unterschiedlichste Formen annehmen. Sie können im Namen von Rechtsnormen, moralischen Imperativen und informellen Konventionen bezüglich dessen, was als ›normal‹ oder ›angemessen‹ gilt, oder auch durch materielle Anreize erfolgen. Wichtig ist dabei Folgendes: »Subjektivierungsregime konfrontieren den Einzelnen mit spezifischen Erwartungen, die er zurückzuweisen, zu unterlaufen oder einzulösen versucht, denen er aber niemals voll und ganz genügen kann.«[190] Festzuhalten ist hier also einerseits die unausweichliche Nötigung, die von Interpellationen ausgeht, und andererseits das notwendige Fehlschlagen der Produktion einer vollständig gemäß einer bestimmten Gouvernementalität konstituierten Subjektivität. Deswegen ist auch die manchmal bemühte Vorstellung eines Neoliberalismus falsch, der sich problemlos Subjekte nach seinem eigenen Bilde heranzieht und damit jeden Widerstand immer schon präventiv verunmöglicht hat.

Das inhaltliche Leitbild neoliberaler Subjektivität lässt sich mithilfe von Foucaults Betrachtungen zu Ordo- und Neoliberalismus erläutern. Schon in seiner Analyse des Eucken'schen Gesellschaftsentwurfs gelangt Foucault zu der Einschätzung, dass jener kein Interesse an der Errichtung einer Handels- und Tauschgesellschaft im Sinne des klassischen Liberalismus habe, sondern das Ideal einer »Unternehmensgesellschaft« verfolge, deren Aufbau sich über die »Vervielfältigung der Unternehmensform« vollziehen müsse.[191] Die Konsequenz aus diesem Imperativ ziehe dann Gary Beckers Humankapitaltheorie, die für Foucault – im Gegensatz zur hier vertretenen Auffassung – das Herzstück des amerikanischen Neoliberalismus bildet, dem es vor allem darum gehe, »die ökonomische Form des Marktes zu verallgemeinern«[192]. Die Humankapitaltheorie Beckers liefert in erster Linie einen Analyserahmen zum Verständnis menschlichen Verhaltens;[193] es handelt sich, genauer gesagt, um eine »ökonomische Erklärung menschlichen Verhaltens«. Die ›ökonomische‹ Erklärung geht davon aus, dass Menschen sich in allen Lebensbereichen so verhalten, dass ihr individueller Nutzen maximiert wird und dass sie bei der Verfolgung dieses Ziels bestimmte Rationalitätsstandards beachten. Das sich aus diesen Annahmen ergebende Subjekt ist der *Homo oeconomicus*, den wir schon im Zusammenhang mit James Buchanans Konstitutionenökonomik kennengelernt haben. Für Becker ist ökonomisches Verhalten gleichbedeutend mit unternehmerischem Verhalten, wie auch aus der Vorstellung vom Humankapital ersichtlich ist:[194] Individuen verfügen demnach über einen bestimmten Kapitalstock genetisch bedingter oder erworbener Eigenschaften und Fähigkeiten und sie hoffen, gleich Unternehmen, dieses Kapital zu einer möglichst hohen Dividende auf dem Markt verkaufen zu können. Aus dieser Perspektive erscheint beispielsweise eine universitäre Ausbildung *auch* und vor allem als eine Investition in das eigene Humankapital – bzw. eine Investition der Eltern in das ihrer Kinder. Doch wie im Falle genuin unternehmerischen Handelns erfordern Entscheidungen über Investitionen oder die geeignete Verwertung von Kapital eine Mischung aus Risikobereitschaft und kühler Abwägung, deren richtige Kombination letztlich immer unklar bleiben muss und so ebenfalls dazu beiträgt, dass das unternehmerische Selbst, der Humankapitalist und Arbeitskraftunternehmer, beständig an den – widersprüchlichen – Ansprüchen scheitert, die an ihn gerichtet werden. Dennoch ist die Vorstellung des *Homo oeconomicus* ein zentraler Einsatz in der Regierungsrationalität des Neoliberalismus, weil ein derart vorgestelltes Subjekt durch und durch formbar ist: Das Selbst wird zum Träger von Humankapital objektiviert, das nach strategischen Gesichtspunkten gemehrt und verwertet werden muss. Aber es geht hier nicht nur um Techniken der formenden Selbstoptimierung, sondern auch um unterschiedliche Formen der Fremdführung. Ein solches Subjekt wird nicht nur durch bestimmte Normen regierbar sein, sondern auch durch fein kalibrierte Anreizsysteme, die es immer wieder als unternehmerischen Nutzenmaximierer anrufen und sein Verhalten gemäß dieser Maxime berechenbar machen. »Der Homo oeconomicus ist die Schnittstelle zwischen der Regierung und dem Individuum«; ein durch Anrufungen und Anreize scheinbar unendlich formbares Subjekt, das als solches »gouvernementalisierbar« wird.[195] Der Soziologe Ulrich Bröckling fasst die subtile Funktionsweise der (neoliberalen) Regierungsprogramme folgendermaßen zusammen: »Sie installieren keine Reiz-Reaktions-Automatismen, sondern erzeugen einen Sog, der bestimmte Verhaltensweisen wahrscheinlicher machen soll als andere.«[196]

Sind damit schon einige wichtige Konturlinien des unternehmerischen Selbst skizziert worden, so bedarf dieses aber noch einer weiteren Beschreibung, um die Tragweite neoliberaler Subjektivierungsmacht voll erfassen zu können. Wie bereits erwähnt, zeichnet sich das typisch unternehmerische Handlungsmuster durch eine Kombination von Risikobereitschaft am Rande zum Wagemut und nüchterner Abwägung aus. Grundsätzlich bedeutet dies zunächst, dass neoliberale Subjekte als frei konstituiert werden. Sie sind frei, Risiken einzugehen, und sollen es auch sein. Denn laut neoliberaler Regierungsrationalität ist diese Form der Freiheit die Voraussetzung dafür, dass Individuen ihr Potenzial an ökonomisch verwertbarer Produktiv- und Innovationskraft voll ausschöpfen. Umgekehrt handelt man sich das Problem ein, dass nicht ohne Weiteres davon auszugehen ist, dass Menschen ihre Freiheit auch immer auf die ›richtige‹ Art und Weise nutzen. Schließlich kann sich unternehmerisches Geschick auch im Drogenhandel manifestieren und grundsätzlich könnte die individuelle Freiheit ja auch in gänzlich unproduktive Projekte des kontemplativen Müßiggangs fließen. Diesem Dilemma begegnet der

Neoliberalismus mit einer Anrufung, deren Wirkmächtigkeit im zeitgenössischen Kontext kaum zu überschätzen ist und die im Fachjargon der *Governmentality Studies* etwas sperrig als ›Responsibilisierung‹ oder ›Verantwortlichmachung‹ bezeichnet wird. Zwar werden laut Foucault die freien Individuen auch von Sicherheitsdispositiven umstellt, die dafür sorgen sollen, dass bestimmte Grenzen der Freiheit nicht überschritten werden, doch mindestens ebenso wichtig ist die Konstitution eines Subjekts, das individuelle Freiheit als untrennbar mit individueller Verantwortung verknüpft empfindet und daher stets verantwortungsvollen Gebrauch von dieser Freiheit machen wird, d.h. sich selbst immer schon in Führung nimmt.[197] Verantwortlich sind diese Individuen im Übrigen nie nur gegenüber sich selbst – wie es der überstrapazierte Begriff der Eigenverantwortung suggeriert –, sondern immer auch gegenüber bestimmten Gruppen oder einer vage vorgestellten Allgemeinheit. Individuelle Verantwortung wird auf unterschiedlichsten Gebieten eingefordert: Der junge Arbeitskraftunternehmer muss sie bei Investitionen in sein Humankapital in Form einer verwertungsfähigen Aus- oder Fortbildung an den Tag legen; die allgemeine Lebensführung sollte sich an den Vorgaben von Medizin und Wellness-Diskursen orientieren, und gesundheitliche Risiken in Form von gefährlichen Sportarten, schlechter Ernährung, Rauchen etc. sollten weitestgehend reduziert werden. Zur Verantwortung gehört heutzutage ferner, angesichts des demografischen Wandels und unsicherer Renten für das eigene Alter vorzusorgen und, wie wir noch sehen werden, bedeutet es, durch entsprechendes Verhalten das Risiko zu minimieren, einem Verbrechen zum Opfer zu fallen. Die Liste der Anwendungsbereiche ließe sich beliebig verlängern – sogar bis hin zur heute oft beschworenen *Corporate Social Responsibility* von Unternehmen – doch wichtiger ist an dieser Stelle eine genauere Betrachtung der Logik und der Effekte dieser

Verantwortungszuschreibung. Es liegt auf der Hand, dass die Individualisierung von Verantwortung in gewissem Maße alternative Akteure und Institutionen aus der Verantwortung entlässt. Private Altersvorsorge komplementiert die staatlich organisierte gesetzliche Rentenversicherung, und die Verantwortung der Humankapitalisten, ihre Verwertungschancen auf dem Arbeitsmarkt sicherzustellen, entbindet den Staat von einer aktiven Arbeitsmarkt- und Konjunkturpolitik. So gesehen fügen sich die unternehmerischen Subjekte ideal in das Arsenal von Dezentralisierungs- und Entstaatlichungsinitiativen ein, die weiter oben unter dem Begriff der neuen Governance diskutiert wurden. Aus den gleichen Gründen können sie als Teil einer neoliberalen Transformationsstrategie angesehen werden: »Mit dem ›Rückzug des Staates‹ korrespondieren der Appell an Eigenverantwortung und Selbstsorge und der Aufbau selbstregulatorischer Kompetenzen bei individuellen wie kollektiven Subjekten.«[198] Betrachtet man die Ausrichtung der eingeforderten Verantwortung genauer, so zeigt sich zunächst die enge Verbindung zur präventiven Logik des Risikomanagements. Ob Arbeitslosigkeit, Krankheit, altersbedingte Pflegebedürftigkeit oder sonstige Kontingenzen des Lebens, sie alle werden zu Risiken umgedeutet, die durch angemessenes Verhalten minimiert werden sollen. Doch als logische Entsprechung zu dieser prospektiven Verantwortung im Sinne einer Aufforderung zur Prävention existiert auch eine retrospektive Dimension, die zum Zuge kommt, wenn Individuen für das verantwortlich gemacht werden, was geschehen oder nicht geschehen ist. So ist der Arbeitslose nicht Opfer eines stagnierenden Arbeitsmarktes und der Schwerkranke nicht einfach vom Schicksal geschlagen, im Zweifelsfall haben sie es an den geeigneten Maßnahmen der Selbstregierung in Form von Humankapitalinvestitionen bzw. Gesundheitsfürsorge fehlen lassen und müssen ihr Los als implizit selbstgewähltes anerkennen.

Beispiele wie diese verdeutlichen die buchstäblich schwerwiegenden Implikationen der Interpellation als freies und verantwortliches Subjekt. Denn das Individuum muss sich nun streng genommen alle negativen Ereignisse und Entwicklungen der eigenen Biografie selbst zurechnen, wodurch sich diese sämtlich in unterschiedliche Manifestationen persönlichen Scheiterns verwandeln. Die Verantwortung für das eigene (potenzielle) Scheitern wird so zur Bürde auf den Schultern der Individuen, deren vermeintlich freie Entscheidungen beständig von der Sorge überschattet getroffen werden, sich nicht ausreichend oder auf die richtige Art und Weise selbst ›in Führung‹ genommen zu haben, um eine Foucault'sche Formulierung zu verwenden. Hier zeigt sich der kritische Einsatz der *Governmentality Studies*, die auf die ›Folgekosten‹ der Konstituierung als unternehmerisches Subjekt verweisen, welche sich in medizinischen, psychosomatischen und psychosozialen Symptomen zeigen können, die von Bluthochdruck, Schlaflosigkeit und Herz-Kreislauf-Erkrankungen bis zu Depression und Burn-out-Syndrom reichen. Das scheinbar gänzlich ungebundene und freie Individuum sieht sich also vielfältigen Zumutungen und Überforderungen ausgesetzt. Und es gilt ferner zu berücksichtigen, dass die ›objektiven‹ Voraussetzungen zur autonomen Gestaltung des eigenen Lebens, wie es die neoliberale Anrufung suggeriert, äußerst unterschiedlich verteilt sind – z.B. entlang der großen Ungleichheitsachsen von Geschlecht, Rasse und Klasse. Doch darüber hinaus sind die unternehmerischen Imperative derart widersprüchlich und werden Menschen überdies im Namen alternativer Leitbilder angerufen, dass das Individuum beinahe zwangsläufig zwischen einander ausschließenden Anforderungen zerrieben wird. Das unternehmerische Selbst ist somit in vielen Fällen ein chronisch »erschöpftes Selbst«, um einen Begriff aufzunehmen, den der französische Soziologe Alain Ehrenberg in seiner Analyse des Zusammenhangs zwischen gesellschaftlichen Verhältnissen und der ›Volkskrankheit‹ Depression geprägt hat.[199]

Aus Sicht der *Governmentality Studies* ist daher die Zurückweisung neoliberaler Subjektivierungsmacht ein Akt des Widerstands; ein Widerstandsakt, der im Lichte der Folgekosten einer Fremd-/Selbstkonstituierung als unternehmerisches Selbst eigentlich naheliegt. Zugleich darf aber nicht die Anziehungskraft einer Identität als freies, flexibles, aktives und autonomes Individuum verkannt werden, die das unternehmerische Selbst verheißt. Schließlich ist Freiheit, wenn sie tatsächlich vorhanden ist, keineswegs eine Last, an der die Menschen in beständiger Angst vor dem eigenen Scheitern leiden würden. Auch die mit Freiheit verknüpfte Verantwortung erstreckt sich ja nicht nur auf Fehlschläge, sondern ermöglicht Erfolge, die eben nicht dem Schicksal, sondern der eigenen Leistung gutzuschreiben sind. Der neoliberale Freiheits- und Verantwortungsdiskurs kann somit auch als eine Form des *Empowerment* verstanden werden, der ein Gefühl der Selbstwirksamkeit bei den Individuen weckt.[200] Sie beginnen, an ihre Fähigkeiten zu glauben, das eigene Leben in die Hand zu nehmen und können des eigenen Glückes Schmied sein. Hier zeigt sich erneut die politisch-normative Ambivalenz des Neoliberalismus. Die Forderungen nach individueller Freiheit, Autonomie und Selbstverwirklichung sind intern mit emanzipatorischen Bewegungen und Diskursen verbunden, die von der Neuen Linken der 1960er bis zu den Neuen Sozialen Bewegungen der 1970er und 1980er Jahre reichen. Die eigentümliche Subjektivierungs*macht* des unternehmerischen Selbst lässt sich nur vor diesem Hintergrund verstehen. Gegen die starren Hierarchien und die Uniformität fordistischer Massenproduktion und -konsumption wendeten sich eben nicht nur die neoliberalen Vordenker, sondern auch linksalternative Diskurse, die vor allem an die Entfremdungskritik des jungen Marx anschließen und in einer

Arbeitssphäre mit größerer Autonomie, Flexibilität und Selbstständigkeit einen entscheidenden Beitrag zur Überwindung von Entfremdung zugunsten von Arbeitsformen sahen, die tatsächlich individuelle Selbstverwirklichung ermöglichen würden. In ihrem einflussreichen Buch *Der neue Geist des Kapitalismus* verstehen die französischen Soziologen Luc Boltanski und Eve Chiapello die im zweiten Kapitel skizzierten Neoliberalisierungsprozesse dementsprechend auch als eine Reaktion auf diesen von ihnen als »Künstlerkritik« am Kapitalismus bezeichneten Diskurs.[201] Der Neoliberalismus, so lässt sich abschließend sagen, greift also genuin emanzipatorische Vorstellungen und Werte auf und kann mit seinen Verheißungen von Freiheit, Flexibilität und Selbstverwirklichung an diese anschließen. Doch die spezifisch neoliberale Realisierung dieser Ideale bleibt zutiefst ambivalent, bedeutet sie doch für viele, die sich zur Anrufung des unternehmerischen Selbst verhalten müssen, gerade nicht Emanzipation, sondern vor allem größere Belastungen.

4.3 Die neoliberale Regierung der Kriminalität

Wie zu Beginn des Kapitels erwähnt, sollen nun zum Abschluss die beiden besprochenen Forschungsperspektiven mit den entsprechenden Diagnosen in der Betrachtung eines Politikfelds zusammengeführt werden, das scheinbar wenig mit der Thematik des Neoliberalismus zu tun hat, nämlich der inneren Sicherheit und der Kriminalitätsbekämpfung. Wie sich zeigen wird, erstreckt sich die neoliberale Regierungsweise (im Sinne von Gouvernementalität und Governance) auch auf Bereiche jenseits der im engeren Sinne verstandenen Wirtschafts- und Sozialpolitik.

Die Betrachtung der Kriminalitätspolitik ist nicht zuletzt insofern eine interessante Fallstudie, als die Güter der inneren und äußeren Sicherheit klassische Kollektivgüter sind und ihre Produktion traditionell zu den Kernaufgaben des Nationalstaates gerechnet wird, da sie aufs Engste mit den Vorstellungen von interner und externer staatlicher Souveränität verknüpft sind. Doch selbst in dieser ehemals ureigensten Domäne des Staates ist es zur Delegation von bestimmten Funktionen ganz im Sinne der Logik der neuen Governance-Formen gekommen. Nicht nur bei zwischenstaatlichen militärischen Auseinandersetzungen, mithin Fragen der äußeren Sicherheit, deren Analyse hier nicht weiter vertieft werden soll, spielen sogenannte *Private Military Companies* wie etwa Blackwater eine immer größere Rolle. Auch bei der Kriminalitätsbekämpfung lässt sich seit Jahren ein zunehmender Einsatz privater Sicherheitsdienstleister verzeichnen, deren Aufgabenbereiche etwa den Objektschutz oder Event-Security umfassen. Zwar ist die absolute Zahl der Angestellten privater Sicherheitsfirmen in Deutschland vergleichsweise niedrig, aber sie nimmt beständig zu. In den USA und Großbritannien übersteigt ihre Zahl bereits die Zahl der Angestellten im staatlichen Polizeidienst.[202] Doch wie bereits oben dargelegt, bedeutet eine Verlagerung hin zur privaten Aufgabenerfüllung nicht notwendigerweise einen Rückzug des Staates, selbst wenn ein solcher von neoliberaler Seite avisiert worden sein mag. Von einem Abbau der Justiz- und Polizeiapparate kann trotz aller Privatisierungstendenzen weder in Deutschland noch den USA oder Großbritannien die Rede sein. Dies ändert jedoch nichts an dem Umstand, dass in diesen und anderen Ländern ein mittlerweile beträchtlicher Markt für private Sicherheitsdienstleister entstanden ist. In den USA umfasst dieser auch Gefängnisse, deren Bau von privaten Investoren finanziert wird und die von privaten Firmen betrieben werden.[203] Obwohl es eine drastisch gestiegene Zahl der Verurteilungen zu Gefängnisstrafen gibt, geht die Vorstellung eines *Prison Industrial Complex* in Analogie zum *Mi-*

litary Industrial Complex aber zu weit, da Sicherheitspolitik noch immer nicht einfach der Logik der Profitsteigerung gehorcht.[204] Man darf die Eigendynamik eines Sicherheitsmarktes aber auch nicht unterschätzen. Schließlich versuchen Anbieter auf anderen Märkten selbstverständlich, die Nachfrage nach ihren Produkten zu erhöhen. Im Fall des Sicherheitsmarktes würde dies bedeuten, dass es einen Anreiz für die Anbieter gibt, Unsicherheit bei potenziellen Sicherheitskonsumenten zu schüren – eine Strategie, die im Übrigen auch dem Staat zur Selbstlegitimation als (ehemaliger) Sicherheitsmonopolist immer offenstand, wenn man etwa an die Terrorbekämpfung denkt.

Die Produktion von Sicherheit wird nicht nur teilweise an den Markt delegiert, sie vollzieht sich zugleich in den schon erwähnten PPPs. Auch hier sind die USA und Großbritannien, wo das *Community Policing* mittlerweile weit verbreitet ist, in einer Vorreiterrolle. Die örtliche Gemeinschaft und einzelne Nachbarschaftsviertel werden hier in der Hoffnung auf eine effizientere und gleichzeitig weniger invasive Sicherheitspolitik in die Kriminalitätsbekämpfung und -prävention miteinbezogen. Derartige Partnerschaften, die auch aus Deutschland etwa in der Form von Kriminalpräventionsräten bekannt sind, können zur Herausbildung ganzer Netzwerke führen, in die die örtliche Gemeinschaft, ihre politischen Repräsentanten und unterschiedliche Behörden (Polizei und Justiz, aber auch sozialstaatliche Behörden wie etwa das Jugend- oder Ausländeramt) einbezogen sind. Solche Netzwerke sollen kriminogene Räume, Individuen und Milieus besser identifizierbar und kontrollierbar machen.

Damit sind wir bei der Rolle angelangt, welche das Subjekt des »Enterprising Prudentialism« (Pat O'Malley) für die Bekämpfung der Kriminalität und ihre Prävention spielt. Vorstellungen über individuelle Freiheit und Verantwortung sind von Bedeutung für den Umgang mit Straftätern. Folgt man den Analysen von Gary Becker, so fällt auch das Verbrechen unter das ökonomische Verhaltenskalkül. Der potenzielle Straftäter wird rational den Erwartungsnutzen mit den Risiken eines Vergehens verrechnen und so seine Entscheidung treffen.[205] Aus dieser Perspektive dient die Strafe nicht in erster Linie als Mittel zur Rehabilitation des Verbrechers oder der Entschädigung des Opfers. Vielmehr hat Strafe eine Abschreckungsfunktion zu erfüllen: »Im Bereich der Bestrafung hat dieses Denken zu einer verstärkten Politik der Vergeltung und Abschreckung geführt, da ihm zufolge Täter rationale Akteure sind, die auf Fehlanreize reagieren und für ihre kriminellen Taten voll verantwortlich sind.«[206] Straftäter können, überspitzt gesagt, weder ihre schlimme Kindheit noch ein soziales Milieu der Deprivation, weder Affekthandeln noch sonstige Umstände als mildernd zur Geltung bringen. Wenn das Subjekt des Neoliberalismus tatsächlich frei ist und immer unternehmerisch handelt, dann muss es auch für die ihm vorher bekannten und damit einkalkulierten strafbaren Folgen seiner freien Entscheidungen uneingeschränkt die Verantwortung übernehmen. Die Strategie im Umgang mit Verbrechen wird dann in den schon angesprochenen härteren Strafen und intensivierter Präventionsarbeit bestehen – beide Annahmen werden von den empirischen Befunden weitgehend bestätigt –, da es vor allem die Gelegenheit ist, die ganz dem Sprichwort gemäß Diebe macht. Verbrechensvermeidung ist aber auch die Aufgabe potenzieller Opfer, denn wenn unbescholtene Bürger sich von sozialen Brennpunkten fernhalten, Hausbesitzer auch an ihren Fenstern Schlösser anbringen, rüstige Rentner einer Nachbarschaftspatrouille beitreten und Frauen keine ›provokative‹ Kleidung tragen würden, könnte doch, so das neoliberale Credo, eine Vielzahl von Verbrechen verhindert werden.[207] Hier zeigt sich der Verantwortungsdiskurs von seiner unangenehmsten Seite. Er kann nämlich dazu führen, die Opfer für das an ihnen begangene Verbrechen mitverantwortlich zu machen. Genauer gesagt wird der Status des legitimen Opfers, das Mitleid und Bedauern verdient, nur denjenigen gewährt, die nicht fahrlässig Gelegenheit und Anlass zu einer an ihnen verübten Straftat gegeben haben.

Fügt man also die Diagnosen der beiden hier diskutierten Forschungsperspektiven hinsichtlich der Sicherheitspolitik zusammen, so lautet die neoliberale Formel der Verbrechensbekämpfung zugespitzt: private Gefängnisse und wachsame Bürger. Dass diese kombinierte Perspektive bei aller zeitdiagnostischen Plausibilität und empirischen Sättigung allerdings keineswegs unangefochten ist, zeigen z.B. die Arbeiten von Loic Wacquant, die viele der hier vorgetragenen Thesen bestreiten. Für Wacquant stellt sich der Zusammenhang zwischen Neoliberalismus und Verbrechensbekämpfung stattdessen folgendermaßen dar: Neoliberalisierungsprozesse führen zur Erosion sozialer Sicherheit in Form von flexibilisierten Arbeitsmärkten, Einkommensspreizung etc. Dies habe die Herausbildung von Problempopulationen zur Folge, die im deutschen Sprachgebrauch zumeist mit dem Begriff des Prekariats bezeichnet werden. Dieses im amerikanischen urbanen Kontext vor allem afro-amerikanische Prekariat muss nun kontrolliert und reguliert werden, wofür dem Staat in Anlehnung an eine Metapher Pierre Bourdieus eine linke und eine rechte Hand zur Verfügung stehe: Die linke steht für den Sozialstaat, die rechte für den Repressionsstaat. Laut Wacquant weiß die rechte Hand durchaus, was die linke tut; beide wirken nämlich dahingehend zusammen, die Problempopulationen entweder durch eine punitive Arbeitsmarkt- und Sozialpolitik (*workfare*) zum Arbeitsmarkteintritt zu nötigen – paradigmatisch verkörpert in der besprochenen amerikanischen Sozialhilfereform von 1996 – oder im expandierenden System von Gefängnissen, Heimen und Boot-Camps ruhigzustellen (*prison-*

fare). Der starke Repressionsstaat, der Null-Toleranz-Politiken verfolgt und Straftäter auf Dauer ›wegsperrt‹, ist also keineswegs eine Abweichung vom Regime des Neoliberalismus; für Wacquant sind *workfare* und *prisonfare* zwei Seiten derselben Medaille des neoliberalen Staates: »Welfare revamped as workfare and the prison stripped of its rehabilitative pretension now form a single organizational mesh flung at the same clientele mired in the fissures and ditches of the dualizing metropolis. They work jointly to invisibilize problem populations – by forcing them off the public rolls, on the one side, and holding them under lock, on the other – and eventually push them into the peripheral sectors of the booming secondary labor market.«[208]

Welche Diagnose hier zutreffender ist und ob die verschiedenen Perspektiven möglicherweise auch miteinander vereinbar sind, bedürfte sicherlich weiterer Erörterungen. Fest steht, dass die Kategorie des Neoliberalismus auch weit jenseits der Marktsphäre im engeren Sinne von Bedeutung ist und Grundlage produktiver Analysen gegenwärtiger politischer und sozialer Verhältnisse sein kann.

5. Schluss – Vom Neoliberalismus zum Post-Neoliberalismus?

Als im Herbst 2008 klar wurde, dass die Blase am US-Immobilienmarkt platzen würde, und die Pleite der Investmentbank Lehman Brothers die Bankenkrise auslöste, meldeten sich einflussreiche Stimmen wie Jürgen Habermas und Joseph Stiglitz zu Wort.[209] Beide betrachteten die Entwicklungen, die in eine globale Finanzkrise mit massiven realwirtschaftlichen Auswirkungen führten, als eine Krise des Neoliberalismus und hofften, dass sie zu einer Abkehr von dessen wirtschaftspolitischen Maximen führen würde.

Die Diagnose wirft zwei Fragen auf, die in diesem kurzen Schlusskapitel ausblickshaft erörtert werden sollen. Inwiefern lässt sich die Serie von ökonomischen Krisen, mit denen die Welt und insbesondere auch Teile des Euroraums seit 2008 zu kämpfen haben, tatsächlich als Krise des Neoliberalismus verstehen? Und eng daran knüpft sich die zweite Frage, wie es um die Zukunft des Neoliberalismus bestellt ist. Auf diese Fragen antworten zwei Thesen, deren erste besagt, dass ein strauchelnder »Zombie«-Neoliberalismus dabei sei, einem noch genauer zu definierenden Post-Neoliberalismus zu weichen. Die zweite These verzeichnet eine Renaissance der ordoliberalen Strömung innerhalb des Neoliberalismus und macht dies an aktuellen Reformen sowie einem langfristiger angelegten Umbau ökonomischer Governance-Strukturen in Europa fest.

5.1 Neoliberalismus, Finanzmarktkapitalismus und Bankenkrise

Obwohl namhafte Sozialwissenschaftler wie Nancy Fraser die aktuellen Krisen als Krisen des Neoliberalismus ansehen, liegt die Gleichsetzung einer Krise des Immobilien- bzw. Finanzsektors mit einer Krise des Neoliberalismus allerdings keineswegs auf der Hand. Zumindest muss dargelegt werden, welche Aspekte des Neoliberalismus sich etwa in den Praktiken von Investmentbanken widerspiegeln oder welche strukturellen Reformmaßnahmen diese Praktiken ermöglicht bzw. begünstigt haben. Der springende Punkt, der sich hinter dieser Frage verbirgt, ist die Notwendigkeit einer Kriseninterpretation, denn Krisen erklären sich nicht von selbst, und ihr ›Framing‹ trägt wiederum entscheidend zur Auswahl bestimmter Strategien des Krisenmanagements bei. Schließlich gibt es ganz unterschiedliche Sichtweisen etwa auf die amerikanische Immobilienkrise. Von konservativer Seite wird eine fehlgeleitete staatliche Wohnungsbauförderung, getragen vor allem von den halbstaatlichen Hypothekenbanken Fannie Mae und Freddie Mac, verantwortlich gemacht, andere Beobachter verorten das Problem auf einer individuellen Ebene, nämlich bei geldgierigen und spekulationswütigen Bankern. Oder die private Überschuldung – eben auch in Form von Hypothekenkritiken – wird als Folge eines Neoliberalisierungskurses angesehen, der seit den frühen 1980er Jahren die Reallöhne hat stagnieren lassen. Die Immobilienkrise erscheint dann als Langfristeffekt der Politik von Reagan und Clinton.[210]

Die hier vorgeschlagene Lesart wird sich an dieser letzten Interpretation orientieren. Bereits in den vorherigen Kapiteln hatten sich zahlreiche Anhaltspunkte ergeben, die in diese Richtung deuten. Zu zeigen ist also, inwieweit sich die relative Dominanz der Finanzmärkte gegenüber der sogenannten Realwirtschaft und die aus ihr folgende Blasenbildung mehr oder weniger direkt auf Neoliberalisierungsprozesse, wie sie hier geschildert wurden, zurückführen lassen. Die kausalen Beziehungen sind hier natürlich, vorsichtig gesagt, komplex; doch einige Punkte sollen zumindest zur Diskussion gestellt werden.[211]

Wie erwähnt ist die Spreizung von Einkommen und Vermögen bei aller sonstigen Variationsbreite ein weitgehend einheitlicher Effekt neoliberaler Wirtschaftspolitik. Die eine Seite dieser Spreizung sind stagnierende Reallöhne und Überschuldung im unteren Einkommensbereich; dem stehen auf der anderen Seite rapide steigende Kapitalvermögen gegenüber. Beide haben in gewisser Weise zum Aufstieg des Finanzsektors beigetragen. Der erhöhten Nachfrage nach Hypothekenkrediten – das Eigenheim ist beispielsweise in den USA nicht nur ein gemeinsamer symbolischer Bezugspunkt einer ansonsten sozioökonomisch eher amorphen *Middle Class*, sondern auch integraler Teil der privaten Altersvorsorge gerade bei den einkommensschwächeren Schichten – stand durch die Vermögenszuwächse auch immer mehr Kapital gegenüber, das nach lukrativen Anlageformen suchte. Es dauerte deshalb nicht lange, bis die Investmentbanken an der Wall Street die immensen Renditechancen erkannten, die mit Verbriefung, Kauf und Weiterverkauf von Immobilienkrediten wie auch den mittlerweile berühmt-berüchtigten Kreditausfallversicherungen (*Credit Default Swaps*) realisiert werden konnten, deren enormes Gesamtvolumen schließlich die Rettung des Versicherungsgiganten AIG erforderlich machte. Dass Kapital zusehends in den Aktien-, Wertpapier- und Derivatehandel floss, hatte aber auch mit einem weiteren Effekt neoliberaler Politik insbesondere im anglo-amerikanischen Raum zu tun. Die erwähnte ›Schock-Therapie‹ der frühen 1980er Jahre dies- und jenseits des Atlantiks hatte zu einer beträchtlichen Schwächung der amerikanischen wie auch der britischen Industrie geführt. Diese Wirtschaftssektoren verloren als Anlagemöglichkeit für Kapital somit an Attraktivität, was der sich vollziehenden Restrukturierung des Akkumulationsregimes hin zu einem finanzwirtschaftlich getriebenen Kapitalismus weiter Vorschub leistete. Gleichzeitig wuchs das anzulegende Kapital wiederum in vielen Ländern auch aufgrund neoliberaler Reformen des Sozialstaats und insbesondere der Altersvorsorge, da die staatliche Rentenversicherung durch private bzw. betriebliche Elemente zumindest stärker flankiert wurde. Dies bedeutete, dass Pensionsfonds oder Lebensversicherungen Anlagemöglichkeiten für riesige Kapitalmengen suchten – und leider auf den Finanzmärkten nicht immer die AAA-Papiere erhielten, in die sie zu investieren gehalten waren und für die sich die Ratingagenturen wie etwa im Fall der *Mortgage Backed Securities* verbürgten. Dass diese Ratingagenturen ihre Vergütung von den Emittenten der Papiere erhalten, die sie zu bewerten haben, führt dabei im Übrigen zu einem bis heute nicht behobenen Interessenkonflikt. Und natürlich floss ein beständig wachsender Teil des zusätzlich verfügbaren Kapitals im Zuge der Globalisierung nicht mehr nur in die etablierten Volkswirtschaften, sondern auch in die sogenannten *Emerging Markets*, wobei amerikanische und britische Investmentbanken die Speerspitze der Bewegung bildeten und so die Dominanz der Finanzwirtschaft weiter festigten.

Doch abgesehen von diesen eher indirekten Folgen neoliberaler Politikmuster sind hier vor allem die Strukturreformen des Finanzsektors zu nennen, die dessen ungeheure Dynamik entfesselten und die Dose der Pandora öffneten. Dazu zählen die bereits weiter oben erwähnten Reformen vom Londoner ›Big Bang‹ 1986 ebenso wie der amerikanische *Financial Services Act* von 1999, der die Trennung von Geschäfts- und Investmentbanken aufhob.[212] Zuletzt gehört hierzu auch die deutsche Unternehmenssteuerreform von 1999, die mit dem Versuch der Entflechtung der Deutschland AG und dem Leitbild des Shareholder Value auch insgesamt zu einer Stärkung des Finanzsektors beitrug. Bei der Etablierung und sukzessiven Deregulierung des Finanzsektors bzw. dem Vertrauen auf die sanften Steuerungsinstrumente der neuen Governance, die auf Selbstverpflichtung der Akteure und Aushandlungsprozesse von Normen im Rahmen von Politiknetzwerken setzten, handelt es sich somit um die explizit politisch zu verantwortenden Entwicklungen, die letztlich in der Banken- und Finanzkrise kulminierten.

Zwar wäre die Behauptung, der Neoliberalismus sei letztlich gleichbedeutend mit einem finanzmarktgetriebenen Kapitalismus, allzu verkürzt, doch umgekehrt ist ebenfalls klar, dass zwischen beiden ein mehr als zufälliger Zusammenhang besteht: Der Aufstieg des Finanzmarktkapitalismus vollzog sich im Zuge bzw. als Folge neoliberaler Reformen, und mittlerweile muss dieser als ein zentraler Bestandteil des zeitgenössischen Neoliberalismus gelten.

5.2 Neoliberalismus, Eurokrise und Rechtspopulismus

In den ersten Jahren der Finanzkrise zwischen 2008 und 2010 wurde von Kritikern des Neoliberalismus öfter auf die Metapher des ›Zombies‹ zurückgegriffen, um den Zustand des Neoliberalismus zu veranschaulichen. Es handele sich um ein Paradigma, das intellektuell abgewirtschaftet habe und durch die Krisen sowie ihre Folgen politisch nachhaltig diskreditiert sei.[213] Doch obwohl er eigentlich nicht mehr am Leben sei, friste der Neoliberalismus weiterhin sein Dasein – als eine Art Untoter, der keineswegs von selbst verschwinden werde: Er sei »dead but dominant«.[214] Der tatsächliche Todesstoß – die Silberkugel, um im Bild zu bleiben – müsse dem Neoliberalismus durch eine alternative politisch-theoretische Vision erst noch versetzt werden.

Komplementär zu dieser Diagnose entwickelte sich eine Diskussion über einen ›Post-Neoliberalismus‹, der genau diese Funktion erfüllen sollte. Konkret bezog sich der etwas sperrige Begriff vor allem auf die Abkehr von neoliberalen Politikformen im südamerikanischen Kontext, für die nicht nur Hugo Chavez bzw. sein Nachfolger Nicolás Maduro in Venezuela sowie Evo Morales in Bolivien, sondern auch viele gemäßigtere Regierungen stehen. Doch mit dem Beginn der Staatsschulden- bzw. Eurokrise wurde bald klar, dass sich Europa zu einem zentralen Schauplatz der Konflikte um den Neoliberalismus entwickeln würde und dass zumindest in diesem Kontext keine Rede von einem Zombie- oder Post-Neoliberalismus sein konnte – sondern vielmehr von einer weiteren Phase in der Geschichte gesellschaftlicher Neoliberalisierungsprozesse unter neuen, veränderten Vorzeichen gesprochen werden muss. Dieses abschließende Kapitel widmet sich deshalb der Eurokrise, deren Ausgang auch für die Zukunft des Neoliberalismus von immenser Bedeutung sein wird.

Zunächst empfiehlt sich jedoch ein kurzer Rückblick auf die Chronologie der Ereignisse, wobei politisch gesehen das Narrativ, das diese Ereignisse zu spezifischen Krisenerzählungen verknüpft, ebenso wichtig ist wie jene selbst. Die Staatsschuldenkrise erfasste Europa im Jahr 2010, als Griechenland als erster einer Reihe von EU-Mitgliedsstaaten Finanzhilfen bei EU und IWF beantragte, um einem möglichen Staatsbankrott vorzubeugen. Über die nächsten drei Jahre benötigte nicht nur Griechenland weitere Finanzhilfen, sondern auch Irland (2010) und Portugal (2011) sowie Spanien (2012) und Zypern (2013) erhielten Kreditbürgschaften aus dem EFSF (European Financial Stability Facility) bzw. dem 2012 geschaffenen ESM (European Stability Mechanism). Doch nicht nur Staaten retteten Banken, um dann wiederum von der EU und dem IWF gerettet werden zu müssen. Zur Chronologie des Krisenverlaufs und -managements gehört insbesondere auch der Hinweis auf drei mittlerweile legendäre Worte, die der Chef der Europäischen Zentralbank (EZB) Mario Draghi 2012 bei einer Pressekonferenz äußerte. Auf die Frage, was die EZB zu tun bereit wäre, um die Existenz des Euro zu sichern, antwortete er: »Whatever it takes«. Die Tragweite dieses Halbsatzes ist kaum zu überschätzen. Denn trotz der bereits unternommenen Anstrengungen, die von der Insolvenz bedrohten Staaten finanziell zu unterstützen (was nicht nur mit Rücksicht auf die Interessen von Banken und privaten Gläubigern geschah, sondern auch wegen der möglichen ›Ansteckungsgefahr‹ für andere Euro-Länder wie Italien und Frankreich, die von einem ungeordneten Staatsbankrott auch kleinerer Volkswirtschaften ausgehen könnte), war es erst diese Ankündigung, welche die Risikoaufschläge auf Staatsanleihen in der Eurozone langsam sinken ließ und Spekulationen über Staatsbankrotte sowie die befürchteten Dominoeffekte zumindest bis in die jüngste Vergangenheit beendete. Auch in den folgenden Jahren bestätigte die EZB diese Bereitschaft mit einer unorthodoxen Geldpolitik, die sich mitunter am Rande des Bruchs europäischer Verträge bewegte.

Zur Geschichte der Eurokrise gehört darüber hinaus natürlich die Vielzahl an Reformen, die auf europäischer Ebene eine verbesserte Koordination und Überwachung nationaler Haushaltspolitiken bewirken sollen und von ›Six-Pack‹ und ›Fiskalpakt‹ (Treaty on Stability, Coordination and Governance) bis zu ›Two-Pack‹ und ›Euro-Plus-Pakt‹ reichen. Auf Ziele und Funktionsmechanismen dieser Governance-Reformpakate wird weiter unten noch einmal zurückzukommen sein. Wenn von Reformen die Rede ist, dann muss aber auch von denjenigen Maßnahmen gesprochen werden, die auf einzelstaatlicher Ebene in den meisten der Krisenländer insbesondere in den Bereichen von Sozial-, Wirtschafts- und Arbeitsmarktpolitik verabschiedet wurden und die in vielen Fällen zu nachhaltigen Veränderungen in den dortigen Lebensverhältnissen geführt haben.

Dies führt uns zu einer ersten Bestandsaufnahme des Status quo nach vier Jahren teils latenter, teils manifester Krise sowie der ebenso lange währenden rastlosen Suche nach politisch-ökonomischen Lösungsansätzen. Portugal, Spanien und Irland sind mittlerweile nicht mehr auf Hilfen aus dem ESM angewiesen, noch ist unklar, ob Zypern eine Verlängerung des 2016 auslaufenden Programms beantragen muss. Anders liegen die Dinge im Falle Griechenlands. Hier haben sich die Bedingungen trotz oder gerade wegen der verordneten Rosskuren teils dramatisch verschlechtert. Mit Blick auf bestimmte Bereiche der Sozialpolitik, etwa was die medizinische Versorgung der Bevölkerung angeht, ist mittlerweile auch bei besonnenen Beobachtern von humanitären Notständen die Rede, wie man sie bis dato in einem langjährigen EU-Mitgliedsland für unmöglich gehalten hätte.

Vor dem Hintergrund dieser verschärften Lage ging Anfang 2015 die erst einige Jahre zuvor gegründete Partei Syriza als klarer Sieger aus den griechischen Parlamentswahlen hervor. Dies zog europaweite Aufmerksamkeit auf sich, da die Partei schon im Wahlkampf der von den europäischen ›Geberländern‹ mit früheren griechischen Regierungen vereinbarten Austeritätspolitik, deren Umsetzung von der ›Troika‹ aus Europäischer Kommission, IWF und EZB überwacht wurde, eine Absage erteilt hatte, weil mit ihr ein ganzes Land über Generationen hinweg in Schuldknechtschaft gehalten werde. Nach hektischen und teils chaotischen Verhandlungswochen und -monaten, in denen Modifikationen der Hilfsbedingungen und auch ein möglicher weiterer Schuldenschnitt (schon 2011 und 2012 waren die Schulden Griechenlands reduziert worden) zur Diskussion standen, kündigte die von Syriza geführte Regierung um Premierminister Alexis Tsipras überraschend ein Referendum an, in dem die Bevölkerung über die Brüsseler Konditionen für weitere Finanzhilfen entscheiden sollte. Doch trotz einer klaren Mehrheit gegen diese Bedingungen sah sich die griechische Regierung zur erneuten Aufnahme von Verhandlungen über ein drittes Hilfspaket gezwungen, in deren Verlauf von deutscher Seite erstmals ein ›Grexit‹ auf Zeit ins Spiel gebracht wurde. Obwohl zuletzt eine Einigung erzielt wurde – die Griechenland ein weiteres Mal harte Bedingungen auferlegte –, waren sich Beobachter einig, dass mit diesem Krisengipfel im Juli 2015 die Spannungen innerhalb der EU, sei es zwischen ›Geber-‹ und ›Nehmer‹-Ländern, zwischen Hart- und Weichwährungsstaaten, aber vor allem zwischen Deutschland und Griechenland und nicht zuletzt im Verhältnis von Frankreich und Deutschland eine neue, besorgniserregende Qualität erreicht hatten.

Im Folgenden sollen drei miteinander verknüpfte Themenkomplexe erörtert werden, um in ihrer Zusammenschau zu einem abschließenden Befund über Lage und Auswirkungen des gegenwärtigen Neoliberalismus im europäischen Kontext zu gelangen: Zunächst sind alternative Erklärungen für die Staatsschuldenkrise zu diskutieren. Daran schließt sich die Erörterung der Frage an, inwiefern die kriseninduzierte Transformation Europas, die sich quasi vor unseren Augen vollzieht, als Prozess einer weiteren Neoliberalisierung bezeichnet werden kann. Zuletzt soll eine kurze demokratietheoretische Einordnung und Problematisierung dieser Entwicklungen vorgenommen werden.

Die einfachste und zumal im deutschen öffentlichen Diskurs durchaus wirkmächtige Erklärung für die Staatsschuldenkrise ist die insgesamt unzutreffendste. Gemäß dieser Erzählung liegt die Ursache der Probleme einzig und allein bei den Regierungen der überschuldeten Staaten. Deren Handeln lasse sich als eine Mischung von Rationalität und haushaltspolitischer Unmoral charakterisieren. Zwar ist das Anhäufen von Defiziten und Schulden durchaus rational im Sinne der pessimistischen neoliberalen Annahmen bezüglich der Handlungsorientierungen des Homo oeconomicus im Kontext demokratischer Politik, wie wir sie vor allem anhand der Theorien James Buchanans kennengelernt haben (vgl. Kapitel 2.4). Doch die Unfähigkeit, diesen ›perversen‹ Anreizen zur schuldenfinanzierten Verschwendung öffentlicher Mittel zu widerstehen, bedeute darüber hinaus auch eine moralische Verfehlung – wobei gerne auf die wohl kaum zufällige semantische Nähe von Schuld und Schulden verwiesen wird. Das Verhalten der ausgabefreudigen Regierungen ist allerdings nicht nur unmoralisch und findet nach diesem Narrativ seine gerechte Strafe in ausbleibendem Wirtschaftswachstum, es ist auch unsolidarisch gegenüber den europäischen Nachbarn, denn nach dem berühmten Ausspruch Angela Merkels gilt: »Scheitert der Euro, dann scheitert Europa.« Und dies wäre dann letztlich den Schuldenstaaten anzulasten. »[W]e have turned the politics of debt into a morality play, one that has shifted the blame from the banks to the state«[215], schreibt der Politökonom Mark Blyth. Dass diese moralisch aufgeladene Erklärung insbesondere, wenn auch keineswegs ausschließlich, in der deutschen Öffentlichkeit Anklang findet, mag abgesehen von anderen handfesteren Motiven und Interessen auch etwas damit zu tun haben, dass in Deutschland die Ökonomie noch »als Teil der Moralphilosophie« gilt, wie der ehemalige italienische Premierminister Mario Monti einmal spöttisch anmerkte.

Dieser Erzählung über das Laster einer nur durch strikte Austerität zu sühnenden Verschwendungssucht, die sich problemlos in die Tradition neoliberaler Staatskritik einfügt, lassen sich diverse Argumente entgegenhalten. Zunächst muss betont werden, dass es für die Mär von Regierungen im Ausgaberausch in den meisten Fällen schlicht keine belastbaren empirischen Belege gibt. Irland und Spanien galten im Hinblick auf ihre Haushaltspolitik bis vor der Finanzkrise als europäische Musterknaben und ökonomische Zugpferde. Sie gerieten erst durch eine Kombination von Bankenkrise und platzenden Immobilienblasen in haushaltspolitische Schieflage. Und wenn dies sicherlich nicht von Zypern oder Portugal behauptet werden kann, so liegen doch auch hier die Hauptursachen für die Krise nicht so sehr in einer fahrlässigen staatlichen Ausgabenpolitik, sondern in mangelnder Produktivität in Verbindung mit demografischem Wandel (Portugal) bzw. einem exponierten und deregulierten Bankensektor, dessen Risiken letztlich den Staatshaushalt belasteten (Zypern). Der Vorwurf trifft allenfalls auf Griechenland zu, dessen Staat schon seit langem in einer an Alexander Rüstows Formulierung erinnernden Art und Weise zur Beute seiner polit-ökonomischen Eliten geworden ist, durch deren Klientelpolitik und Nepotismus das politische System mitunter kleptokratische Züge angenommen hat. Doch insgesamt ist festzuhalten, dass die Haushalte all jener und der meisten anderen europäischen Staaten durch die vielfältigen Auswirkungen einer Krise belastet wurden, die von überschuldeten Banken verursacht wurde. Erst als die Risiken in den Bilanzen der Banken durch Bürgschaften und Garantien quasi in die staatlichen Budgets verschoben wurden, breitete sich auf den Kapitalmärkten Besorgnis über die Tragfähigkeit von Staatsverschuldungsquoten aus, die bis dahin als unproblematisch oder doch zumindest akzeptabel galten. Darüber hinaus ist bei der Suche nach Erklärungen für die Staatsschuldenkrise die ausschließliche Fixierung auf die Ausgabenseite irreführend. Ein Blick auf die Staatseinnahmen zeigt nämlich, dass hier die mindestens ebenso wichtigen Ursachen defizitärer Haushalte liegen: »Nicht zu *hohe Ausgaben* sind [...] Ursache der Staatsverschuldung, sondern zu *niedrige Einnahmen* [...].«[216] Es sind demnach fehlende Steuereinnahmen als Folge einer Ära von teils massiven Steuersenkungen (vgl. Kapitel 3) – oder das Fehlen eines effektiven Fiskus wie im Falle Griechenlands –, die die Löcher in die öffentlichen Haushalte reißen. Um Staatsschulden ohne eine disproportionale Belastung derjenigen abzubauen, die auf staatliche Ausgaben in Form von Transferzahlungen und öffentlichen Infrastrukturangeboten angewiesen sind, müssten neben Ausgabenkürzungen also auch Möglichkeiten zur Erhöhung der Staatseinnahmen in Erwägung gezogen werden. Doch eine im ursprünglichen Wortsinn radikale Analyse der Staatsschuldenkrise, die die Wurzeln des Problems freilegt, muss noch tiefer ansetzen, und zwar an den Strukturen der europäischen Wirtschafts- und Währungsunion (WWU).

Obwohl die Einführung des Euro seinerzeit gerade auch mit wirtschaftlichen Argumenten begründet wurde, waren es schon damals vor allem Ökonomen, die Zweifel an der Konstruktion einer Währungsunion ohne gemeinsame Wirtschaftspolitik anmeldeten. Zwar könne es möglicherweise gute politische Gründe geben, die D-Mark als faktische europäische Leitwährung durch eine gemeinsame Währung zu ersetzen, doch die Risiken eines Arrangements, in dem die EZB die Geldpolitik für anfangs zwölf und heute 19 Volkswirtschaften bestimmt, die sich nach Grundstrukturen, Wettbewerbsfähigkeit und jeweiligem Konjunkturzyklus unterscheiden, seien keinesfalls zu unterschätzen. Es stehe zu befürchten, dass aus einer ›*one size fits all*‹- schnell eine ›*one size fits none*‹-Geldpolitik zum Nachteil aller Beteiligten werde. Ein Blick zurück auf Deutschland und die heutigen Krisenländer nach Einführung des Euro im Jahr 2002 illustriert dies.

Deutschland galt zu jener Zeit als ›kranker Mann Europas‹ mit niedrigem Wirtschaftswachstum und hoher Arbeitslosigkeit, der eine Niedrigzins-Politik benötigt hätte, um Investitionen und Konsum anzukurbeln. Da diese Option nicht mehr bestand, blieb als einzige Alternative zur Wiederherstellung von Wettbewerbsfähigkeit und Wirtschaftswachstum die Agenda 2010 (vgl. Kapitel 3). Umgekehrt führte die Euro-Einführung in Ländern wie Spanien, Portugal, Irland und Griechenland zu einer plötzlichen Geld- bzw. Kapitalschwemme. Um deren negative Auswirkungen (Blasenbildung, sinkende Produktivität/Wettbewerbsfähigkeit, Zahlungsbilanzdefizite) entschieden entgegenzusteuern, hätte es einer konsequenten Hochzinspolitik bedurft, die aber von der EZB, die sich am europäischen Durchschnitt und nicht an spezifischen Ländererfordernissen orientiert, nicht verfolgt wurde. Die langfristige Folge einer uniformen Geldpolitik, die für alle angesprochenen Länder kontraproduktiv wirkte, war so eine weitere Auseinanderentwicklung der relativen Wettbewerbsfähigkeit zwischen den europäischen Staaten und ein zunehmendes Ungleichgewicht in den Leistungsbilanzen.

Der Konstruktionsfehler des Euro ist aber nicht nur ein wichtiger Faktor in der Entstehung der aktuellen Krise, sondern auch im Hinblick auf die Optionen zu ihrer Bewältigung. Prinzipiell gäbe es drei Möglichkeiten zur Stärkung der wirtschaftlichen Leistungsfähigkeit von Ländern wie Portugal oder Griechenland: Die simpelste und möglicherweise auch effektivste wäre die Abwertung der Landeswährung, die Importanreize vermindern und gleichzeitig Exporte konkurrenzfähiger machen würde. Doch genau diese Möglichkeit ist den Euro-Mitgliedsländern verwehrt. Die zweite Option wäre eine europäische Wirtschafts- und Strukturpolitik, mit deren unterschiedlichen koordinativen und auch redistributiven Instrumenten die wirtschaftlichen Ungleichgewichte im Euroraum besser austariert werden könnten, so wie dies in bundesstaatlichen Strukturen üblicherweise der Fall ist. Doch diese Möglichkeit ist bis dato allenfalls rudimentär vorhanden, hatte doch die WWU entgegen den Annahmen der neofunktionalistischen Integrationstheorie gerade *nicht* den ›Spillover-Effekt‹ einer (wirtschafts-)politischen Union. Dass es die dritte und gleichzeitig in vielerlei Hinsicht schlechteste Option ist, die als Krisenbewältigungsmodus fungiert, hängt also auch damit zusammen, dass die anderen beiden Optionen im Moment faktisch nicht existieren. Die betreffenden Länder können in dieser Situation ihre wirtschaftliche Leistungsfähigkeit nur durch eine ›innere Abwertung‹ zurückgewinnen, d.h., die Anpassung vollzieht sich über Einschnitte bei Löhnen, Gehältern und Sozialleistungen. Es ist die Option, die gemeinhin mit dem Begriff der neoliberalen Austeritätspolitik zusammengefasst und die in den Krisenländern als teils unzumutbar empfunden wird.

Aufgrund dieser strukturellen Gründe der Staatsschuldenkrise, die in der Architektur der Währungsunion liegen, ist die Debatte über ihre Bewältigung auch zu einer Diskussion über die Zukunft der EU und des Euros geworden. Vereinfacht gesagt, stehen sich hier zwei Positionen gegenüber, die im deutschen Diskurs exemplarisch von Jürgen Habermas auf der einen und Wolfgang Streeck sowie Fritz W. Scharpf auf der anderen Seite vertreten werden.[217] Habermas setzt seit langer Zeit auf die vollständige Konstitutionalisierung Europas – d.h. auf eine politische Union auf der Grundlage einer europäischen Verfassung –, die mit einer Demokratisierung der supranationalen Ebene auf der Grundlage einer Stärkung des EU-Parlaments und der Herausbildung eines europäisierten Parteiensystems einhergehen müsste. Nur eine solchermaßen transformierte EU könnte auf *legitime* Art und Weise eine gemeinsame Wirtschaftspolitik verfolgen, die als zweite Option skizziert wurde. Von jeher sieht Habermas eine ›starke‹ EU in diesem Sinne als einzige Möglichkeit, die Errungenschaften europäischer Sozialstaatlichkeit gegen die neoliberale Logik des globalen Standortwettbewerbs zu verteidigen. Umso schärfer fiel seine Kritik an der Krisenpolitik der letzten Jahre aus, die weitgehend das Gegenteil bewirkte.[218] Doch selbst wenn es eine realistische Chance gäbe, die Vertiefung der EU in absehbarer Zeit in Richtung einer politischen Union voranzutreiben, woran selbst Habermas zweifelt, bliebe die Frage, ob die ›Vollendung‹ der Währungsunion durch eine europäische Wirtschaftspolitik tatsächlich wünschenswert wäre. Das führt uns zur Gegenposition von Streeck und Scharpf. Beide argumentieren nämlich, dass sich aufgrund der Heterogenität der Volkswirtschaften in der Eurozone für eine europäische Wirtschaftspolitik ein ähnliches Problem wie schon in der Geldpolitik ergeben könnte. Ihre Befürchtung bezieht sich aber nicht nur auf die fehlende Passgenauigkeit der politischen Maßnahmen für den jeweiligen Kontext, sondern insbesondere auch auf den Uniformisierungsdruck, der von einer europäischen Wirtschaftspolitik ausgehen müsse. Staaten mit ihren jeweiligen Besonderheiten in der demokratischen Ausgestaltung kapitalistischer Produktionsverhältnisse würde das Modell einer einzigen ›Variety of Capitalism‹ aufgezwungen, das sich aber gerade nicht in jeden beliebigen Kontext exportieren lasse. Pointiert ausgedrückt: Selbst wenn es wollte, könnte Griechenland nicht zum exportorientierten Industriestandort nach deutschem Vorbild werden. Streeck, der der europäischen Krisenpolitik ein ebenso vernichtendes Urteil ausgestellt hat wie Habermas, favorisiert daher die erste Option. Anstelle des fehlgeleiteten Projekts einer europäischen Wirtschaftspolitik, das im Übrigen zu massiven Konflikten über Investititionsprogramme oder Ausgleichszahlungen etwa zwischen Nord- und Südländern führen würde, sollte das »frivole Experiment«[219] der Währungsunion als gescheitert aufgegeben werden, bevor es noch größere Zwietracht in Europa säen könne. Werde Ländern wie Griechenland der Ausstieg aus der Währungsunion ermöglicht oder diese gar ganz aufgegeben, dann bestünde wieder die Möglichkeit der nationalen Währungsabwertung zur Wiederherstellung der Wettbewerbsfähigkeit und die jeweiligen Volkswirtschaften könnten ihr spezifisches Modell des demokratischen Kapitalismus aufrechterhalten.[220]

Wer in dieser Debatte recht behält, kann und muss hier nicht entschieden werden. Doch der Verweis auf die Defizite der Währungsunion führt uns zum zweiten Themenkomplex, der hier zu erörtern ist: Inwiefern fungiert die EU bzw. die Eurozone als ›Liberalisierungsmaschine‹ (Streeck), und verstärkt sich dieser Effekt noch weiter durch die Rettungspolitik und Reformen der letzten Jahre?

Eine der ersten Analysen der Logik eines gemeinsamen Marktes inklusive Währungsunion findet man ausgerechnet bei Friedrich August von Hayek. Noch während des Zweiten Weltkriegs beschrieb dieser in einem eher unbekannten Text über *Die Wirtschaftlichen Voraussetzungen Föderativer Zusammenschlüsse* die Effekte eines Gebildes, das auf frappierende Art und Weise der existierenden Europäischen WWU ähnelt. Die Möglichkeiten der Einzelstaaten, ihre Einkünfte über direkte und indirekte Steuern zu erhöhen, würden durch die hohe Mobilität von Kapital und Arbeit in einem solchen gemeinsamen Markt empfindlich eingeschränkt. Der potenzielle Steuersenkungs- und Deregulierungswettbewerb, der sich aus einer solchen Konstellation ergibt, wird in den Sozialwissenschaften spätestens mit dem Einsetzen der Globalisierung unter dem Begriff des ›Race to the bottom‹ kontrovers diskutiert – in einem gemeinsamen Markt machen sich die entsprechenden Effekte noch nachhaltiger bemerkbar. Interessanter noch ist aber Hayeks Lesart dessen, was im europäischen Kontext als ›Mehrebenenpolitik‹ bezeichnet wird: die Interaktion und -dependenz von nationaler und supranationaler Ebene. Werde ein gemeinsamer Markt mit gemeinsamer Währung geschaffen, dann gingen den Nationalstaaten bestimmte wirtschafts- und währungspolitische Instrumente ganz (z.B. Währungsabwertung) oder teilweise (fiskalische Steuerung) verloren. Nun kann man im Sinne von Habermas hoffen, dass diese Kompetenzen auf der supranationalen Ebene wiederhergestellt werden. Doch schon Hayek vermerkt, dass die Einzelstaaten nicht bereit sein werden, sich in Politikfeldern minorisieren zu lassen, in denen es unter anderem um die (Um-)Verteilung wirtschaftlicher Ressourcen geht. Denn für diese Bereitschaft sei eine Solidarität erforderlich, die sich allein aus den Quellen nationaler Identität speisen lasse. Eine ›Solidarität unter Fremden‹ (Habermas) sei schlicht nicht zu erwarten – und vor dem Hintergrund der institutionellen Entwicklung der EU, die ja tatsächlich über keine gemeinsame Wirtschafts- und Sozialpolitik verfügt, aber auch angesichts der sich verschärfenden Konflikte um Hilfspakete für Krisenländer muss man anerkennen, dass sich dies als realistische Einschätzung erwiesen hat.

Hayeks Analyse legt so eine Interpretation der WWU nahe, die sich nicht mit den herkömmlichen Sichtweisen deckt. Oft genug ist von der ›Vollendung‹ der EU die Rede, als ob es einen klaren Zielpunkt europäischer Integration, nämlich die politische Union gäbe. Die WWU erscheint in diesem Narrativ als eine Art List der europäischen Vernunft, da sie eine Europäisierung der Wirtschaftspolitik und letztlich eine politische Union erforderlich mache. Hayeks Analyse suggeriert dagegen, dass es sich bei der WWU eher um eine List der neoliberalen Vernunft handelt: Nicht nur werden die Einzelstaaten in einen Standortwettbewerb um mobile Faktoren – allen voran Kapital – gezwungen, ihnen gehen auch wirtschaftspolitische Steuerungs- und Eingriffsmöglichkeiten verloren, die aber zugleich, zumindest in absehbarer Zeit, nicht auf der supranationalen Ebene durch europäische Befugnisse kompensiert werden. Hayek folgert zutreffend: »Jedenfalls wird die Lenkung des Wirtschaftslebens in einem Bundesstaat (bzw. einer Föderation, T.B.) einen viel engeren Spielraum haben als in einem Nationalstaat. Und da, wie wir gesehen haben, die Macht der den Bundesstaat bildenden Staaten noch begrenzter sein wird, werden viele Eingriffe in das Wirtschaftsleben, an die wir gewöhnt sind, in einer föderativen Organisation völlig undurchführbar sein.«[221]

Kommt die Logik der WWU so ohnehin vielen neoliberalen Forderungen bezüglich der Beschränkung von staatlichen Eingriffsmöglichkeiten entgegen, so stellt sich des Weiteren die Frage, wie die Auswirkungen der aktuellen Reformen in Reaktion auf die Staatsschuldenkrise einzuordnen sind. Hier soll die These vertreten werden, dass Europa in diesem Moment eine Tendenz zur Ordoliberalisierung erlebt. Dies lässt sich an Inhalt und Ziel der Reformen, aber auch an den Akteuren und Modalitäten ihrer Umsetzung verdeutlichen. Blicken wir zunächst auf die inhaltliche Ebene der Reformanstrengungen. Das insbesondere auch von Deutschland immer wieder bekräftigte Leitbild, das ja auch schon dem Arrangement der WWU zugrunde liegt, ist die internationale Wettbewerbsfähigkeit. Dieses nicht ausschließlich, aber insbesondere vom Ordoliberalismus geprägte Leitbild des Wettbewerbs wirtschaftlicher Akteure sowie Jurisdiktionen ist also intakt und wird in verschärfter Weise eingeklagt. Die Antwort auf die Frage, wie die Wettbewerbsfähigkeit jeweils verbessert werden soll, umfasst dabei zwei Punkte. Zum einen ist es die Haushaltsdisziplin, die sich im Rahmen des Fiskalpakts alle EU-Mitglieder außer Tschechien und Großbritannien in Form einer konstitutionellen Schuldenbremse nach deutschem Vorbild auferlegt haben. Zwar ist der Zusammenhang zwischen Wettbewerbsfähigkeit bzw. Wirtschaftswachstum und Austeritätspolitik allenfalls ein indirekter, doch die Befürworter der Schuldenbremsen verweisen auf die Notwendigkeit, das ›Vertrauen der Finanzmärkte‹ wiederherzustellen, ohne das eine nachhaltige Verbesserung der Wettbewerbsfähigkeit kaum zu erreichen sei. Dass diese Forderungen weiterhin gerade von deutschen Regierungsvertretern unbeirrt vorgetragen werden, obwohl augenscheinlich die Austeritätspolitik aus diversen Gründen zumindest kurzfristig massive Löcher in die öffentlichen Haushalte reißt, gehört zu den Ungereimtheiten des europäischen Krisendiskurses, die in Europa, aber auch in den USA oftmals ungläubiges Kopfschütteln hervorrufen. Der zweite Punkt sind ›Strukturreformen‹, die durchgeführt werden sollen und deren Auflistung sich wie eine Wiederauflage des *Washington Consensus* liest: Privatisierung von Staatseigentum, die Deregulierung des Arbeitsmarktes und tiefe Einschnitte in die sozialen Netze, etwa bei der Rente, werden zur Stärkung der Wettbewerbsfähigkeit denjenigen Staaten auferlegt, die sich unter die Schutzschirme EFSF bzw. ESM flüchten mussten und damit unter die Aufsicht der Troika gerieten. In gewisser Weise erinnert das Wirken der Troika an die Rolle, die der IWF in der Vergangenheit bei der Umsetzung des *Washington Consensus* außerhalb Europas spielte (vgl. Kapitel 3): Auch hier mussten die von Finanz- bzw. Schuldenkrisen betroffenen Staaten im Gegenzug für finanzielle Hilfen schließlich ›Strukturanpassungsprogramme‹ durchführen. Mit anderen Worten: Die Staatsschuldenkrise wird zum indirekten Hebel, um die letzten verbliebenen ›ineffizienten‹ Arbeitsmarkt- und Sozialstaatsstrukturen aufzubrechen, die der Liberalisierungsmaschine WW nicht ohnehin schon zum Opfer gefallen sind – im Namen der Wettbewerbsfähigkeit zu jedem Preis.

Die prominente Rolle der Troika verweist auf die Frage, wer in der Euro-Rettungspolitik die maßgeblichen Akteure sind und inwieweit dies ordoliberalen Vorstellungen entspricht. Zwar werden gerade in der öffentlichen Berichterstattung die Konflikte zwischen Regierungen in den Vordergrund gerückt, und darüber hinaus macht immer wieder die Rede von einer ›Renationalisierung‹ europäischer Politik die Runde. Diese zweifellos vorhandenen Konflikte und Tendenzen sollten aber nicht darüber hinwegtäuschen, dass es vor allem demokratisch kaum legitimierte Institutionen und Organisationen sind, denen in der Euro-

Rettungs- und Reformpolitik eine entscheidende Rolle zukommt. Die Troika aus IWF, EZB und Europäischer Kommission liefert den deutlichsten Beleg für diese These: Die Umsetzung der Strukturreformen in den Krisenländern wird von Institutionen überwacht, die über allenfalls schwache (Kommission und EZB) oder gar keine (IWF) demokratische Legitimation verfügen. Nun ließe sich einwenden, dass es sich hier um eine Ausnahmesituation handelt und sich aus der Vorgehensweise von ESM und Troika keine Rückschlüsse auf eine generelle Umstellung des Politikmodus in der EU ziehen lassen. Doch ein Blick auf den Reformkatalog der letzten Jahre (die oben erwähnten diversen ›Pakte‹) zeigt, dass auch hier in fast allen Fällen die Europäische Kommission federführend ist und damit insgesamt einen bemerkenswerten Kompetenzzuwachs verzeichnen kann. Bei ihr laufen die Fäden der neu geschaffenen Überwachungs- und Koordinationsinstrumente zusammen, die endlich der Forderung nach nationalstaatlicher Haushaltsdisziplin und Wettbewerbsfähigkeit rechtlich kodifizierten Nachdruck verleihen sollen und sich nicht nur auf überschuldete Krisenstaaten, sondern auf alle Euro- bzw. EU-Mitgliedsländer beziehen. Man geht kaum zu weit, wenn man die neu geschaffenen Regelwerke als eine Art ordoliberaler Wettbewerbsordnung deutet, nur dass es sich in diesem Fall nicht um private Marktakteure, sondern um Staaten handelt, denen diese Ordnung auferlegt wird. Die Ordoliberalen waren davon ausgegangen, dass Schaffung und Durchsetzung einer Wettbewerbsordnung am ehesten durch politische Instanzen zu erwarten sind, die weitgehend gegen demokratische Einflussnahme abgeschottet sind – die Europäische Kommission erscheint als hervorragend geeignete Kandidatin, um diese Rolle zu übernehmen.

Wie insbesondere mit Bezug auf die Position Walter Euckens gezeigt wurde (vgl. Kapitel 2.3), zeichnet sich das ordoliberale

Politikverständnis aber nicht nur durch Demokratieskepsis und einen komplementären Hang zu autoritären Lösungen, sondern auch durch einen ausgeprägt technokratischen Zug aus. Auch dieser ist in den Restrukturierungen der Eurozone der letzten Jahre nicht zu übersehen, was uns zuletzt zu den Umsetzungsmodalitäten der Reformen bringt. Die grundsätzliche Funktionsweise der diversen Pakte lässt sich auf die einfache und durch und durch ordoliberale Formel ›Regel + Sanktion‹ bringen, der aber wohl auch die Vertreter der übrigen neoliberalen Strömungen zustimmen könnten. Dabei soll idealerweise ein Regelverstoß möglichst automatisch eine Sanktion auslösen, ohne dass interessierte Kreise den entsprechenden Mechanismus sabotieren können. Darüber hinaus enthalten die Reformen aber auch zumindest in bestimmten Aspekten die erwähnte technokratische Dimension, insofern die Anwendung der Regeln sich explizit auf die Expertise der wissenschaftlichen Ökonomie stützt. Diese Punkte sollen hier kurz am Beispiel der sogenannten *Macroeconomic Imbalance Procedure* erläutert werden, die Teil des Six-Packs ist. Mit der Einführung der neuen Instrumente kann die Kommission beständig die makroökonomischen und wirtschaftspolitischen Entwicklungen in den Euro-Ländern nachverfolgen. Stellt sie eine sogenannte *Excessive Imbalance* des makroökonomischen Gleichgewichts bzw. der relativen Wettbewerbsfähigkeit eines Landes fest, die anhand eines Scoreboards ökonomischer Indikatoren von den Lohnstückkosten bis zum privaten Verschuldungslevel modelliert wird, so werden dem Land Reformvorschläge unterbreitet, die im Prinzip von Rentenkürzungen bis zur Flexibilisierung des Arbeitsmarktes reichen können und damit den Rahmen *europäischer* Politikkompetenz eigentlich weit überschreiten.[222] Setzt das Land die geforderten Reformen nicht um, so können Strafen verhängt werden, die mittlerweile nur noch durch eine Mehrheit im europäischen Rat verhindert werden können – nach der sogenannten umgekehrten Mehrheitsregel – und ansonsten quasi automatisch greifen. Nicht nur handelt es sich hier um demokratisch kaum legitimierte Akteure, die auf mehr oder weniger autoritäre Art und Weise auf die Wirtschafts- und Sozialpolitik von demokratisch gewählten Regierungen Einfluss nehmen. Die Vorstellung, dass die Europäische Kommission auf der Basis von ökonomischen Indikatoren Politikrezepte für einige grundlegende Probleme der Wirtschaftspolitik (Wie lässt sich der private Schuldenstand senken, wie kann Produktivität gesteigert werden?) entwickeln könnte, verrät einen bemerkenswerten Glauben an die Erkenntnisleistungen von Ökonometrie, Statistik und Wirtschaftstheorie und atmet eben auch in dieser Hinsicht den technokratischen Geist Walter Euckens: Zutiefst wirtschafts*politische* Fragen und Entscheidungen, bei denen es nicht zuletzt um die relative Belastung bestimmter Bevölkerungsgruppen geht, werden als rein technische Fragen behandelt, die sich vermeintlich allein auf der Grundlage wissenschaftlicher Expertise klären lassen.

Angesichts der hier angesprochenen Aspekte der Euro-Krisenpolitik lässt sich also zugespitzt die These einer Ordoliberalisierung Europas vertreten – wobei die treibende Kraft nicht zuletzt der widerwillige Quasi-Hegemon Deutschland ist.

Was bedeutet all dies schließlich für die Zukunft der europäischen Demokratie im Zeichen eines ordoliberal gewandelten Neoliberalismus? Der geschilderte Bedeutungszuwachs demokratisch nicht oder allenfalls schwach legitimierter Instanzen bei der Formulierung und Umsetzung von wirtschaftspolitischen Reformprogrammen verheißt in dieser Hinsicht nichts Gutes. Die gewählten Regierungen der europäischen Nationalstaaten werden sich auch in Zukunft im schlimmsten Fall einer drohenden Staatspleite dem wirtschaftspolitischen Oktroy der Troika fügen müssen – selbst wenn sich die Bevölkerung dagegen entscheidet, wie der Fall Griechenland gezeigt hat. Aber auch die nicht überschuldeten Länder haben sich mit den geschaffenen Überwachungs- und Sanktionsmechanismen bis hin zur konstitutionellen Selbstbindung der Schuldenbremse politischer Handlungsspielräume beraubt und damit ihre wirtschaftspolitische Souveränität noch weiter eingeschränkt, als dies durch die WWU ohnehin schon der Fall war. Sicher trifft es zu, dass ein ausgeglichener Staatshaushalt für sich genommen auch einen Beitrag zu demokratischer Souveränität darstellt, denn ohne finanzielle Mittel können auch durch Wahlen legitimierte Regierungen ihre Ziele kaum verwirklichen, und im Extremfall der Überschuldung werden die betroffenen Länder und ihre Bevölkerungen mit oder ohne WWU zum Spielball der Kapitalmärkte und auf diese Weise ihrer Souveränität beraubt. Und doch erscheint im Fall des sich herausbildenden Regimes fiskalischer Disziplin in Europa das Heilmittel als beinahe ebenso tödlich wie die Krankheit: »Mit der Währungsunion hat sich Europa in eine Sackgasse manövriert, in der finanzökonomisch begründete Austeritäts- und Reformzwänge von einem technokratisch-autoritären Euro-Regime durchgesetzt werden müssen.«[223] Es bleibt die Hoffnung auf eine supranationale europäische Demokratie im Sinne von Habermas, der es gelingt, die gefährliche Wettbewerbsdynamik der WWU wieder mit den Mitteln demokratischer Politik einzuhegen, oder, alternativ, der Weg eines Rückbaus der WWU, wie ihn Scharpf und Streeck favorisieren. Fest steht jedoch, dass der Status quo der europäischen Demokratie, die nach Jahren der Krisen(-politik) durch eine stärkere Exekutivlastigkeit, sinkende Wahlbeteiligungen, die Verengung parteipolitischer Angebote, zunehmenden Rechtspopulismus und in den Krisenstaaten eine an die Jugendarbeitslosigkeit verlorene Generation gekennzeichnet ist, nicht länger tragbar ist.

Eine neue Wendung hat die Debatte über Umbau und Weiterentwicklung der Eurozone mit der Wahl Emmanuel Macrons zum französischen Präsidenten im Jahr 2017 genommen. Macron, der sich schon im Wahlkampf entschieden proeuropäisch positioniert hatte, schlug nach seinem Wahlsieg in einer vielbeachteten Rede an der Sorbonne in Paris eine weitere Vertiefung der Eurozone vor, zu deren Schlüsselelementen zum einen ein politisch verantwortlicher Euro-Finanzminister gehören sollte, der dem Europaparlament (oder einem neu zu schaffenden Euro-Parlament) gegenüber rechenschaftspflichtig wäre. Zum anderen würde dieses neue Amt nach Macrons Vorstellungen mit einem umfangreichen Budget ausgestattet, um öffentliche Investitionen in Krisenregionen zu finanzieren und so endlich der einheitlichen Eurozonenwährungs- und geldpolitik ein finanz- und fiskalpolitisches Komplement zur Seite stellen. In eine ähnliche Richtung weisen die französischen Pläne für die Weiterentwicklung des ESM, der die Funktion eines europäischen Währungsfonds übernehmen soll und unter anderem Länder in finanziellen Notlagen unterstützen soll, ohne dass diese Hilfen jedoch zwingend an ›Strukturreformen‹ als Gegenleistung gebunden wären, wie dies ja bislang der Fall ist.[224]

Erwartungsgemäß wurden diese Vorschläge von deutscher Seite mit höflicher Zurückhaltung zur Kenntnis genommen, insofern sie der dort überwiegend favorisierten ordoliberalen Ausrichtung des Euroraums zuwiderlaufen. Das Narrativ der bis 2017 im Amt befindlichen Regierung, welches vom damaligen Finanzminister Schäuble beständig wiederholt wurde, lautete schließlich, dass die Krise der Eurozone den einzelnen überschuldeten Mitgliedstaaten anzulasten sei, die nun durch die unvermeidliche Rosskur der Austeritätspolitik ihre Wettbewerbsfähigkeit zurückerlangen müssten – unter Überwachung durch EU-Kommission und/oder Troika. Vor diesem Hintergrund kann die Schaffung eines Eurokrisenbudgets und auch die entsprechende Neuausrichtung des ESM nur als kontraproduktiv erscheinen, da auf Seiten der Hilfsempfänger das Risiko des ›Moral Hazard‹ zunehme, sich auf die supranational vermittelte Solidarität der Geberländer zu verlassen und die angemahnten Strukturreformen aufzuschieben. Jenen Geberländern, an deren Spitze Deutschland steht, galten die vergangenen Jahre in dieser Hinsicht als beredtes Anschauungsmaterial, das ihre Position stützt, hätten sich doch die vermeintlich reformbedürftigen Länder von Griechendland bis Italien nach Kräften dagegen gewehrt, als Gegenleistung für die erhaltenen Hilfen und Garantien Strukturreformen ins Werk zu setzen – in manchen Fällen, wie etwa Italien, sogar recht erfolgreich. So überrascht es nicht, dass Schäuble seinerseits schon vor längerer Zeit zwar ebenfalls den Vorschlag eines Eurofinanzministers ins Spiel gebracht hatte, dessen Aufrag jedoch weniger der eines Investititonsministers als der eines Sparkommissars wäre, welcher sich vornehmlich um die konsequente Anwendung der neugeschaffenen Regeln und Instrumente zur fiskalischen Kontrolle der Euro-Mitgliedsländer zu kümmern hätte. Hintergrund dieser Pläne war die Unzufriedenheit mit der Art und Weise, wie die EU-Kommission von ihren neugeschaffenen Kompetenzen Gebrauch machte, die der deutschen, aber auch anderen Geberländer-Regierungen als zu lax erschien: Sowohl im Fall von Frankreichs Defizit als auch mit Blick auf die Schulden italienischer Banken hatte die Kommission, die sich ja selbst laut ihrem damaligen Präsidenten Juncker als eine ›politische‹ verstand, die Regeln alles andere als streng ausgelegt, so dass es denjenigen, die um eine europäische ›Stabilitätskultur‹ besorgt waren, notwendig erschien, Möglichkeiten einer stringenteren Regelanwendung auszuloten, die sich unempfindlich für wie auch immer geartete politische Beweggründe zeigen sollte. In seinem letzten informellen Arbeitspapier zur Weiterentwicklung der Eurozone vom Oktober 2017 zog der scheidende Finanzminister Schäuble die Konsequenzen aus diesen Bedenken dahingehend, dass die institutionelle Fiskalkontrolle nun nach seinem Willen nicht mehr bei einem der Kommission nahestehenden Eurofinanzminister angesiedelt werden sollte, sondern stattdessen bei einem vermeintlich noch stärker entpolitisierten ESM. Wie auch Macrons Pläne zielte Schäubles Vorschlag so zwar auf einen Umbau des ESM in einen europäischen Währungsfonds ab, doch was darunter verstanden wurde, unterschied sich in manchen Punkten fundamental von den französischen Vorstellungen. Schäuble sprach sich dafür aus, »die ESM-Befugnisse auszuweiten, und ihm eine größere Rolle bei der Beobachtung von länderspezifischen Risiken zuzuweisen«. Einem Eurozonenbudget, sofern es durch einen Finanzminister oder den ESM verwaltet werde, erteilte er eine klare Absage, da es »falsche Anreize« setze, fundamentale rechtliche Fragen aufwerfe und die »Stabilität der ganzen Eurozone« infrage stelle. Stattdessen machte sich Schäuble dafür stark, den zukünftigen Währungsfonds mit der Durchführung staatlicher Insolvenzverfahren zu betreuen, deren Einführung auch immer wieder von ordoliberalen Wortführern wie dem langjährigen Bundesbankpräsidenten Jens Weidmann gefordert wurde.[225] Aus ordoliberaler Perspektive ging und geht es also nach wie vor darum, die Marktordnung für den europäischen Standortwettbewerb zu perfektionieren. Dazu gehört eine gänzlich entpolitisierte Überwachungs- und Durchsetzungsinstanz für die Regeln der Währungsunion gemäß dem technokratischen Politikverständnis, das sich bis zu Walter Eucken zurückverfolgen lässt. Daneben ist es aber vor allem die auch von Eucken betonte Kopplung von Risiko und Haftung, die nicht nur für private Marktakteure, sondern auch für souveräne Nationalstaaten gelten bzw. wiederhergestellt werden müsse: Wenn funktionierender Wettbewerb als

Ultima Ratio auch die Möglichkeit der Insolvenz zwingend voraussetze, dann muss dieses vollumfängliche Haftungsprinzip auch für die Staaten der Eurozone gelten, für die die Möglichkeit einer geordneten Insolvenz geschaffen werden muss, um so dem No-Bailout-Prinzip der EU-Verträge wieder zu neuer Glaubwürdigkeit zu verhelfen.

Das Tauziehen zwischen der ordoliberal-deutschen Fraktion und der von der Kommission unterstützten französischen Position endete zunächst in einem Unentschieden, welches in einem für die europäische Finanzpolitik alles andere als untypischen Verharren in einem für alle Beteiligten unbefriedigenden Status quo resultierte. Auch wenn der neue deutsche Finanzminister Olaf Scholz sich etwas offener gegenüber den französischen Vorschlägen gab, blieb es bei der konzilianten Rhetorik und dem politischen Stillstand. Bewegung in den abermals festgefahrenen Reformprozess kam erst durch das, was im Jargon der Sozialwissenschaften gerne als ›externer Schock‹ bezeichnet wird: die Corona-Pandemie, die Anfang 2020 ihren Ausgang nahm.

Allerdings schien es zunächst so, als ob das Krisenmanagement in etwa dem Muster der Eurozonenkrise entsprechen würde. Bereits im Frühjahr 2020 zeichnete sich ab, dass die ökonomischen Folgekosten der Pandemie exorbitant sein würden, und zwar gerade für die Länder, die besonders hart von der ersten Welle betroffen waren, zu denen in Westeuropa vor allem die bereits krisengebeutelten Länder Italien und Spanien gehörten. Inmitten dieser ersten und gerade in Norditalien verheerenden Welle wandte sich der damalige italienische Regierungschef Conte mit einem öffentlichen Appell an die Bundesregierung und warb um Solidarität mit der italienischen Bevölkerung.[226] Die Implikation war klar: Italien würde die finanziellen Aufwendungen, die die Krise erforderlich machten, nicht allein stemmen können und erbat finanzpolitische Unterstützung der europäischen Partner. Die unmittelbare Reaktion auf Contes flammendes Plädoyer von Seiten der deutschen Politik war zurückhaltend, so dass es tatsächlich schien, als ob hier ein weiteres Mal auf das No-Bailout-Prinzip und die individuelle Verantwortung der Nationalstaaten gepocht werden sollte. Ja, es wurde stellenweise auch darauf hingewiesen, dass sich nun gewissermaßen bewahrheite, was die Verfechter der fiskalpolitischen Disziplin immer wieder gepredigt hatten: Hätte Italien eben nur besser gehaushaltet, dann könnte es nun so wie die Bundesrepublik aus dem Vollen schöpfen und mit »Wumms«, wie es Finanzminister Scholz formulierte, die negativen Auswirkungen der Krise abfedern: Schuldenbremse und Schwarze Null, so die gerade unter deutschen Politikern mit ordoliberalen Affinitäten vertretene Meinung, waren der Ermöglichungsgrund eines effektiven finanzpolitischen Krisenmanagements in Deutschland. Dies entbehrte nicht eines gewissen Zynismus, denn abgesehen davon, dass Italien bis zum Beginn der Corona-Krise über Jahre hinweg Primärüberschüsse erwirtschaftet hatte und auch das jährliche Defizit seit 2009 kontinuierlich auf bis zuletzt gerade einmal etwa 1,5 Prozent des BIP im Jahr 2019 gesunken war, forderte die erste Corona-Welle auch deshalb so viele Opfer, weil das italienische Gesundheitssystem nach mehrfachen Kürzungsrunden im Zeichen des europäischen Austeritätsregimes vielleicht nicht gerade kaputtgespart worden war, aber doch zumindest über keinerlei Puffer mehr verfügte, als diese dringender denn je zuvor vonnöten gewesen wären.

Nach dieser kurzen Phase, in der die politische Reaktion dem in der Eurozonenkrise durchgespielten Drehbuch zu folgen schien, bahnte sich jedoch schon bald eine Trendwende an. Nicht nur der italienische Premier Conte, auch die prominentesten Vertreter einer zeitgenössischen ordoliberalen Perspektive sprachen nun von erforderlicher Solidarität mit Ländern wie Italien. Schon früh signalisierte etwa Lars Feld, Chef des Walter-Eucken-Instituts und seinerzeit Vorsitzender des Rats der ›Wirtschaftsweisen‹, dass es hier nicht in erster Linie um die individuelle Verantwortung der betroffenen Ländern gehen könne, da die Probleme ja nicht auf deren »politische Fehlentscheidungen« zurückzuführen seien. Eine Vergemeinschaftung der europäischen Staatsschulden, wie schon bald unter dem Begriff ›Corona-Bonds‹ diskutiert wurde, lehnte er zwar weiterhin ab, wollte aber grundsätzlich der Möglichkeit von Finanztransfers in Richtung Südeuropa keine Absage erteilen.[227] Und auch Jens Weidmann sah sich zwar einerseits in seiner Einschätzung bestätigt, »wie wichtig solide Staatsfinanzen für die Handlungsfähigkeit des Staates sind«, machte aber auch deutlich: »Andere Länder sind jedoch möglicherweise mit höheren Finanzierungskosten konfrontiert. Wir sollten ihnen nicht den Rücken kehren.«[228] An diesen Stellungsnahmen war bereits ablesbar, dass sich die Gemengelage seit der Zeit, in der die europäischen Konfrontationen über die Austeritätspolitik mit dem Beinahe-Ausschluss Griechenlands aus dem Euroraum ihren Höhepunkt erreichten, verändert hatte: Nicht nur wäre es sehr gewagt gewesen, in einer durch eine Pandemie verursachten Krise auf das Prinzip der individuellen Verantwortung unter strikter Wahrung der Nicht-Beistands-Klausel zu pochen. Es ist auch nicht auszuschließen, dass die maßgeblichen Akteure der deutschen Außen- und Finanzpolitik etwas aus den Verwerfungen der Eurokrise gelernt hatten.

Das Resultat der nun einsetzenden Verhandlungen war dann ein Paukenschlag, wie es ihn in der von Beharrungskräften dominierten europäischen Politik nicht oft gibt. Am 21. Juli 2020 beschlossen die europäischen Staats- und Regierungschefs, die Europäische Kommission erstmals zu ermächtigen, im Namen der Europäischen Union Schulden am Kapitalmarkt aufzunehmen, und zwar im Umfang von 750 Milliarden Euro. Diese Gelder sollten im Rahmen eines Programms namens *Future Generation EU* nach einem bestimmten Verteilungsschlüssel an die EU-Länder verteilt werden; 390 Milliarden als nicht zurückzuzahlende Unterstützungsmittel. Beinahe die Hälfte des Gesamtvolumens von *Future Generation EU* wird über die sogenannte *Recovery and Resilience Facility* verteilt; hier mussten die EU-Länder Pläne einreichen, wie sie die Unterstützungsgelder einzusetzen gedachten, wobei ein Mindestanteil an Investitionen in Digitalisierung und klimapolitische Maßnahmen fließen musste, um von der Kommission akzeptiert zu werden. Den Details dieses Mammutprogramms kann hier nicht weiter nachgegangen werden. Vielmehr gilt es festzuhalten, was diese Wendung für die europäische Finanzpolitik und das damit verbundene neoliberale Austeritätsregime bedeutet. Der Entschluss des EU-Rats verfügt, dass es sich bei der Aufnahme der Schulden um eine einmalige Maßnahme handelt, wobei diese im Übrigen bis spätestens 2058 vollständig abgetragen sein sollen. In den zukünftigen Auseinandersetzungen um neoliberale Politik im europäischen Kontext dürfte dies zu einem der zentralen Streitpunkte werden: Wie dargelegt, haben sich auch die ordoliberalen Bannerträger nicht der erforderlichen finanziellen Nothilfe verwehrt, die über den europäischen Wiederaufbaufonds, aber auch bilaterale Hilfen und entsprechende EZB-Programme vor allem den von der Corona-Krise am stärksten betroffenen Ländern zugutekamen (wobei alle EU-Mitglieder inklusive Deutschland Gelder aus dem Fonds erhalten). Was aber aus ihrer Perspektive unbedingt verhindert werden muss, ist eine Verdauerung dieser vorgeblich einmaligen Maßnahme; aus einer Ausnahme soll keinesfalls die Regel werden. Eng damit verbunden ist eine weitere Sorge im Hinblick auf die Schuldentilgung. Grundsätzlich gibt es hier unterschiedliche und miteinander kombinierbare Strategien. Zu präferieren wäre aus ordo- und neoliberaler Perspektive natürlich, dass die Nationalstaaten ihre Haushalte auf Einsparmöglichkeiten abklopfen und so die zusätzlichen Mittel generieren, die erforderlich sind, um die europäischen Schulden abzutragen; grundsätzlich könnten sie auch Steuern erhöhen, was aber etwa aus der Public-Choice-Perspektive eines James Buchanan unwahrscheinlich erschiene, weil es die Wiederwahlchancen der amtierenden Regierung mutmaßlich verschlechtern würde. Beide Strategien dürften den nationalstaatlichen politischen Akteuren wenig opportun erscheinen, woraus sich möglicherweise eine Dynamik ergäbe, die zu einer weiteren Zäsur in der europäischen Finanzpolitik führen könnte, nämlich der Einführung eines regulären europäischen Besteuerungsrechts: Die EU würde Steuern erheben, um damit zumindest Teile der aufgenommenen Schulden plus Zinsen zurückzuzahlen. Zunächst einmal wäre dies ein kaum zu unterschätzender Schritt in Richtung einer de facto Verstaatlichung der Europäischen Union. Funktional gesehen ist ein politisches Gebilde, das Schulden aufnehmen und Steuern erheben kann, zumindest in seiner finanzpolitischen Dimension ein Staat. Genau dies sollte aber eben aus der Sicht der Föderalismustheoretiker unter den neoliberalen Vordenkern gerade verhindert werden. In den Designs für eine supranationale Föderation, wie sie sich bei Hayek und Buchanan finden, liegt die neoliberale Pointe nicht zuletzt darin, dass die supranationale Ebene über keine autonomen Finanzierungsmittel verfügt, sondern diesbezüglich gänzlich abhängig von den Nationalstaaten bleibt. Fällt dieses Selbstfinanzierungsverbot durch Schulden und/oder Steuern, kollabiert die fein austarierte Mehrebenenarchitektonik, die dafür sorgen sollte, dass letztlich weder die nationalstaatliche noch die supranationale Ebene über aus neoliberaler Perspektive abzulehnende Eingriffs- und Steuerungsmöglichkeiten in wirtschafts- und finanzpolitischen Zusammenhängen verfügen sollte.

Wessen Position sich in den Auseinandersetzungen über diese für die Zukunft des europäischen Neoliberalismus zentrale Thematik durchsetzt, wird in entscheidendem Maße davon abhängen, wie die Bilanz des europäischen Wiederaufbaufonds ausfällt, bzw. welches Narrativ hier die Deutungshoheit erlangt. Denn nur wenn es gelingt, hier eine Erfolgsgeschichte von staatlichen Zukunftsinvestitionen zu erzählen, die notwendige Modernisierungsschritte etwa in Sachen digitaler Infrastruktur oder Energieversorgung eingeleitet haben, besteht die Chance (bzw. die Gefahr) einer Verdauerung oder gar der Ausweitung der aktuellen europäischen Finanzpolitik ›auf Probe‹. Wenn sich in einigen Jahren glaubhaft nachweisen lassen sollte, dass die europäischen Gelder in erster Linie genutzt wurden, um bestehende Haushaltslöcher zu stopfen und unsinnige Investitionen zu tätigen, denen eher wahlpolitisches Kalkül als übergeordete Erwägungen einer klimaneutralen Modernisierung zugrunde lagen, dürfte es den Gegnern einer finanzpolitisch autonomen Europäischen Union nicht schwerfallen, den entsprechenden Bestrebungen den Wind aus den Segeln zu nehmen. Ein liberaler deutscher Finanzminister könnte sich hier als wichtiger Verbündeter erweisen.

Eine neue Wendung hat die Debatte um den real existierenden Neoliberalismus aber nicht nur im Zeichen von Eurozonen- und Coronakrise genommen. Mit dem von vielen Kommentatoren als *annus horribilis* beklagten Jahr 2016 setzte im anglo-amerikanischen Raum eine Debatte über die Zukunft des Neoliberalismus ein, deren Anlass die politischen Paukenschläge des Jahres waren, nämlich das britische Brexit-Votum und die Wahl Donald Trumps zum US-Präsidenten. Beide Ereignisse gelten gemeinhin als Belege für einen erstarkenden – wenn auch eher vage definierten – Rechtspopulismus, der in Großbritannien und den USA, aber auch im kontinentaleuropäischen Raum immer mehr zu einer prägenden politischen Kraft werde. Gerade die Reaktionen von manchen Kritikern des Neoliberalismus auf diese Entwicklungen waren von einer gewissen Ambivalenz gekennzeichnet. Zwar löste der sich Bahn brechende Populismus große Besorgnis, um nicht zu sagen Entsetzen aus, doch die Kehrseite des populistischen Triumphs in Großbritannien und den USA sei unweigerlich auch das Ende des Neoliberalismus. Zu den Ersten, die sich auf diese Weise positionierten, zählten in Großbritannien Martin Jacques, der sich in den 1980er Jahren mit seinen kritischen Analysen des Thatcherismus einen Namen gemacht hatte, und in den USA der profilierte Polittheoretiker und streitbare öffentliche Intellektuelle Cornel West.[229] Und so wurde ein weiteres Mal innerhalb historisch gesehen kürzester Zeit der Niedergang des Neoliberalismus diagnostiziert: Hatte die Finanzkrise entgegen manchen Erwartungen doch nicht das Ende des Neoliberalismus herbeigeführt, so sollte dieses nun, zehn Jahre später, tatsächlich angebrochen sein, wenn auch nur als ein Nebeneffekt und um den Preis dessen, was Cornel West als ›neofaschistischen Paukenschlag‹ bezeichnete. Aber die Tatsache, dass sich die Vielzahl von Abgesängen auf den Neoliberalismus in der Vergangenheit bekanntlich als verfrüht erwiesen haben, sollte auch im neuesten Fall zur Vorsicht mahnen, und tatsächlich gibt es guten Grund zur Skepsis.[230] Wenn dies auch keine erschöpfende Erklärung des Phänomens darstellt, spricht zwar einiges dafür, dass der Aufstieg des Rechtspopulismus im Zusammenhang mit einer langen Ära neoliberaler Hegemonie steht und auch eine Reaktion auf alternativlose Politik und neoliberal verursachte soziale Verunsicherung darstellt. In Analogie zur marxistischen Erzählung, nach der sich der Kapitalismus seinen eigenen Totengräber in Form eines revolutionär gestimmten Proletariats heranzieht, ließe sich vom Rechtspopulismus als dem Totengräber sprechen, den sich der Neoliberalismus selbst erschaffen hat; getragen nicht mehr von einem längst verschwundenen Proletariat, sondern von den tatsächlich Abgehängten und Ausgegrenzten der neoliberalen ›Abstiegsgesellschaft‹ (Nachtwey) und all denjenigen, die sich sorgen, irgendwann selbst auch von dieser Abstiegsdynamik erfasst zu werden. Und dennoch sind Zweifel daran angebracht, ob der Rechtspopulismus an der Macht in gleicher Weise den Gegensatz zum Neoliberalimus darstellt, wie dies im Falle eines siegreichen Sozialismus im Hinblick auf den Kapitalismus vorgesehen war.

Welchen Aspekten des Neoliberalismus ist schließlich mit der Brexit-Entscheidung überhaupt eine Absage erteilt worden? Dem Prinzip des Freihandels zweifellos nicht, vergegenwärtigt man sich, mit welcher Energie sich die aktuelle britische Regierung unter Boris Johnson wie auch schon seine Vorgängerin Theresa May darum bemüh(t)en, auch nach dem Ausscheiden Großbritanniens aus der EU einen möglichst unbeschränkten Zugang zum europäischen Binnenmarkt für britische Wirtschaftsakteure zu erhalten. Dagegen sprechen auch die Freihandelsabkommen, die bislang etwa mit Japan oder Australien geschlossen wurden und auf die möglichst bald Abkommen mit den USA und anderen Wirtschaftsmächten wie China folgen sollen, auch wenn sich dies in beiden Fällen aus gänzlich unterschiedlichen Gründen als kompliziert erweist. Sicherlich hat das Brexit-Votum auch ausländer- und migrationsfeindliche Ressentiments und eine tief verankerte Europaskepsis in Teilen der britischen Bevölkerung zum Ausdruck gebracht. Doch war es von jeher so, dass weder Liberalismus noch Neoliberalismus streng auf einen universalistischen Kosmopolitismus der offenen Grenzen mit dem Endziel einer Weltregierung festgelegt waren. Und trifft dies auf der Ebene der Theorien zu, so gilt es a fortiori für den real existierenden Neoliberalismus. Ruft man sich die dezidiert europa- und migrationskritische Haltung der Thatcher-Regierungen in

Erinnerung, so wird man kaum zu der Einschätzung gelangen können, dass die Anti-EU-Kampagne der Brexiteers sich inhaltlich fundamental – wenn auch möglicherweise in Tonlage und Radikalität – von den damals vertretenen Positionen unterscheidet. Doch daraus würde wohl niemand den Umkehrschluss ziehen, dass der Thatcherismus in grundsätzlicher Spannung zu zentralen neoliberalen Positionen steht, wenn auch, wie oben erläutert, Theorie und Praxis des Neoliberalismus im Falle Thatchers wie auch anderer Kontexte des real existierenden Neoliberalismus keine durchgehende Kongruenz aufweisen.

Ein weiteres Argument, das von den Vertretern der These eines rechtspopulistisch verursachten Niedergangs des Neoliberalismus vorgebracht wird, verweist auf die vermeintlich protektionistisch-interventionistische Wirtschaftspolitik der Rechtspopulisten, die das Korrelat einer nationalistisch-xenophoben Grundhaltung sei. Dass es Fälle gibt, in denen sich ein zunehmend aggressiver Nationalismus mit sozialpolitischen Wohltaten für Staatsangehörige verbindet wie beispielsweise in Ungarn, aber auch in Polen, ist unbestritten. Doch insgesamt sind die empirischen Belege für die These einer quasi-sozialdemokratischen Wirtschaftspolitik des Rechtspopulismus, von der aber vor allem die eigene Bevölkerung profitieren soll, alles andere als eindeutig. Zwar finden sich entsprechende Positionen in den Programmen diverser europäischer rechtspopulistischer Parteien, doch bislang handelt es sich in den allermeisten Fällen nur um Versprechungen, von denen unklar ist, ob sie im Falle einer Regierungs(mit)verantwortung auch tatsächlich umgesetzt würden. Doch selbst auf der rein programmatischen Ebene gibt es gewichtige Ausnahmen von der vermeintlichen Regel, etwa in Form der deutschen Rechtspopulisten, erweist sich die Alternative für Deutschland bislang doch wirtschaftspolitisch als eher (neo-)liberal, wenn auch der Rückzug Jörg Meuthens als Parteichef hier eine Kräfteverschiebung in Richtung einer eher ›sozialchauvinistischen‹ Ausrichtung im Sinne der FPÖ in Österreich oder des Rassemblement National in Frankreich signalisieren könnte.

Und dort wo der Rechtspopulismus zumindest mitregierte, wie in Trumps USA, war ein dezidiert anti-neoliberales wirtschafts- und sozialpolitisches Profil mitnichten zu erkennen. Sicherlich ist festzuhalten, dass der unverhohlene Protektionismus der seinerzeit verabschiedeten Strafzölle schlicht unvereinbar mit neoliberalen Positionen war. Doch von einer Politik, die sich ausdrücklich zum Ziel setzte, die Lebenssituation der vielbeschworenen ›kleinen Leute‹ zu verbessern, wie dies im Wahlkampf immer wieder verkündet wurde, konnte abgesehen von symbolpolitischen Maßnahmen in homöopathischen Dosen keinerlei Rede sein. Im Gegenteil, nimmt man die Ende 2017 verabschiedete Steuerreform zum Maßstab, die schließlich die einzige legislative Errungenschaft der Regierung Trump blieb, dann zeigte sich auch hier eine augenfällige Kontinuität zwischen dem Roll-Back-Neoliberalismus der 1980er Jahre und dem vermeintlichen Anti-Neoliberalismus der Trump-Administration. Zwar bemühte der Präsident nicht mehr die berüchtigte Laffer-Kurve, von der in Kapitel 3.3 die Rede war und mit der seinerzeit Reagan die Steuerreform erklärte. Doch die vielfach widerlegte Behauptung, dass gewaltige Steuerkürzungen sich letztlich selbst finanzieren könnten, fand sich bei ihm ebenso wie bei Reagan. Die Lehren der Supply-Side- und Trickle-Down-Economics wurden wie damals als vermeintlich wissenschaftlich verbürgte Rechtfertigungen angeführt. Und tatsächlich war es tatsächlich Arthur D. Laffer, der nicht nur als Berater für Trumps Steuerreform fungierte, sondern auch noch gemeinsam mit Stephen Moore ein Buch mit dem vielsagenden Titel *Trumponomics* verfasste und daraufhin 2019 sogar die Presidential Medal of Freedom verliehen bekam.[231] Handelte es sich also in vielerlei Hinsicht um eine Neuauflage der fiskalpolitischen Strategie unter Reagan, so erstreckten sich die Parallelen ebenso auf die Folgen: Auch unabhängig von den Corona-Kosten explodierten die Staatsdefizite in Folge der Steuerreform und dieser Anstieg dürfte sich auch mittelfristig fortsetzen.[232] Wichtiger aber noch dürften die verteilungspolitischen Wirkungen sein, die man wohl nicht anders denn als eine massive Umverteilung von unten nach oben bezeichnen kann. Damit fügte sich die Trump'sche Politik in das Grundmuster neoliberaler Politik, deren über alle Kontexte hinweg konstanter Effekt schon immer die Verschärfung sozialer Ungleichheit war. Sind vor diesem Hintergrund begründete Zweifel an der These vom Niedergang des Neoliberalismus anzumelden, so verstärkt sich dieser Eindruck, wenn wir für einen Moment zurücktreten und uns fragen, was der gemeinsame Nenner der meisten hier erwähnten Entwicklungen und vieler anderer darüber hinaus ist. Was sich hier vollzieht, wird zwar oft als rechtspopulistischer Aufstieg bezeichnet, doch bei genauerem Hinsehen zeigt sich, dass es sich bei Populismen, spätestens wenn sie an die Macht gelangen, eigentlich eher um autoritäre politische Projekte handelt, denen unter anderem daran gelegen ist, in antipluralistischer und antidemokratischer Manier gegnerische Parteien zu schwächen und den Staatsapparat unter Aushebelung der Gewaltenteilung zu einem Monolith zu formen – auch wenn diesen Plänen in den USA bislang weniger Erfolg beschieden ist als etwa in Ungarn. Doch wenn die Wiederkehr autoritärer politischer Formen die eigentliche Signatur unserer Gegenwart darstellt, dann kann zu dem Umkehrschluss eines dadurch verursachten Niedergangs des Neoliberalismus nur gelangen, wer diesen ausschließlich als Agenda eines entstaatlichen Marktfundamentalismus begreift. Wie jedoch hier mit Verweis auf die autoritären Tendenzen in vielen neoliberalen Theorieströmungen und auch real existierenden Neoliberalisierungsprozessen von Chile und China bis hin zu den zumindest bedenklichen Auswirkungen der Restrukturierungen der Eurozone ge-zeigt wurden, besteht keineswegs ein Gegensatz zwischen autoritären politischen Formen und neoliberalen Märkten. Im Gegenteil, ihre Kombination erschien vielen neoliberalen Vordenkern als geradezu ideale Kombination. Das, was wir erleben, ist also womöglich nicht das Ende des Neoliberalismus, sondern erst sein Anfang im richtig verstandenen Sinne, nämlich als autoritärer Neoliberalismus.[233]

Anmerkungen

1 Vgl. beispielsweise Colin Crouch, *Über das befremdliche Überleben des Neoliberalismus: Postdemokratie II*, Berlin 2011 (*The Strange Non-Death of Neoliberalism* lautet der englische Originaltitel); Kean Birch/Vlad Mykhnenko, *The Rise and Fall of Neoliberalism. The Collapse of an Economic Order?*, London 2010; Johanna Bockman, *Markets in the Name of Socialism. The Left-Wing Origins of Neoliberalism*, Stanford 2011.

2 Diese Formulierung verweist auf den im Anschluss an Peter A. Hall und David Soskice entwickelten Ansatz der Variationen des Kapitalismus. Allerdings ist darauf hinzuweisen, dass hier im Gegensatz zu Hall und Soskice keine erschöpfende Idealtypenbildung avisiert ist und dass es im Gegensatz zu den ursprünglichen Annahmen bei Hall und Soskice durchaus mehr als zwei Variationen des Neoliberalismus gibt. Peter A. Hall/David Soskice (Hg.), Varieties of Capitalism. The Institutional Foundations of Comparative Advantage, Oxford 2001.

3 Joseph Stiglitz, *The End of Neo-Liberalism?*, http://www.project-syndicate.org/commentary/the-end-of-neo-liberalism-; Jürgen Habermas, »Nach dem Bankrott«, in: *Die Zeit*, 7.11.2008.

4 Im dritten Kapitel wird jedoch eine Perspektive eingeführt, die diese Unterscheidung von Theorie und Praxis mit der Rede von den »reflektierten Praktiken des Regierens« (Michel Foucault) explizit wieder einzieht.

5 Vgl. zu einer Geschichte des Liberalismus aus alternativer Perspektive Karl Polanyi, *The Great Transformation. Politische und ökonomische Ursprünge von Gesellschaften und Wirtschaftssystemen*, 13. Aufl., Frankfurt/M. 2009. Als historisch-systematische Einführung in den Liberalismus vgl. John Gray, *Liberalism*, Milton Keynes 1986.

6 Walter Lippmann, *Die Gesellschaft freier Menschen*, Bern 1945, S. 160 ff.

7 »Der Leser wird eine ausführliche Darlegung finden, warum Faschismus, Kommunismus, Staatssozialismus und der Laissez-faire-Individualismus des 19. Jahrhunderts unfähig sind, die moderne Wirtschafts-

form mit unserem kulturellen Erbe zu versöhnen.« (W. Lippmann, *Gesellschaft*, wie Anm. 6, S. 39).

8 »Wenn ich sage, daß die Wiedergeburt des Liberalismus gewiß ist, so meine ich damit natürlich nicht, daß sie noch in unserer eigenen Zeit kommen muß oder daß sie kommen wird, ehe die Menschheit die Katastrophe durchgemacht hat, die der Abrutsch in den Kollektivismus vorbereitet hat. [...] Ich glaube aber, daß man der Katastrophe nur entgehen und die Zivilisation, die sie erschüttern würde, nur dann wieder aufbauen kann, wenn man der Gesellschaft eine andere Lebensform gibt [...] Entweder wird die Menschheit diese Lebensform durch ihre Klugheit finden, oder aber sie wird durch bittere Erfahrung zu ihr kommen, wenn sie, wie in Rußland, die Feuerprobe überstanden hat. Sie wird aber zu ihr kommen. Denn sie muß. Sonst hat sie ihre Rolle als Trägerin der Zivilisation ausgespielt.« (W. Lippmann, *Gesellschaft*, wie Anm. 6, S. 280).

9 *Compte-rendu des séances du Colloque Walter Lippmann*, hrsg. vom Centre International d'Etudes pour la Rénovation du Libéralisme, Paris 1939, S. 21. Vgl. zu Thematik und Verlauf der Veranstaltung Philip Plickert, *Wandlungen des Neoliberalismus*, Stuttgart 2008, S. 93-103, sowie Bernhard Walpen, *Die offenen Feinde und ihre Gesellschaft. Eine hegemonietheoretische Studie zur Mont Pèlerin Society*, Hamburg 2004, S. 55-61.

10 Einen gelungenen einführenden Überblick über einige der hier besprochenen theoretischen Unterströmungen des Neoliberalismus bietet Lars Gertenbach, *Die Kultivierung des Marktes. Foucault und die Gouvernementalität des Neoliberalismus*, Berlin 2007. Vgl. darüber hinaus die entsprechenden Abschnitte in Ph. Plickert, *Wandlungen*, wie Anm. 9, und B. Walpen, *Feinde*, wie Anm. 9.

11 »Es besteht also nicht nur eine ökonomische Interdependenz, sondern auch eine Interdependenz der Wirtschaftsordnung mit allen übrigen Lebensordnungen.« (Walter Eucken, *Grundsätze der Wirtschaftspolitik*, Zürich 1952, S. 14).

12 W. Eucken, *Grundsätze*, wie Anm. 11, S. 371.

13 W. Eucken, *Grundsätze*, wie Anm. 11, S. 313-317.

14 W. Eucken, *Grundsätze*, wie Anm. 11, S. 373.

15 Wilhelm Röpke, *Civitas Humana*, Erlenbach-Zürich 1949, S. 51.

16 Vgl. Wilhelm Röpke, *Die Gesellschaftskrisis der Gegenwart*, Erlenbach-Zürich 1942, S. 81-89.

17 Alexander Rüstow, »Die Defizite des Liberalismus«, in: ders., *Die Religion der Marktwirtschaft*, Münster 2001, S. 24.

18 Vgl. z.B. A. Rüstow, *Defizite*, wie Anm. 17, S. 27, und W. Röpke, *Gesellschaftskrisis*, wie Anm. 16, S. 22.

19 Alexander Rüstow, »Der dritte Weg«, in: ders., *Religion*, wie Anm. 17, S. 66. Vgl. auch: »Die neue Sicht ergibt sich also hier aus der Erkenntnis, daß die Arbeiterfrage eher eine vitale Frage, also eine solche der Gesamtexistenz der gesamten Arbeits- und Lebensbedingungen als eine ökonomische Frage im engeren Sinne ist.« (W. Röpke, *Gesellschafskrisis*, wie Anm. 16, S. 360).

20 Sowohl Röpke als auch Rüstow bekennen sich zu einem liberalen Interventionismus, um etwa den wirtschaftlichen Strukturwandel durch sogenannte Anpassungsinterventionen voranzutreiben. Diese sind bei Eucken nicht vorgesehen.

21 Vgl. W. Röpke, *Gesellschaftskrisis*, wie Anm. 16, S. 318-322.

22 A. Rüstow, »Der dritte Weg«, wie Anm. 19, S. 83ff.

23 A. Rüstow, *Defizite*, wie Anm. 17, S. 36.

24 A. Rüstow, *Defizite*, wie Anm. 17, S. 38, S. 37.

25 Vgl. zur Frage des Verhältnisses zwischen Ordoliberalismus, Faschismus und Autoritarismus Ralf Ptak, *Vom Ordoliberalismus zur Sozialen Marktwirtschaft. Stationen des Neoliberalismus in Deutschland*, Opladen 2004, und vor allem die empfehlenswerte Studie von Dieter Haselbach, *Autoritärer Liberalismus und Soziale Marktwirtschaft. Gesellschaft und Politik im Ordoliberalismus*, Baden-Baden 1991.

26 W. Röpke, *Gesellschaftskrisis*, wie Anm. 16, S. 14.

27 W. Eucken, *Grundsätze*, wie Anm. 11, S. 14.

28 W. Eucken, *Grundsätze*, wie Anm. 11, S. 346.

29 »One way of stating the difference [...] is to say that the constitution of policy rather than policy itself becomes the relevant object for reform«, heißt es in Buchanans Nobelpreisrede. James Buchanan, »The Constitution of Economic Policy«, in: *The American Economic Review*, 17. Jg., H. 3, S. 243-250, 246.

30 Neben den inhaltlichen Übereinstimmungen gibt es auch eine enge personelle Verbindung zwischen Freiburg und der *Virginia School*. Viktor Vanberg, der bis zu seiner Emeritierung 2009 den der Ord-

nungsökonomik gewidmeten Lehrstuhl an der Freiburger Universität innehatte, war davor über Jahre hinweg Professor in Virginia gewesen und gehört zu den vielen Wissenschaftlern, mit denen James Buchanan gemeinsam gearbeitet und publiziert hat. Letzterer ist wiederum Ehrenpräsident des Walter-Eucken-Instituts, dessen Leiter von 2001 bis 2010 Vanberg war.

31 Vgl. zu diesem und anderen Kritikpunkten an der Theorie rationaler Wahl Donald P. Green/Ian Shapiro, *Rational Choice: Eine Kritik am Beispiel von Anwendungen in der politischen Wissenschaft*, Oldenburg 1999.

32 James Buchanan, *Liberty, Market and State*, Brighton 1986, S. 20. Vgl. zu den drei Grundannahmen J. Buchanan, *Constitution*, wie Anm. 29, S. 243.

33 James Buchanan/Gordon Tullock, *The Calculus of Consent*, Ann Arbor 1962, S. 81.

34 James Buchanan, *Die Grenzen der Freiheit*, Tübingen 1984, S. 10.

35 Geoffrey Brennan/James Buchanan, *Die Begründung von Regeln*, Tübingen 1993, S. 154.

36 »The human animal as he behaves in modern political structures, has chosen to ›eat up‹ the capital stock of his nation [...] This choice has been taken because of the shift in moral standards that the Keynesian revolution embodied. It is no longer immortal to mortgage the future flow of the national income.« (J. Buchanan, *Liberty*, wie Anm. 32, S. 192).

37 »The institutions of order, the family, the church, and the state, have undergone dramatic change, and the directions of effect on individual adherence to traditional moral standards seems clear.« (James Buchanan, *What Should Economists Do?*, Indianapolis 1979, S. 214).

38 J. Buchanan, *Grenzen*, wie Anm. 34, S. 19.

39 »Perhaps, and I emphasize the perhaps here, the excesses of student demands in the 1960s will have made the excesses of totalitarian democracy unnecessary.« (James Buchanan, *Freedom in Constitutional Contract*, College Station 1977, S. 112). Vgl. zu dem in diesem Zitat anklingenden Kulturpessimismus auch: »For several decades [...] our moral order has been in the process of erosion. Larger and larger numbers of persons seem to become moral anarchists ...« (J. Buchanan, *Liberty*, wie Anm. 32, S. 116).

40 Am Rande seien aber auch Buchanans Vorbehalte gegenüber einer Theorie der vollständigen Konkurrenz erwähnt. Vgl. dazu J. Buchanan, *What Should Economists Do?*, wie Anm. 37, S. 29.

41 »Budgets cannot be left adrift in the sea of democratic politics [...] The elected politicians, who must be responsive to their constituents, the governmental bureaucracy as well as the electorate, need something by way of an external and ›superior‹ rule that will allow them to forestall the persistent demands for an increased flow of public-spending benefits along with reduced levels of taxation.« (James Buchanan/Richard Wagner, *Democracy in Deficit: The political Legacy of Lord Keynes*, New York 1977, S. 175).

42 Buchanan und Tullock sind sich dieses Problems durchaus bewusst: »To hold out hope for reform in the basic rules describing the socio-political game, we must introduce elements that violate the self-interest postulate.« (J. Buchanan/G. Tullock, *Calculus*, wie Anm. 33, S. 146).

43 Vgl. auch Friedrich August von Hayeks eigenen Verweis auf ein »Neuliberales Programm« in »Marktwirtschaft und Wirtschaftspolitik«, in: ders., *Gesammelte Schriften*, Bd. 6, *Wirtschaft, Wissenschaft und Politik: Aufsätze zur Wirtschaftspolitik*, Tübingen 2001, S. 3-14, 5.

44 Friedrich August von Hayek, *Der Weg zur Knechtschaft*, 3. Aufl., Zürich 1952, S. 36f.

45 Friedrich August von Hayek, »Opening Address to a Conference at Mont Pèlerin«, in: ders., *The Collected Works of F.A. Hayek: The Fortunes of Liberalism*, Indianapolis 1992, S. 237-248, 240.

46 Friedrich August von Hayek, »Wettbewerb als Entdeckungsverfahren«, in: ders., *Rechtsordnung und Handelnsordnung*, Tübingen 2003, S. 132-152.

47 Vgl. hierzu Friedrich August von Hayek, »Der Strom der Güter und Leistungen«, in: ders., *Gesammelte Werke*, Bd. 6, wie Anm. 43, S. 161-177, 169.

48 Vgl. Hayeks Kritik in F.A. Hayek, *Marktwirtschaft*, wie Anm. 43, S. 9f.

49 »Wir müssen darum in einer freien Gesellschaft nicht nach Verdienst, sondern nach dem Wert der Leistung entlöhnen, der mit Verdienst oft sehr wenig zu tun hat.« (Friedrich August von Hayek, »Was ist und was heißt ›sozial‹?«, in: ders., *Gesammelte Schriften*, Bd. 5, *Grundsätze einer liberalen Gesellschaftsordnung: Aufsätze zur Politischen Philo-*

sophie und Theorie, Tübingen 2002, S. 251-260, 257 f.; siehe auch S. 290 im gleichen Band).

50 »Meine eigentliche Kritik an F. A. v. Hayeks tiefschürfender Interpretation der modernen Geschichte und seiner Diagnose für eine Verbesserung richtet sich gegen seine Überzeugung, daß die gesellschaftliche Evolution tatsächlich das Überleben effizienter institutioneller Formen sichert. Das Mißtrauen von Hayek gegenüber der direkt von Menschen versuchten Reform von Institutionen ist so groß, daß er die Alternative der Evolution kritiklos akzeptiert. [...] Eine Reform mag in der Tat schwierig sein, doch ist das kein Argument für den idealen Charakter der Alternative.« (J. Buchanan, *Grenzen*, wie Anm. 32, S. 237, FN 1).

51 Auch hier ist es Buchanan, der den Finger in die Wunde legt: »Indeed, my primary critique of those philosophers who hold up the evolutionary process as ideal is based on my reading of what this process has now produced.« (J. Buchanan, *Freedom*, wie Anm. 39, S. 296).

52 Friedrich August von Hayek, *Die Verfassung der Freiheit*, 2. Aufl., Tübingen 1983, S. 185.

53 F.A. v. Hayek, *Verfassung*, wie Anm. 52, S. 272.

54 Vgl. Friedrich August von Hayek, »Wohin zielt die Demokratie?«, in: ders., *Gesammelte Schriften*, Bd. 5, wie Anm. 49, S. 205-216, 214.

55 Vgl. Milton Friedman, »Neoliberalism and its Prospects«, in: *Farmand*, Jg. 14, S.89-93, sowie die folgende an Eucken erinnernde Einschätzung: »The basic long-run objective, shared, I am sure by most economists, are political freedom, economic efficiency and substantial equality of economic power [...] I believe that all three objectives [...] can be best realized by relying, as far as possible, on a market mechanism within a ›competitive order‹ to organize the utilization of economic resources.« (Milton Friedman, »A Monetary and Fiscal Framework for Economic Stability«, in: *American Economic Review*, 38. Jg., H. 3, S. 245-264, 246).

56 Milton Friedman, *Die optimale Geldmenge und andere Essays*, München 1970, S. 101.

57 Vgl. Zu diesen Fragen Milton Friedman/Anna J. Schwartz, *A Monetary History of the United States 1867-1960: A Study by the National Bureau of Economic Research New York*, Princeton 1963, sowie Milton

Friedman/Anna J. Schwartz, *The Great Contraction 1929-1933*, Princeton 1965.

58 Hier trifft sich die Kritik mit der des Nobelpreisträgers Robert E. Lucas, der die rationale Erwartungsbildung der Akteure betont, welche in herkömmlichen statistischen Modellen der Ökonometrie nicht mit einbezogen werde.

59 Milton Friedman, *Kapitalismus und Freiheit*, Frankfurt/M. 2002, S. 75.

60 Siehe Anmerkung 48.

61 Vgl. zur Frage des Umgangs mit Monopolen beispielsweise M. Friedman, *Kapitalismus*, wie Anm. 59, S. 152f.

62 Milton Friedman, »The Role of Monetary Policy«, in: *American Economic Review*, 58. Jg., H. 1, S. 1-17, 8.

63 Vgl. M. Friedman, *Kapitalismus*, wie Anm. 59, S. 135ff.

64 Vgl. M. Friedman, *Kapitalismus*, wie Anm. 59, S. 228ff.

65 Vgl. M. Friedman, *Kapitalismus*, wie Anm. 59, S. 109 ff., sowie Milton Friedman/Rose Friedman, *Free to Choose. A Personal Statement*, Orlando 1990, S. 150f.

66 M. Friedman, *Kapitalismus*, wie Anm. 59, S. 212f.

67 M. Friedman/R. Friedman, *Free*, wie Anm. 65, S. 3.

68 Milton Friedman/Rose Friedman, *Tyranny of the Status Quo*, San Diego 1983, S. 7.

69 M. Friedman/R. Friedman, *Free*, wie Anm. 65, S. 66.

70 Mit einem ähnlichen Argument lässt sich im Übrigen die Forderung nach mehr direktdemokratischen Elementen wie Volksreferenden begründen, der sich auch zeitgenössische Neoliberale in Teilen anschließen. Schließlich wird auch hier über Einzelfragen und nicht über ganze Positionsbündel abgestimmt. Hinzu kommt, dass Referenden auch ein probates Mittel zur Verhinderung von Steuererhöhungen darstellen, wie Beispiele aus der Schweiz und den USA belegen, was wiederum von neoliberaler Seite als begrüßenswert angesehen wird.

71 Milton Friedman, »The Methodology of Positive Economics«, in: ders., *Essays in Positive Economics*, Chicago 1953, S. 3-16, 30-43, 6f.

72 Zwei weitere Vertreter der *Chicago School*, die auch von großer Relevanz für die Praxis des Neoliberalismus sind, bleiben hier aus verschiedenen Gründen unerörtert: Gary Beckers Theorie des Humankapitals und der damit verbundene Versuch, alle Lebensbereiche als Schauplätze ökonomisch rationalen Verhaltens zu analysieren, wer-

den gerade von Vertretern einer von Michel Foucault inspirierten Gouvernementalitätsperspektive als zentraler Beitrag zu einer Theorie neoliberalen Regierens angesehen. Dementsprechend wird auf ihn im folgenden Kapitel, wenn auch nur in aller Kürze, eingegangen. Eugene Fama wurde mit der Entwicklung seiner *Efficient Market Hypothesis* schon Anfang der 1970er Jahre zu einem wichtigen Stichwortgeber für die spätere Finanzialisierung der Ökonomie. Finanzmärkte, so die Quintessenz der Hypothese, sind effizient in ihrer Abbildung aller relevanten Informationen in entsprechenden Preisen. Sie sind damit zumindest in der stärksten Formulierung der Hypothese immun gegen Blasenbildung und andere Verzerrungen, was wiederum eine ideale Rechtfertigung für eine weitreichende Regulierungspolitik liefert. Dennoch entsprechen beide – wenn überhaupt – dann nur in eingeschränkter Weise den Kriterien, die hier als konstitutiv für die Theorie des Neoliberalismus angesehen werden (Revitalisierung und Revision einer liberalen Agenda) und werden somit nicht im Einzelnen erörtert.

73 Vgl. zu den Differenzen zwischen Friedman und dem Libertarianismus auch Rothbards Kritik in Murray Rothbard, »Milton Friedman Unraveled«, in: *The Individualist*, 3. Jg., H. 1, S. 3-7.

74 Vgl. zum Verhältnis von Neoliberalismus und Neokonservatismus auch Wendy Brown, »American Nightmare. Neoliberalism, Neoconservatism and De-Democratization«, in: *Political Theory*, 34. Jg., H. 6, S. 690-714.

75 Vgl. zu einem ähnlichen Abgrenzungsversuch auch James Buchanan, *Why I, Too, Am Not a Conservative: The Normative Vision of Classical Liberalism*, Cheltenham 2005.

76 F.A. v. Hayek, *Verfassung*, wie Anm. 52, S. 483.

77 F.A. v. Hayek, *Verfassung*, wie Anm. 52, S. 483 f.

78 Vgl. zur Nähe des Wissensverständnisses beider Denker die Essays von John Gray, »Hayek as a Conservative« und »Oakeshott as a Liberal«; beide in John Gray, *Post-Liberalism. Studies in Political Thought*, New York 1993, und Michael Oakeshott, *Rationalism in Politics and other Essays*, London 1962. Diese Zusammenstellung enthält im Übrigen mit dem Essay »On Being Conservative« auch einen lesenswerten Abgrenzungsversuch von konservativer Seite gegenüber anderen geistesgeschichtlichen Strömungen.

79 Einen guten Überblick über verschiedene Schauplätze neoliberaler Transformationen bieten Ravi Roy/Arthur Denzau/Thomas Willett (Hg.), *Neoliberalism: National and Regional Experiments with Global Ideas*, New York 2006, und David Harvey, *Kleine Geschichte des Neoliberalismus*, Zürich 2007. Eher journalistisch orientiert, aber dennoch einsichtsreich ist Naomi Kleins Geschichte der verschiedenen nationalen Anwendungskontexte ökonomischer ›Schock-Therapien‹ von Chile bis Irak. Naomi Klein, *Die Schock-Strategie: Der Aufstieg des Katastrophen-Kapitalismus*, Frankfurt/M. 2007.

80 Zu Geschichte und Wirkung des *Washington Consensus* vgl. Andrew Gamble, *The Global Gamble: Washington's Faustian Bid for World Dominance*, London 1999.

81 Vgl. hierzu Dieter Boris/Anne Tittor, »Lateinamerika: Alternativen zur neoliberalen Politik«, in: Christoph Butterwegge/Christina Lösch/Ralf Ptak (Hg.), *Neoliberalismus. Analysen und Alternativen*, Wiesbaden 2008, S. 394-413.

82 Vgl. zu Afrika auch James Ferguson, *Global Shadows: Africa in the Neoliberal World Order*, Durham 2006.

83 Vgl. John Quiggin, »Social Democracy and Market Reform in Australia and New Zealand«, in: Andrew Glyn (Hg.), *Social Democracy in Neoliberal Times: The Left and Economic Policy since 1980*, Oxford 2001, S. 80-109.

84 Vgl. zu einer positiven Würdigung der Arbeitsmarktreformen Wolfgang Kasper, *Die Befreiung des Arbeitsmarktes. Neuseelands Wirtschaft im Aufschwung*, Gütersloh 1996.

85 Vgl. zur Asienkrise und den Folgen Paul Krugman, *The Return of Depression Economics and the Crisis of 2008*, New York 2009, S. 77-138, sowie D. Harvey, *Neoliberalismus*, wie Anm. 79, S. 134-139.

86 Vgl. hierzu beispielsweise Adam Swain/Vlad Mykhnenko/Shaun French, »The Corruption Industry and Transition: Neoliberalizing Post-Soviet Space«, in: K. Birch/V. Mykhnenko (Hg.), *Rise*, wie Anm. 1, S. 112-132.

87 Vgl. zur Neoliberalisierung Chinas D. Harvey, *Neoliberalismus*, wie Anm. 79, S. 150-188.

88 Vgl. zu einer Typologie von neoliberalen Transformationsprozessen gemäß ihrer Radikalität Bob Jessop, *The Future of the Capitalist State*, Cambridge 2002, S. 168-171.

89 Jamie Peck/Adam Tickell, »Conceptualizing Neoliberalism, Thinking Thatcherism«, in: Helga Leitner/Jamie Peck/Eric S. Sheppard (Hg.), *Contesting Neoliberalism. Urban Frontiers*, New York 2007, S. 26-50, 34.

90 Die Bedeutung des Begriffs des Thatcherismus wird kontrovers diskutiert und soll im vorliegenden Kontext nicht mehr als ein Untersuchungsobjekt bezeichnen, das auf unterschiedliche Weise gefasst und interpretiert werden kann. Vgl. hierzu Bob Jessop et al., *Thatcherism. A Tale of Two Nations*, Cambridge 1988; Andrew Gamble, *The Free Economy and the Strong State*, 2. Aufl., Basingstoke 1994; Dennis Kavanagh, *Thatcherism and British Politics*, 2. Aufl., Oxford 1990.

91 Abgesehen von den inhaltlichen Übereinstimmungen der Thatcher-Politik mit den Vorstellungen der neoliberalen Vordenker ist auch die Anekdote übermittelt, dass Thatcher zu Beginn einer Kabinettsitzung Hayeks *Die Verfassung der Freiheit* mit den Worten »This is what we believe!« auf den Tisch warf.

92 Vgl. zu einer positiven Würdigung des Monetarismus unter Thatcher Gordon Pepper, *Inside Thatcher's Monetarist Revolution*, Basingstoke 1998.

93 Vgl. zur ersten Amtszeit Thatchers A. Gamble, *Free*, wie Anm. 90, S. 105-119.

94 Vgl. D. Kavanagh, *Thatcherism*, wie Anm. 90, S. 230.

95 Jens Borchert, *Die konservative Transformation des Wohlfahrtsstaates. Großbritannien, Kanada, die USA und Deutschland im Vergleich*, Frankfurt/M. 1995, S. 205.

96 Viele Kommentatoren haben deshalb darauf hingewiesen, dass es sich hier um den ›Verkauf des Familiensilbers‹ handele, der zwar kurzzeitig Einnahmen bringe, langfristig aber zu einer finanziellen Schwächung des Staates führe. Am Rande sei auch erwähnt, dass die Einnahmen offiziell als negative Ausnahmen deklariert wurden, um so den Eindruck größerer Sparanstrengungen zu vermitteln. Zu den nicht nachhaltigen Einnahmen gehörten im Übrigen auch die Erlöse aus dem Verkauf von Nordseeöl. Vgl. A. Gamble, *Free*, wie Anm. 90, S. 230.

97 J. Borchert, *Transformation*, wie Anm. 95, S. 184.

98 A. Gamble, *Free*, wie Anm. 90, S. 125.

99 Paul Pierson, *Dismantling the Welfare State? Reagan, Thatcher, and the Politics of Retrenchment*, Cambridge 1994, S. 14-17; Christopher Ho-

ward, *The Welfare State Nobody Knows. Debunking Myths About U.S. Social Policy*, Princeton 2007, S. 13-26; Francis G. Castles (Hg.), *The Disappearing State? Retrenchment Realities in an Age of Globalization*, Cheltenham 2007.

100 A. Gamble, *Free*, wie Anm. 90, S. 136.

101 A. Gamble, *Free*, wie Anm. 90, S. 129.

102 Zur Bedeutung von Denkfabriken für den Thatcherismus und die internationale Verbreitung des Neoliberalismus vgl. J. Peck/A. Tickell, *Conceptualizing*, wie Anm. 89, S. 36-46, sowie David Miller, *How Neoliberalism Got Where It Is: Elite Planning, Corporate Lobbying and the Release of the Free Market*, in: K. Birch/V. Mykhnenko, *Rise*, wie Anm. 1, S. 23-41.

103 Vgl. J. Borchert, *Transformation*, wie Anm. 95, S. 100-107.

104 Vgl. Stuart Hall/Martin Jacques, *The Politics of Thatcherism*, London 1983.

105 Vgl. etwa John Williamson, *The Political Economy of Policy Reform*, Washington 1994.

106 Ein Bonmot des Tory-Abgeordneten Sir Julian Critchley aus jener Zeit lautete »Mrs. Thatcher cannot walk past an institution without hitting it with her handbag.«

107 Vgl. vor allem Stuart Hall, »The Great Moving Right Show«, in: S. Hall/ M. Jacques, *Politics*, wie Anm. 104, S. 19-39, und die wechselseitigen Entgegnungen in B. Jessop et al., *Thatcherism*, wie Anm. 90, S. 68-124.

108 Vgl. den Überblick über feministische Analysen des Thatcherismus in B. Jessop et al., *Thatcherism*, wie Anm. 90, S. 48-51. Eine der wichtigsten diesbezüglichen Ambivalenzen bestand in der Wirtschafspolitik, die mit ihrer Förderung des Strukturwandels in Richtung einer Dienstleistungsökonomie typische ›Frauenarbeitsplätze‹ hervorbrachte und so die Erwerbstätigkeit von Frauen indirekt förderte, aber gleichzeitig eine traditionelle Verteilung der Geschlechterrollen propagierte, die Frauen vor allem reproduktive Aufgaben (Haushaltsarbeit, Kindererziehung) zuwies.

109 Vgl. zur Frage, inwieweit ein solcher Wertewandel (nicht) erreicht wurde, Candace Hetzner, *The Unfinished Business of Thatcherism. The Values of the Enterprise Culture*, New York 1999.

110 Dies gilt im Übrigen auch für den noch zu erläuternden Fall der USA: »Once retrenchment initiatives began, however, a pro-welfare state backlash occurred almost immediately. Visible cutbacks were quite unpopular, and by the mid-1980s levels of support for public programs had returned to roughly the levels of the early 1970s.« (P. Pierson, *Dismantling*, wie Anm. 99, S. 147).

111 A. Gamble, *Free*, wie Anm. 90, S. 282.

112 Vgl. zum Reaganismus William Niskanen, *Reaganomics. An Insider's Account of the Policies and the People*, New York 1988; Michael J. Boskin, *Reagan and the Economy: The Successes, Failures, and Unfinished Agenda*, Richmond 1987, sowie David A. Stockman, *The Triumph of Politics: How the Reagan Revolution Failed*, New York 1986.

113 M. Friedman/R. Friedman, *Tyranny*, wie Anm. 68, S. 62ff.

114 C. Howard, *Welfare*, wie Anm. 99, S. 99.

115 Jeff Faux, »Reaganomics and the Restructuring of U.S. Industry«, in: ders./Miles Kahler/Martin Carnoy, *The U.S. Economy after Reagan*, Bonn 1989, S. 5-29, 19.

116 Vgl. die Beiträge in Roger Meiners/Bruce Yandle (Hg.), *Regulation and the Reagan Era. Politics, Bureaucracy and the Public Interest*, New York 1989, sowie W. Niskanen, *Reaganomics*, wie Anm. 112, S. 115-132.

117 Bruce Jansson, *The Reluctant Welfare State. American Social Welfare Policies: Past, Present, and Future*, 5. Aufl., Belmont 2005, S. 317.

118 Vgl. Roger Meiners/Bruce Yandle, »Regulatory Lessons from the Reagan Era: Introduction«, in: *Regulation*, wie Anm. 116, S. 3-37, 8. Eine wichtige Ausnahme stellt der Telekommunikationsbereich dar, wo der Monopolist AT&T zerschlagen wurde, um den Eintritt neuer Firmen in den Markt zu ermöglichen.

119 Robert Reich, *Superkapitalismus. Wie die Wirtschaft unsere Demokratie untergräbt*, Campus 2007, S. 94; P. Krugman, *Return*, wie Anm. 85, S. 158.

120 Desmond King, *The New Right. Politics, Markets and Citizenship*, Basingstoke 1987, S. 158.

121 J. Borchert, *Transformation*, wie Anm. 95, S. 190.

122 Am Rande sei erwähnt, dass zumindest diese Form der Industriepolitik zu Rüstungszwecken den produzierenden Sektor und damit zumindest auch die entsprechenden Kernbelegschaften stützte, die ansonsten zu den Verlierern des Reaganismus zählten.

123 J. Borchert, *Transformation*, wie Anm. 95, S. 194.

124 Vgl. zur Rolle einzelner Personen innerhalb der Regierung Reagan auch W. Niskanen, *Reaganomics*, wie Anm. 112, S. 283-303.

125 Vgl. D. Stockman, *Triumph*, wie Anm. 112.

126 Vgl. P. Pierson, *Dismantling*, wie Anm. 99, S. 149-155.

127 Vgl. Kean Birch/Adam Tickell, »Making Neoliberal Order in the United States«, in: K. Birch/V. Mykhnenko, *Rise*, wie Anm. 1, S. 42-59.

128 Das verweist auf die Tatsache, dass sich wie im Fall Thatcher unter Reagan ein wirtschaftlicher Strukturwandel von einer Industriegesellschaft hin zu einer (Finanz-)Dienstleistungsgesellschaft vollzog, der auch mit der Ausprägung von regionalen Disparitäten einherging: Waren es in Großbritannien die Industriereviere des Nordens und der Midlands, die besonders negativ betroffen waren, wohingegen London und der Süden Englands insgesamt profitierten, so war es in den USA die Verlagerung der wirtschaftlichen Aktivitäten vom industriellen Rust Belt unterhalb der großen Seen in den Sun Belt im Süden und Westen der USA. Vgl. hierzu Joel Krieger, *Reagan, Thatcher, and the Politics of Decline*, Cambridge 1986, 142f.

129 Vgl. zu den ›Gewinnern und Verlierern‹ der konservativen Transformation des Wohlfahrtsstaates auch J. Borchert, *Transformation*, wie Anm. 95, S. 209. Die Kürzungen unter Reagan betrafen insbesondere die unter Präsident Johnson in den 1960er Jahren ins Leben gerufenen Programme des *War on Poverty* und weit weniger die im Rahmen des New Deal verabschiedeten Sozialversicherungsprogramme wie etwa die staatliche Rentenversicherung *Social Security*, von der eher die Mittelklasse als die Armen profitiert. Diese politisch plausible Strategie, welche die Programme wie *Social Security* und *Medicare* mit großem Rückhalt in der Bevölkerung weitgehend von Kürzungen ausnahm, war aber auch mitverantwortlich dafür, dass die Kosteneinsparungen vergleichsweise gering waren. Die Programme der Armutsfürsorge verschlechtern zwar im Falle ihrer Abschaffung die Situation der Armen massiv, doch aufgrund ihres geringen Finanzvolumens im Vergleich etwa zu *Medicare* führen sie zu keiner nennenswerten Entlastung des staatlichen Budgets. Vgl. zur Politik des Sozialabbaus P. Pierson, *Dismantling*, wie Anm. 99.

130 Zum Vergleich zwischen Thatcherismus und Reaganismus sind insbesondere J. Borchert, *Transformation*, wie Anm. 95, und P. Pierson,

Dismantling, wie Anm. 99, zu empfehlen. Vgl. darüber hinaus D. King, *New*, wie Anm. 120, und J. Krieger, *Reagan*, wie Anm. 128, Cambridge 1986.

131 Vgl. P. Pierson, *Dismantling*, wie Anm. 99, S. 21.

132 J. Peck/A. Tickell, *Conceptualizing*, wie Anm. 89, S. 34.

133 J. Peck/A. Tickell, *Conceptualizing*, wie Anm. 89, S. 33.

134 Vgl. zu Bill Clintons Präsidentschaft David Stoesz, *Small Change: Domestic Policy under the Clinton Presidency*, White Plains 1996; Michael Meeropol, *Surrender How the Clinton Administration Completed the Reagan Revolution*, sowie Joseph Stiglitz, *The Roaring Nineties. Der entzauberte Boom*, Berlin 2003.

135 B. Jansson, *Reluctant*, wie Anm. 117, S. 372.

136 J. Stiglitz, *Roaring*, wie Anm. 134, S. 109, S. 115.

137 Selbst der *Chicago-School*-Jurist Richard Posner teilt mittlerweile diese Meinung. Vgl. Richard Posner, *A Failure of Capitalism. The Crisis of '08 and the Descent into Depression*, Cambridge 2009, S. 45.

138 R. Reich, *Superkapitalismus*, wie Anm. 119, S. 97.

139 Berühmt geworden ist die Rede vor allem, weil Clinton hier mit stark neoliberalem Zungenschlag und ohne größere Einschränkung erklärte: »The era of big government is over.«

140 Bill Clinton, *State of the Union Address 1996*. http://www.washingtonpost.com/wp-srv/politics/special/states/docs/sou96.htm

141 Lawrence Mead, »Welfare Reform and Citizenship«, in: ders./Christopher Beem (Hg.), *Welfare Reform and Political Theory*, New York 2005, S. 172-199, 191. Lawrence Mead ist einer der entschiedensten Vertreter des ›Neuen Paternalismus‹ und damit ein intellektueller Wegbereiter der Sozialfürsorgereform. Vgl. dazu auch die übrigen Beiträge in dem Sammelband.

142 Vgl. zu den mindestens ambivalenten Auswirkungen der Reform auch Lawrence Mead, »A Summary of Welfare Reform«, in: ders./C. Beem, *Welfare*, wie Anm. 141, S. 10-33, insbesondere 20f.

143 Vgl. zur Politik der Regierung Blair Steve Ludlam/Martin Smith (Hg.), *New Labor in Government*, Basingstoke 2000; Steve Ludlam/Martin Smith (Hg.), *Governing as New Labor. Policy and Politics under Blair*, Basingstoke 2004; Mark Bevir, *New Labor: A Critique*, London 2005. Zum Vergleich zwischen Clinton und Blair siehe Flavio Romano, *Clinton and Blair: The Political Economy of the Third Way*, London 2006.

144 »The aim is to win the confidence of the financial markets by restricting Government autonomy.« (Eric Shaw, »Is the Blair Government Social Democratic?«, in: Stephen Haseler/Henning Meyer (Hg.), *Reshaping Social Democracy. Labour and the SPD in the New Century*, London 2003, S. 193-212, 195).

145 Anthony Giddens, *Der dritte Weg: Die Erneuerung der sozialen Demokratie*, Frankfurt/M. 1999.

146 Vgl. Matthew Flinders, »New Labour and the Constitution«, in: S. Ludlam/M. Smith, *Governing*, wie Anm. 143, S. 126-143.

147 Vgl. Stuart White, »›Rights and Responsibilities‹: A Social Democratic Perspective«, in: Andrew Gamble/Tony Wright (Hg.), *The New Social Democracy*, Oxford 1999, S. 151-165.

148 Nick Randall, »Three Faces of New Labour: Principle, Pragmatism and Populism in New Labour's Home Office«, in: S. Ludlam/M. Smith, *Governing*, wie Anm. 143, S. 177-192, 182f.

149 Vgl. zum ›New Deal‹ im Kontext des Übergangs von Thatcherismus zu New Labour Bob Jessop, *From Thatcherism to New Labour: Neo-Liberalism, Workfarism and Labor Market Regulation.* Published by the Department of Sociology, Lancaster University at: http://www.comp.lancs.ac.uk/sociology/soc131rj.pdf

150 Dass es diese Parallelen gibt, darf aber nicht im Sinne einer notwendigen Reaktion auf die erste Phase von Neoliberalisierungsprozessen missverstanden werden. Ob sich überhaupt eine *Roll-Out*-Phase entwickelt und welche Flankierungselemente (etwa Kommunitarismus, Korporatismus, Etatismus etc.) in ihr zum Tragen kommen, sind Fragen, die sich nicht a priori beantworten lassen. Vgl. dazu Bob Jessop, »Liberalism, Neo-Liberalism, and Urban Governance: A State-Theoretical Perspective«, in: *Antipodes*, 34. Jg., H. 3, S. 452-472, insbesondere 460ff.

151 J. Borchert, *Transformation*, wie Anm. 95, S. 117.

152 *Frankfurter Allgemeine Zeitung*, 4.2.2012.

153 J. Borchert, *Transformation*, wie Anm. 95, S. 194f.

154 Klaus von Beyme, »Verfehlte Vereinigung – verpasste Reformen? Zur Problematik der Evaluation der Vereinigungspolitik in Deutschland seit 1989«, in: *Journal für Sozialforschung*, 1994, S. 249-269, 265.

155 Vgl. Edgar Rose, »Arbeitsrechtspolitik zwischen Re-Regulierung und Deregulierung«, in: Antonia Gohr/Martin Seeleib-Kaiser (Hg.), *Sozial-*

und Wirtschaftspolitik unter Rot-Grün, Wiesbaden 2003, S. 103-124, 111.

156 Vgl. zur Ära Rot-Grün die journalistische Chronik von Matthias Geyer/Dirk Kurbjuweit/Cordt Schnibben, *Operation Rot-Grün. Geschichte eines politischen Abenteuers*, München 2005, und A. Gohr/M. Seeleib-Kaiser, *Sozial- und Wirtschaftspolitik*, wie Anm. 155.

157 Später musste sich der lange als ›Eiserner Hans‹ gepriesene Minister Eichel sogar einem Untersuchungsausschuss stellen, der ihm – erfolglos – nachzuweisen versuchte, dass sein Ministerium bis zur gewonnenen Wahl 2002 geschönte Bilanzen veröffentlicht habe.

158 Vgl. zum Folgenden Rudolf Hickel, »Abschied vom Rheinischen Kapitalismus? Zum rot-grünen Kurswechsel in der Wirtschafts- und Finanzpolitik«, in: *Blätter für deutsche und internationale Politik*, 44. Jg., H. 8, S. 947-957; Reimut Zohlnhöfer, »Die Wirtschaftspolitik der rotgrünen Koalition: Ende des Reformstaus?«, in: *Zeitschrift für Politikwissenschaft*, 14. Jg., H. 2, S. 381-402.

159 Im Übrigen wurde auch der Eingangssteuersatz um etwa zehn Prozent gesenkt und der Steuerfreibetrag erhöht, was vor allem Niedrigverdiener entlastet.

160 Vgl. Peter Hall/David Soskice (Hg.), *Varieties of Capitalism. The Institutional Foundations of Comparative Advantage*, Oxford 2001.

161 Wilfried Herz, »Das größte Geschenk aller Zeiten«, in: *Die Zeit*, 8.9. 2005; vgl. auch Christoph Butterwegge, *Krise und Zukunft des Sozialstaates*, 3. Aufl., Wiesbaden 2006, S. 170-175.

162 Tim Engartner, »Privatisierung und Liberalisierung – Strategien zur Selbstentmachtung des öffentlichen Sektors«, in: Christoph Butterwegge/Bettina Lösch/Ralf Ptak, *Kritik des Neoliberalismus*, 2. Aufl., Wiesbaden 2008, S. 87-134, 108.

163 Vgl. dazu auch das folgende Kapitel.

164 Eine umfassendere Betrachtung müsste beispielsweise auch die Riester-Rentenreform sowie die Entwicklungen in der Gesundheitspolitik mit einbeziehen. Für eine kritische Perspektive hierauf vgl. C. Butterwegge, *Krise*, wie Anm. 161, S. 175-180 bzw. S. 213-218.

165 Zitiert aus http://www.documentarchiv.de/brd/2003/rede_schroeder_03-14.html

166 Gerhard Schröder/Tony Blair, »Der Weg nach vorn für Europas Sozialdemokraten«, in: *Blätter für deutsche und internationale Politik*, 44. Jg., H. 8, S. 887-896, 892.

167 G. Schröder/T. Blair, *Weg*, wie Anm. 166, S. 894.

168 Gerhard Schröder, »Die zivile Bürgergesellschaft. Anregungen zu einer Neubestimmung der Aufgaben von Staat und Gesellschaft«, in: *Neue Gesellschaft/Frankfurter Hefte*, 47. Jg., H. 4, S. 200-207, 201.

169 Stephan Lessenich, *Die Neuerfindung des Sozialen. Der Sozialstaat im flexiblen Kapitalismus*, Bielefeld 2008, S. 94.

170 S. Lessenich, *Neuerfindung*, wie Anm. 169, S. 84 f.

171 Von einer reinen Ordnungspolitik nach ordoliberalem Vorbild wird man aber nur mit großen Abstrichen sprechen können. Immerhin rettete die Regierung höchst öffentlichkeitswirksam das Bauunternehmen Holzmann vor dem Konkurs und zeigte sich gegenüber Großfusionen (z.B. Mannesmann-Vodafone) und den möglicherweise resultierenden Vermachtungstendenzen auf den entsprechenden Märkten weitgehend sorglos. Vgl. Roland Sturm, »Wettbewerbs- und Industriepolitik: Zur unterschätzten Ordnungsdimension der Wirtschaftspolitik«, in: A. Gohr/M. Seeleib-Kaiser, *Sozial- und Wirtschaftspolitik*, wie Anm. 155, S. 87-102.

172 Vgl. zu diesem Punkt beispielsweise Colin Hay, »The ›Crisis‹ of Keynesianism and the Rise of Neoliberalism in Britain. An Ideational Institutionalist Approach«, in: John Campbell/Ove Pedersen (Hg.), *The Rise of Neoliberaism and Institutional Analysis*, Princeton 2001, S. 193-218.

173 Am Rande sei erwähnt, dass eine höhere Regulierungsdichte nicht notwendigerweise etwa Lohngerechtigkeit verbürgen würde. Das Lohngefälle zwischen den Geschlechtern ist in Deutschland nach wie vor höher als in den USA oder Großbritannien.

174 Vgl. zu diesen Fragen die Armuts- und Reichtumsberichte der Bundesregierung. Mit Blick auf den Zeitraum 2002 bis 2005 heißt es hier: »Die Bruttolöhne und -gehälter je Arbeitnehmer gingen real von durchschnittlich 24 873 Euro auf 23 684 Euro und damit um 4,8 % zurück. Dies ist auch das Resultat von betrieblichen und tariflichen Vereinbarungen, einer hohen Arbeitslosigkeit in dieser Zeit sowie der gesunkenen Tarifbindung in Deutschland. Auch die Ungleichverteilung der Einkommen nahm zu: Während der Anteil der höheren Einkom-

men wuchs, sanken die Anteile der niedrigen Einkommensgruppen. Die Zunahme des Anteils von Beschäftigten im Niedriglohnbereich hat vielfältige Ursachen (u.a. Teilzeit und neue Beschäftigungsformen) und muss auch vor dem Hintergrund gesehen werden, dass damit mehr Menschen einen Weg aus der Arbeitslosigkeit gefunden haben. 2005 blieben die Verdienste aus unselbständiger Arbeit von mehr als einem Drittel der Beschäftigten unterhalb der Niedriglohnschwelle von zwei Dritteln des Medians der Bruttoeinkommen. Anfang der 1990er Jahre war dies dagegen nur bei etwas mehr als einem Viertel der Fall. Entgegen dem europäischen Trend stieg damit auch die Armutsrisikoquote von Erwerbstätigen. Die gute wirtschaftliche Entwicklung und die Tarifabschlüsse der letzten Monate lassen eine positive Entwicklung der Arbeitseinkommen erwarten.« (*Lebenslagen in Deutschland. Der 3. Armutsbericht der Bundesregierung*. Kurzfassung, S. IV. http://www.bmas.de/SharedDocs/Downloads/DE/PDF-Publikatinen/forschungsprojekt-a333-dritter-armuts-und-reichtums-bericht-kurzfassung.pdf?__blob=publicationFile).

175 Vgl. zur amerikanischen Entwicklung die umfassende und empirisch gut unterfütterte Analyse in Gérard Duménil/Dominique Lévy, *The Crisis of Neoliberalism*, Cambridge 2011.

176 Anne Mette Kjaer, *Governance*, Cambridge 2004, S. 12; Jon Pierre/B. Guy Peters, *Governance, Politics and the State*, Basingstoke 2000, S. 1. Bei beiden Büchern handelt es sich um empfehlenswerte Überblicksdarstellungen zum Thema Governance. Die Schwierigkeit der Übersetzung ergibt sich aus der Ambivalenz der infrage kommenden Begriffe. Schließlich ist Regierung im Deutschen in erster Linie mit der Spitze der staatlichen Exekutive im Sinne von Government konnotiert. Doch der Alternativbegriff des Regierens suggeriert, dass es sich hier einzig um Praktiken handelt. Dabei sind gerade auch die strukturellen Veränderungen von Staatlichkeit für die Governance-Forschung von besonderer Bedeutung. Um Missverständnisse zu vermeiden, wird daher im Folgenden meistens der englische Begriff verwendet.

177 R.A.W. Rhodes, »The New Governance: Governing without Government«, in: *Political Studies* XLIV, 1996, S. 652-667, 655.

178 Die Supranationalisierung von Politik wird auch des Öfteren als Gegenstrategie zu Neoliberalisierungsprozessen ins Gespräch gebracht.

Nach dieser Logik würde beispielsweise die Europäische Union im Prinzip die Möglichkeit eröffnen, einen potenziell ruinösen Standortwettbewerb zwischen den Mitgliedsstaaten, der sich in Form neoliberaler Reformen vollziehen kann, durch fiskal- und sozialpolitische Harmonisierung einzuhegen. Allerdings ist die Realität weit von dieser Möglichkeit entfernt. Van Apeldoorn spricht von einem »embedded neoliberalism as asymmetric European socio-economic governance«. Damit gemeint ist eine Arbeitsteilung zwischen den Nationalstaaten, denen nach wie vor sozialstaatliche Aufgaben obliegen, die aber durch die strikte Marktorientierung auf der europäischen Ebene gerade in einen angebotsorientierten Standortwettbewerb getrieben würden. Vgl. zu diesen Fragen einerseits Jürgen Habermas, *Die postnationale Konstellation*, Frankfurt/M. 1992, und andererseits Bastiaan van Apeldoorn, »The Contraditions of ›Embedded Neoliberalism‹ and Europe's Multi-level Legitimacy Crisis: The European Project and its Limits«, in: ders./Jan Drahokoupil/Laura Horn (Hg.), *Contradictions and Limits of neoliberal European Governance. From Lisbon to Lisbon*, Basingstoke 2009, S. 21-43, 26.

179 Vgl. David Osborne/Ted Gaebler, *Der innovative Staat. Mit Unternehmergeist zur Verwaltung der Zukunft*, Wiesbaden 1997, S. 27. Osborne und Gaebler gehören zu den einflussreichsten Stimme im Diskurs des *New Public Management*. Im Folgenden wird daher immer wieder auf sie Bezug genommen.

180 D. Osborne/T. Gaebler, *Staat*, wie Anm. 179, S. 14.

181 D. Osborne/T. Gaebler, *Staat*, wie Anm. 179, S. 73.

182 D. Osborne/T. Gaebler, *Staat*, wie Anm. 179, S. 30 f.

183 D. Osborne/T. Gaebler, *Staat*, wie Anm. 179, S. 23.

184 Sie seien »Gefangene veralteter Systeme, die ihre Kreativität blockieren und ihnen die Energie rauben«. D. Osborne/T. Gaebler, wie Anm. 179, S. 11.

185 Als Paradebeispiel gelten diesbezüglich viele Reformen der Labour-Regierung unter Tony Blair: »... a shift away from hierarchical forms of state organisation through the development of e-government, pluralistic forms of state organisation through the development and the use of a range of public/private, local/national providers, but concomitantly, a strengthening of the centre and a clear policy agenda that is derived from the top.« (David Richards/Martin J. Smith, »The ›Hy-

brid State‹: Labour's Response to the Challenge of Governance«, in: S. Ludlam/M. Smith, *New Labour*, wie Anm. 143, S. 106-125, 124).

186 Vgl. zur Problematik von Governance-Paradoxen etwa Matthew Flinders, »Public/Private: The Boundaries of the State«, in: Colin Hay/ Michael Lister/David Marsh, *The State. Theories and Issues*, New York 2006, S. 223-247.

187 Michel Foucault, *Geschichte der Gouvernementalität I. Sicherheit, Territorium, Bevölkerung. Vorlesung am Collège de France 1977-78*, Frankfurt/M. 2004; Michel Foucault, *Geschichte der Gouvernementalität II. Die Geburt der Biopolitik. Vorlesung am Collège de France 1978-79*, Frankfurt/M. 2004. Vgl. zum Inhalt dieser Vorlesungen Thomas Lemke, *Eine Kritik der politischen Vernunft*, Hamburg 1997.

188 Vgl. hierzu Andrew Barry/Thomas Osborne/Nikolas Rose (Hg.), *Foucault and Political Reason. Liberalism, neo-liberalism and rationalities of government*, London 1996; Ulrich Bröckling/Susanne Krasmann/Thomas Lemke (Hg.), *Gouvernementalität der Gegenwart. Studien zur Ökonomisierung des Sozialen*, Frankfurt/M. 2000, sowie das Special Issue der *Foucault Studies* von 2009 zum Thema neoliberaler Gouvernementalität.

189 Ulrich Bröckling, *Das unternehmerische Selbst. Soziologie einer Subjektivierungsform*, Frankfurt/M. 2007, S. 19.

190 U. Bröckling, wie Anm. 189, S. 28.

191 M. Foucault, *Biopolitik*, wie Anm. 187, S. 208, 210.

192 M. Foucault, *Biopolitik*, wie Anm. 187, S. 336.

193 Gary S. Becker, *Ökonomische Erklärung menschlichen Verhaltens*, Tübingen 1982.

194 »Der Homo oeconomicus ist ein Unternehmer, und zwar ein Unternehmer seiner selbst.« (M. Foucault, *Biopolitik*, wie Anm. 187, S. 314).

195 M. Foucault, *Biopolitik*, wie Anm. 187, S. 349.

196 U. Bröckling, *Selbst*, wie Anm. 189, S. 38.

197 Eine ähnliche Verknüpfung von Verantwortung und Freiheit findet sich bei Pat O'Malley, einem der Pioniere der *Governmentality Studies* und der Analyse von Technologien der Verantwortlichmachung, der von »Enterprising Prudentialism« spricht. Pat O'Malley, »Uncertain Subjects: Risk, Liberalism and Contract«, in: *Economy and Society*, 29. Jg., 2000, S. 460-484, 465.

198 Thomas Lemke, »Von der Pflicht zur Selbstverantwortung. Zur Karriere eines Begriffs«, in: Christina Plath (Hg.), *Demokratie üben*, Münster 2007, S. 22-27, 25.

199 »Sie [die Depression, T.B.] ist eine Krankheit der Verantwortlichkeit, in der ein Gefühl der Minderwertigkeit vorherrscht. Der Depressive ist nicht voll auf der Höhe, er ist erschöpft von der Anstrengung, er selbst werden zu müssen.« (Alain Ehrenberg, *Das erschöpfte Selbst. Depression und Gesellschaft in der Gegenwart*, Frankfurt/M. 2004, S. 4). Vgl. zu diesem Themenkomplex auch Christoph Menke/Juliane Rebentisch (Hg.), *Kreation und Depression. Freiheit im gegenwärtigen Kapitalismus*, Berlin 2011.

200 Vgl. dazu die klassische Studie von Barbara Cruishank, *The Will to Empower. Democratic Citizens and other Subjects*, Ithaca 1999.

201 Luc Boltanski/Eve Chiapello, *Der neue Geist des Kapitalismus*, Konstanz 2006.

202 Vgl. hierzu Francesco Mancini, *In Good Company: The Role of Business in Security Sector Reform*, London 2006.

203 »In den USA gehört das (private) Gefängniswesen seit Jahrzehnten zu den am stärksten expandierenden Branchen; Neubauten entstehen oft in kleinen, wenig entwickelten Gemeinden, die davon wirtschaftlich profitieren.« (Fabian Virchow, »Der neoliberale Staat, die private Produktion von ›Sicherheit‹ und die Transformation der Bürgerrechte«, in: Christoph Butterwegge/Bettina Lösch/Ralf Ptak (Hg.), *Neoliberalismus. Analysen und Alternativen*, Wiesbaden 2008, S. 224-241, 233).

204 Vgl. zur Kritik am *Prison Industrial Complex* Loic Wacquant, »The Place of the Prison in the New Government of Poverty«, in: Mary Louise Frampton/Ian Haney López/Jonathan Simon (Hg.), *After the War on Crime. Race, Democracy, and a new Reconstruction*, S. 23-36, 31.

205 »Der hier gewählte Ansatz folgt der üblichen ökonomischen Analyse von Wahlhandlungen und unterstellt, dass eine Person eine Straftat begeht, wenn der für sie zu erwartende Nutzen größer ist als der Nutzen, den sie realisieren könnte, wenn sie ihre Zeit und sonstigen Ressourcen für andere Aktivitäten einsetzen würde.« (Gary S. Becker, »Kriminalität und Strafe: Ein ökonomischer Ansatz«, in: ders., *Ökonomische Erklärung*, wie Anm. 193, S. 39-96, 47 f.).

206 David Garland, *Kultur der Kontrolle. Verbrechensbekämpfung und soziale Ordnung in der Gegenwart*, Frankfurt/M. 2008, S. 63.

207 »... the prudent subject will invest resources in improving personal and property security [...] skilled and self-reliant individuals may now work with their peers in the ›community‹ [...] make arrangements with ›their‹ police to provide the services they require [...] Home-owners should insure their properties against burglary, and learn and implement the skills of securing the house against intruders.« (Pat O'Malley, »Risk and Responsibility«, in: A. Barry/T. Osborne/N. Rose, *Foucault*, wie Anm. 188, S. 189-208, 201 f.). Vgl. auch Pat O'Malley, *Neoliberalism and Risk in Criminology*, Legal Studies Research Paper No. 09/83, September 2009. Online erhältlich http://papers.ssrn.com/sol3/papers.cfm?abstract_id=1472862. Zum vorbeugenden Verhalten zählt auch der Trend zum Leben in sogenannten Gated Communities, die durch strenge Zugangsrestriktionen für Nichtbewohner einen geschützten privaten Lebens- und Wohnraum versprechen. Vgl. hierzu Margaret Kohn, *Brave New Neighborhoods. The Privatization of Public Space*, New York 2004.

208 Loic Wacquant, »Crafting the Neoliberal State: Workfare, Prisonfare, and Social Insecurity«, in: *Sociological Forum*, 25. Jg., 2010, S. 197-220, 199. Vgl. auch Loic Wacquant, *Bestrafen der Armen. Zur neoliberalen Regierung der sozialen Unsicherheit*, Opladen 2009.

209 Jürgen Habermas, »Nach dem Bankrott«, in: *Die Zeit* 46, 6.11.2008. http://www.zeit.de/2008/46/Habermas; Joseph Stiglitz, »The End of Neoliberalism?«, http://economistsview.typepad.com/economistview/2008/07/stiglitz-the-en.html.

210 Vgl. zu dieser letzten Deutung Wolfgang Streeck, »Die Krisen des demokratischen Kapitalismus«, in: *Lettre International*, 95. Jg., 2011, S. 7-13.

211 Empirisch gut unterfütterte Interpretationsansätze, die allerdings eine dezidiert neo-marxistische Handschrift tragen, finden sich bei David Harvey, *The Enigma of Capital and the Crises of Capitalism*, London 2010, und Gérard Duménil/Dominique Lévy, *The Crisis of Neoliberalism*, Cambridge 2011.

212 Dies gilt mittlerweile auch in den USA als wesentliche Ermöglichungsbedingung der Krise. Nach Maßgabe der 2010 verabschiedeten *Dodd-Frank Wall Street Reform and Consumer Protection Act* zur Neuordnung des Bankensektors soll eine ähnliche Trennung in Form der nach dem

ehemaligen Notenbankchef benannten Volcker-Regel wiedereingeführt werden.

213 Vgl. Jamie Peck, »Zombie neoliberalism and the ambidextrous state«, in: *Theoretical Criminology*, 14. Jg., 2010, S. 104-110.

214 Neil Smith, »Neo-liberalism: dead but dominant«, in: *Focaal*, 51. Jg., 2008, S. 155-157.

215 Mark Blyth, *Austerity: The History of a Dangerous Idea*, Oxford 2013, S. 13.

216 Wolfgang Streeck, *Gekaufte Zeit. Die vertagte Krise des demokratischen Kapitalismus*, Berlin 2013, S. 98.

217 Vgl. hierzu die Debatte zwischen Habermas und Streeck, in: *Blätter für deutsche und internationale Politik*, 58. Jg., H. 5 und 9, sowie zwischen Habermas und Scharpf, in: *Leviathan*, 43. Jg., H. 1 und 2.

218 Vgl. Jürgen Habermas, *Im Sog der Technokratie*, Berlin 2013.

219 Wolfgang Streeck, »Es ist so weit – raus aus dem Euro«, in: *Die Zeit* vom 5.2.2015, S. 40.

220 Eine ähnliche Position vertrat schon Milton Friedman im Vorfeld der Euro-Einführung: »It [der Euro, T.B.] would exacerbate political tensions by converting divergent shocks that could have been readily accommodated by exchange rate changes into divisive political issues. Political unity can pave the way for monetary unity. Monetary unity imposed under unfavorable conditions will prove a barrier to the achievement of political unity.« Milton Friedman, »The Euro: Monetary Unity to Political Disunity?« http://www.project-syndicate.org/commentary/the-euro-monetary-unity-to-political-disunity.

221 Friedrich August von Hayek, »Die wirtschaftlichen Voraussetzungen föderativer Zusammenschlüsse«, in: ders., *Individualismus und wirtschaftliche Ordnung*, Erlenbach-Zürich 1952, S. 324-344.

222 Martin Höpner/Florian Rödl, »Illegitim und rechtswidrig: Das neue makroökonomische Regime im Euroraum«, in: *Wirtschaftsdienst*, 92. Jg., 2012, S. 219-222.

223 Fritz W. Scharpf, »Das Dilemma der supranationalen Demokratie in Europa«, in: *Leviathan*, 43. Jg., H. 1, S. 11-28, 14.

224 Diese des Neoliberalismus unverdächtigen Pläne zur Weiterentwicklung der Eurozone sollten nicht darüber hinwegtäuschen, dass sie im Zusammenhang mit einer Reform des französischen Arbeitsmarktes und des Wirtschaftssektors insgesamt stehen, die gerade auch von der

deutschen Regierung immer wieder angemahnt worden war und die man ohne Übertreibung als neoliberal in ihren Grundelementen bezeichnen kann. Der informelle Deal zwischen Deutschland und Frankreich lautet, dass die Deutschen Macron auf europäischer Ebene entgegenkommen sollten, falls er bei den wirtschaftlichen Reformen im eigenen Lande liefert. Die letztere Bedingung scheint sich zu erfüllen.

225 http://www.spiegel.de/wirtschaft/soziales/wolfgang-schaeuble-geht-auf-konfrontation-zu-emmanuel-macron-a-1171598.html. Zu Weidmanns Position vgl. seine Walter-Eucken-Vorlesung aus dem Jahr 2013. https://www.bundesbank.de/Redaktion/DE/Reden/2013/2013_02_11_weidmann.html#doc135474bodyText4.

226 Giuseppe Conte, »Italien an vorderster Front«, in: *Die Zeit* vom 2.4.2020.

227 Lars Feld, Philippe Martin, »Was heißt Solidarität?«, in: *Die Zeit* vom 23.4.2020.

228 Jens Weidmann, »Die aktuelle Krise und die damit verbundenen Herausforderungen für die Wirtschafts- und Geldpolitik.« Rede auf dem Frankfurt Finance Summit vom 22. Juni 2020. Vgl. https://www.bundesbank.de/de/presse/reden/die-aktuelle-krise-und-die-damit-verbundenen-herausforderungen-fuer-die-wirtschafts-und-geldpolitik-835594

229 Vgl.https://www.theguardian.com/commentisfree/2016/nov/17/american-neoliberalism-cornel-west-2016-election; https://www.theguardian.com/commentisfree/2016/aug/21/death-of-neoliberalism-crisis-in-western-politics.

230 Vgl. zum Folgenden auch Thomas Biebricher, »Neoliberalism and Authoritarianism«, in: *Global Perspectives* 1, no. 1, 2020, https://doi.org/10.1525/001c.11872.

231 Stephen Moore, Arthur Laffer, *Trumponomics. Inside the America First Plan to Revive our Economy*, New York 2018.

232 Das überparteiliche Congressional Budget Office prognostiziert, das Haushaltsdefizit werde über die nächsten zehn Jahre um etwa 1,4 Billionen US-Dollar anwachsen. Vgl. https://edition.cnn.com/2017/11/27/politics/cbo-score-senate-tax/index.html

233 Vgl. zu diesem Konzept Ian Bruff, »The Rise of Authoritarian Neoliberalism«, in: *Rethinking Marxism* 26, no. 1, 2014, S. 113-129, und Thomas Biebricher, Die politische Theorie des Neoliberalismus, Berlin 2012.

Auswahlliteratur

1. Theoretische Grundlagen

Primärquellen

Buchanan, James/Wagner, Richard, *Democracy in Deficit: The political Legacy of Lord Keynes*, New York 1977.

Buchanan, James, *Die Grenzen der Freiheit*, Tübingen 1984.

Eucken, Walter, »Staatliche Strukturwandlungen und Krisis des Kapitalismus«, in: *Weltwirtschaftliches Archiv*, 36. Jg., 1932, S. 297-321.

Eucken, Walter, *Grundlagen der Nationalökonomie*, Jena 1940.

Eucken, Walter, *Grundsätze der Wirtschaftspolitik*, Zürich 1952.

Friedman, Miton, *Kapitalismus und Freiheit*, Stuttgart 1971.

Friedman, Milton/Friedman, Rose, *Free to Choose. A Personal Statement*, Orlando 1980.

Hayek, Friedrich August von, *Der Weg zur Knechtschaft*, Zürich 1945.

Hayek, Friedrich August von, *Die Verfassung der Freiheit*, Tübingen 1971.

Lippmann, Walter, *Die Gesellschaft freier Menschen*, Bern 1945.

Röpke, Wilhelm, *Die Gesellschaftskrisis der Gegenwart*, Erlenbach-Zürich 1942.

Röpke, Wilhelm, *Civitas Humana*, Erlenbach-Zürich 1949.

Rüstow, Alexander, *Die Religion der Marktwirtschaft*, Münster 2001.

Rüstow, Alexander, *Ortsbestimmung der Gegenwart: Eine universalgeschichtliche Kulturkritik* (3 Bde.), Erlenbach-Zürich 1950-57.

Sekundärliteratur

Burgin, Angus, *The Great Persuasion: Reinventing Free Markets since the Great Depression*, Cambridge 2012.

Gertenbach, Lars, *Die Kultivierung des Marktes. Foucault und die Gouvernementalität des Neoliberalismus*, Berlin 2007.

Haselbach, Dieter, *Autoritärer Liberalismus und Soziale Marktwirtschaft. Gesellschaft und Politik im Ordoliberalismus*, Baden-Baden 1991.

Mirowski, Philip/Plehwe, Dieter, *The Road from Mont Pèlerin. The Making of the Neoliberal Thought Collective*, Cambridge 2009.
Peck, Jamie, *Constructions of Neoliberal Reason*, Oxford 2010.
Plickert, Philip, *Wandlungen des Neoliberalismus*, Stuttgart 2008.
Ptak, Ralf, *Vom Ordoliberalismus zur Sozialen Marktwirtschaft. Stationen des Neoliberalismus in Deutschland*, Opladen 2004.
Stedman Jones, Daniel, *Masters of the Universe: Hayek, Friedman and the Birth of Neoliberal Politics*, Princeton 2012.
Walpen, Bernhard, *Die offenen Feinde und ihre Gesellschaft. Eine hegemonietheoretische Studie zur Mont Pèlerin Society*, Hamburg 2004.

2. Neoliberalisierungsprozesse

Überblickswerke

Butterwegge, Christoph/Lösch, Christina/Ptak, Ralf (Hg.), *Neoliberalismus. Analysen und Alternativen*, Wiesbaden 2008.
Cahill, Damien, *The End of Laissez-Faire? On the Durability of Embedded Neoliberalism*, Cheltenham 2014.
Chomsky, Noam, *Profit over People – War against People: Neoliberalismus und globale Weltordnung, Menschenrechte und Schurkenstaaten*, München 2006.
Harvey, David, *Kleine Geschichte des Neoliberalismus*, Zürich 2007.
Klein, Naomi, *Die Schock-Strategie: Der Aufstieg des Katastrophen-Kapitalismus*, Frankfurt/M. 2007.
Plehwe, Dieter/Walpen, Bernhard/Neunhöffer, Gisela (Hg.), *Neoliberal Hegemony: A Global Critique*, New York 2006.
Roy, Ravi/Denzau, Arthur/Willett, Thomas Willett (Hg.), *Neoliberalism: National and Regional Experiments with Global Ideas*, New York 2006.
Saad-Filho, Alfredo/Johnston, Deborah (Hg.), *Neoliberalism: A Critical Reader*, New York 2004.
Springer, Simon/Birch, Kean/MacLeavy, Julie (Hg.), The Handbook of Neoliberalism, New York 2016.

Deutschland, Großbritannien, USA

Bevir, Mark, *New Labour: A Critique*, London 2005.

Borchert, Jens, *Die konservative Transformation des Wohlfahrtsstaates. Großbritannien, Kanada, die USA und Deutschland im Vergleich*, Frankfurt/M. 1995.
Boskin, Michael J., *Reagan and the Economy: The Successes, Failures, and Unfinished Agenda*, Richmond 1987.
Gamble, Andrew, *The Free Economy and the Strong State* (2. Aufl.), Basingstoke 1994.
Giddens, Anthony, *Der dritte Weg: Die Erneuerung der sozialen Demokratie*, Frankfurt/M. 1999.
Hall, Stuart/Jacques, Martin, *The Politics of Thatcherism*, London 1983.
Jessop, Bob et al., *Thatcherism. A Tale of Two Nations*, Cambridge 1988.
King, Desmond, *The New Right. Politics, Markets and Citizenship*, Basingstoke 1987.
Lessenich, Stephan, *Die Neuerfindung des Sozialen. Der Sozialstaat im flexiblen Kapitalismus*, Bielefeld 2008.
Ludlam, Steve/Smith, Martin (Hg.), *New Labor in Government*, Basingstoke 2000.
Pierson, Paul, *Dismantling the Welfare State? Reagan, Thatcher, and the Politics of Retrenchment*, Cambridge 1994.
Reich, Robert, *Superkapitalismus. Wie die Wirtschaft unsere Demokratie untergräbt*, Frankfurt/M. 2007.
Romano, Flavio, *Clinton and Blair: The Political Economy of the Third Way*, London 2006.
Stiglitz, Joseph, *The Roaring Nineties. Der entzauberte Boom*, Berlin 2003.

3. Neoliberalismus im Spiegel der Sozialwissenschaften

Governance

Kjaer, Anne Mette, *Governance*, Cambridge 2004.
Osborne, David/Gaebler, Ted, *Der innovative Staat. Mit Unternehmergeist zur Verwaltung der Zukunft*, Wiesbaden 1997.
Pierre, Jon/Peters, B. Guy, *Governance, Politics and the State*, Basingstoke 2000.
Rhodes, R.A.W., »The New Governance: Governing without Government«, in: *Political Studies* XLIV, 1996, S. 652-667.

Gouvernementalität

Barry, Andrew/Osborne, Thomas/Rose, Nikolas (Hg.), *Foucault and Political Reason. Liberalism, neo-liberalism and rationalities of government*, London 1996.

Becker, Gary S., *Ökonomische Erklärung menschlichen Verhaltens*, Tübingen 1982.

Bröckling, Ulrich, *Das unternehmerische Selbst. Soziologie einer Subjektivierungsform*, Frankfurt/M. 2007.

Bröckling, Ulrich/Krasmann, Susanne/Lemke, Thomas (Hg.), *Gouvernementalität der Gegenwart. Studien zur Ökonomisierung des Sozialen*, Frankfurt/M. 2000.

Brown, Wendy, *Undoing the Demos: Neoliberalism's Stealth Revolution*, New York 2015.

Cruishank, Barbara, *The Will to Empower. Democratic Citizens and other Subjects*, Ithaca 1999.

Dardot, Pierre/Laval, Christian, *The New Way of the World: On Neoliberal Society*, London 2013.

Foucault, Michel, *Geschichte der Gouvernementalität I. Sicherheit, Territorium, Bevölkerung. Vorlesung am Collège de France 1977-78*, Frankfurt/M. 2004.

Foucault, Michel, *Geschichte der Gouvernementalität II. Die Geburt der Biopolitik. Vorlesung am Collège de France 1978-79*, Frankfurt/M. 2004.

Lazzarato, Maurizio, *Die Fabrik des verschuldeten Menschen. Ein Essay über das neoliberale Leben*, Berlin 2012.

Lemke, Thomas, *Eine Kritik der politischen Vernunft*, Hamburg 1997.

Sicherheit und Kriminalität

Garland, David, *Kultur der Kontrolle. Verbrechensbekämpfung und soziale Ordnung in der Gegenwart*, Frankfurt/M. 2008.

Harcourt, Bernard E., »Neoliberal Penalty«, in: *Theoretical Criminology*, 14. Jg., 2010, S. 74-92.

O'Malley, Pat, »Risk, Power and Crime Prevention«, in: *Economy and Society*, 21. Jg., H. 3, 1992, S. 252-275.

Wacquant, Loic, *Bestrafen der Armen. Zur neoliberalen Regierung der sozialen Unsicherheit*, Opladen 2009.

Finanz- und Eurokrise

Blyth, Mark, *Austerity: The History of a Dangerous Idea*, Oxford 2013.
Habermas, Jürgen, *Im Sog der Technokratie*, Berlin 2013.
Mirowski, Philip, *Untote leben länger. Warum der Neoliberalismus nach der Krise noch stärker ist*, Berlin 2015.
Offe, Claus, *Europe Entrapped*, Cambridge 2014.
Streeck, Wolfgang, *Gekaufte Zeit. Die vertagte Krise des demokratischen Kapitalismus*, Berlin 2013.

Glossar

Chancengleichheit
Der Begriff wird oft in Abgrenzung zum Begriff der Ergebnisgleichheit verwendet. Chancengleichheit bezieht sich zumeist auf gleiche Ausgangschancen im Bereich von Bildung und Beruf. Allerdings besteht in der Frage, welche Chancen egalisiert werden sollten (etwa auch genetische Dispositionen?), die nach wie vor kontroverse Kernproblematik des Begriffs.

Chicago Boys
Bezeichnung für die südamerikanischen Absolventen der University of Chicago, die vor allem in Chile unter der Militärdiktatur Pinochets die konkreten neoliberalen Reformen planten und umzusetzen halfen. Der Begriff wurde später auch auf amerikanische Experten angewandt, die die erste post-sowjetische russische Regierung unter Boris Jelzin bei ihren wirtschaftlichen Reformen berieten.

Gouvernementalität
Eine Wortneuschöpfung des französischen Philosophen Michel Foucault, der selbst mehrere teils widersprüchliche Definitionen des Begriffs liefert. Gemeinhin wird der Begriff als Bezeichnung für die reflektierten Praktiken des Regierens verwendet, die bestimmte Rationalitäten wie auch Technologien des Regierens implizieren. Foucault unternimmt in zwei Vorlesungsreihen von 1978/79 den Versuch, eine Geschichte der Gouvernementalität von der Renaissance bis zum Neoliberalismus der Gegenwart zu entwickeln.

Governance
Kann sich sowohl auf die Tätigkeit des Regierens/der Regierung wie auch auf institutionelle Arrangements beziehen. Die spezifische Bedeutung er-

gibt sich aus der begrifflichen Abgrenzung von Government. Letzteres steht für traditionelle hierarchische und weitgehend einheitliche Regierungsformen. Governance bezeichnet dagegen eine Vielfalt neuartiger Regierungsformen, zu denen etwa Politiknetzwerke oder auch Public-Private-Partnerships (vgl. unten) gehören. Manche Governance-Forscher verbinden mit dem empirischen Trend *from government to governance* die Hoffnung auf weniger hierarchische Regierungsformen, die nicht zuletzt durch die Einbeziehung zivilgesellschaftlicher Akteure effizienter und transparenter werden sollen.

Inflation/Inflationsrate
Bezeichnet den Anstieg des Preisniveaus, was gleichbedeutend mit einer entsprechenden Geldentwertung ist. Auch die umgekehrte Entwicklung eines Absinkens des Preisniveaus ist möglich. Sie wird als Deflation bezeichnet. Genaue Definition, Ursachen und Auswirkungen von Inflation sind zwischen Vertretern des Keynesianismus und des Monetarismus (vgl. unten) umstritten. Die Inflationsrate misst das Ausmaß der Geldentwertung bezüglich eines bestimmten Warenkorbs in einem bestimmten Zeitraum.

Keynesianismus
Auf die Arbeiten von John Maynard Keynes zurückgehende Tradition in der Makroökonomie und Wirtschaftspolitik. Laut Keynes streben kapitalistische Märkte nicht automatisch Gleichgewichtszuständen entgegen. Es ist möglich, dass sie im Gefolge von Krisen etwa auf hohem Arbeitslosigkeits- oder geringem Investitionsniveau verharren. In diesen Fällen soll der Staat durch Fiskal- und Geldpolitik, z.B. durch öffentliche Investitionen stimulierend ins Wirtschaftsgeschehen eingreifen. Der Keynesianismus galt in der Zeit von etwa 1940 bis 1970 als dominante Doktrin in der Wirtschaftspolitik, wurde in der Folge aber vom Monetarismus verdrängt.

Konservatismus
Intellektuelle Strömung, die sich aus vielen unterschiedlichen Quellen speist. Als konservativer Vordenker gilt u.a. der aus Irland stammende Edmund Burke (1729-1797), dessen Kritik der Französischen Revolution und ihres Vernunftglaubens im Namen von Tradition, Erfahrung und ge-

sundem Menschenverstand prägend auf spätere konservative Denker wirkte, die immer wieder auf diese oder ähnliche Motive zurückgreifen. In manchen Spielarten verbindet sich die Verteidigung des kulturellen Status quo (etwa bezüglich der Geschlechterverhältnisse) mit einer Fortschrittsorientierung im wissenschaftlich-technischen Bereich.

Laissez-faire
›Gehenlassen‹ als Motto einer Wirtschaftspolitik, die von einer Selbstregulierung der Märkte ausgeht und daher bestrebt ist, den Staat als ordnende Instanz soweit wie möglich im Hintergrund zu lassen. In einigen seiner Variationen speist sich der Neoliberalismus aus der Kritik dieser ultraliberalen Ausrichtung der Wirtschaftspolitik, deren Hochzeit in die zweite Hälfte des 19. Jahrhunderts fällt. Allerdings war das Laissez-faire selbst in jener Zeit vor allem als wirtschaftsideologische Forderung wirksam.

Monetarismus
Vor allem auf die Arbeiten Milton Friedmans zurückgehende Tradition in Makroökonomie und Wirtschaftspolitik. Im Gegensatz zu seinem intellektuellen Hauptgegenspieler, dem Keynesianismus, vertritt der Monetarismus die Auffassung, dass staatliche Konjunkturpolitik etwa durch öffentliche Investitionen keine positiven Auswirkungen auf das Wirtschaftswachstum hat und zudem zu Inflation führt. Eine Möglichkeit, positiv auf die Wirtschaftsentwicklung einzuwirken, sehen seine Vertreter einzig in einer Geldpolitik, die für ein beständiges moderates Wachstum der vorhandenen Geldmenge sorgt.

New Deal
Großangelegte Wirtschafts- und Sozialstaatsreform unter dem amerikanischen Präsidenten F. D. Roosevelt in Reaktion auf die Auswirkungen der Weltwirtschaftskrise in den 1930er Jahren in den USA. Der Auf- und Ausbau von Sozialversicherungen und die stärkere Präsenz des Staates in der ökonomischen Sphäre verursachte große politische Kontroversen. Für Walter Lippmann war der New Deal der Anlass, sich von der Wirtschaftspolitik Roosevelts abzuwenden. Das daraus resultierende Buch *Die Gesellschaft freier Menschen* ist ein zentraler Bezugspunkt für den frühen Neoliberalismus.

New Economy
Bezeichnet neue Wirtschaftszweige, die durch technologische Entwicklungen, und zwar vor allem im Bereich der Kommunikations- und Informationstechnologien, im Laufe der 1990er Jahre entstanden. Internet-Startups wie Amazon gehörten zum Kernbereich der New Economy, die für eine kurze Zeit zu außergewöhnlich hohen Börsenwerten junger Firmen führte und kurzfristig das Wirtschaftswachstum beflügelte, um die Jahrtausendwende aber von der sogenannten dot.com-Krise getroffen wurde.

Ordoliberalismus (Freiburger Schule)
Der Begriff leitet sich von ›Ordo‹, dem lateinischen Wort für Ordnung, ab und bezeichnet eine Strömung innerhalb des Neoliberalismus. Der Ordoliberalismus betont die Bedeutung einer Wettbewerbsordnung für das Funktionieren von Märkten und geht zudem von einer Interdependenz gesellschaftlicher Ordnungen aus, die nach einer Koordinierung von politischer, wirtschaftlicher und rechtlicher Ordnung verlangt. Da viele Vertreter des Ordoliberalismus wie Walter Eucken, Franz Böhm und Hans Großmann-Doerth an der Albert-Ludwigs-Universität in Freiburg tätig waren, spricht man auch von der Freiburger Schule. Zum Ordoliberalismus im weiteren Sinne gehören aber auch Alexander Rüstow und Wilhelm Röpke, die nie in Freiburg gelehrt haben.

Public Choice
Eine Forschungstradition, die an der Schnittstelle zwischen Politikwissenschaft und Ökonomie angesiedelt ist. Die Grundannahme besagt, dass Individuen nicht nur in wirtschaftlichen, sondern auch in politischen Kontexten darauf bedacht sind, ihren eigenen Nutzen zu maximieren. Dabei handelt es sich um die Übertragung des ursprünglich aus den Wirtschaftswissenschaften stammenden Modells des *Homo oeconomicus* auf Politik und Verwaltung. Politiker sind demnach in erster Linie an Machterhalt und -ausbau interessiert, so dass viele ihrer Bestrebungen unter demokratischen Bedingungenauf ihre Wiederwahl ausgerichtet sind. Mithilfe dieses Axioms versucht die Public Choice Theorie, politische Prozesse zu erklären.

Public-Private-Partnership
Kooperation zwischen staatlichen Trägern und privaten Akteuren. Ehemals reine Staatsaufgaben wie etwa der Aufbau und Erhalt städtischer Infrastruktur werden in diesen Partnerschaften an private Akteure übertragen, die sich um Finanzierung, Planung und Durchführung von Projekten kümmern. Es handelt sich hier um eine bestimmte Form der Privatisierung, die einerseits zur Konsolidierung der öffentlichen Finanzen beitragen und höhere Effizienz bei der Erbringung von Aufgaben bewirken soll.

Shareholder Value
Bezeichnet die Orientierung an der Wertentwicklung von Unternehmensanteilen (*shares*) bei der Unternehmensführung. Die Anteilseigner (*shareholder*) erwarten möglichst hohe Renditen auf ihre Investitionen in Unternehmensanteile. Dies kann u.a. Auswirkungen auf den Zeithorizont strategischer Entscheidungen der Unternehmensführung haben, da Erfolg und Misserfolg eines Unternehmens zunehmend an der kurzfristigen Entwicklung seines Aktienkurses gemessen werden. Für die Unternehmensführung bedeutet die Orientierung am Shareholder Value den Anreiz zu einer Geschäftspolitik, die vor allem auf die kurzfristige Steigerung des Aktienkurses ausgelegt ist.

Sherman Act
1890 vom US-Kongress verabschiedetes Gesetz gegen Wettbewerbsbeschränkungen durch Kartelle oder Monopole. Der Name des Gesetzes geht zurück auf Senator John Sherman, der es formulierte. Vor allem die Vertreter der *Chicago School* stehen dem Gesetz skeptisch gegenüber. Sie befürchten, dass durch die Anti-Monopolpolitik Innovationsanreize für Unternehmen vermindert werden.

Soziale Gerechtigkeit
Vorstellung bezüglich einer gerechten Verteilung von Lebenschancen, die auch die Chancengleichheit umfasst, aber über diese beispielsweise mit der Forderung nach gerechter Entlohnung für geleistete Arbeit (Leistungsgerechtigkeit) hinausgeht. Ein insbesondere von Friedrich August von Hayek massiv kritisierter Begriff, da er sich mit unterschiedlichsten Inhalten füllen lasse.

Soziale Marktwirtschaft
Bezeichnung, die von Alfred Müller-Armack geprägt wurde und sich in der Folge als Konsensformel für die spezifisch deutsche Ausprägung eines sozialstaatlich flankierten Kapitalismus etablierte. Obwohl Müller-Armack auch Verbindungen zum Ordoliberalismus hatte und dessen Vertreter bis heute teilweise argumentieren, dass die soziale Marktwirtschaft die praktische Umsetzung des Ordoliberalismus sei, bestehen doch erhebliche Unterschiede zwischen den beiden Konzepten.

Stagflation
Bezeichnet das Auftreten von Inflation bei gleichzeitig stagnierendem Wirtschaftswachstum, wie es während der 1970er Jahre die Wirtschaftslage vieler OECD-Länder kennzeichnete. Da die keynesianische Modellperspektive diese Kombination nur schlecht erklären kann, gilt die Stagflation auch als wichtiger Faktor für den Wechsel der makroökonomischen Politikorientierung vom Keynesianismus zum Monetarismus seit Ende der 1970er Jahre.

Supply-Side Economics
Angebotsorientierte Wirtschaftspolitik. Im Gegensatz zum Keynesianismus, der an der Nachfrageseite ansetzt, um die Wirtschaft zu stimulieren, gehen die Vertreter der Supply-Side Economics davon aus, dass verbesserte Bedingungen auf der Angebotsseite, also bei den produzierenden Unternehmen, zu mehr Wirtschaftswachstum führen. Dementsprechend befürworten sie Steuersenkungen und den Abbau von Regulierungen etwa beim Arbeits- oder Umweltschutz.

Thatcherismus
Bezeichnet im weitesten Sinn das politische Projekt der Thatcher-Regierung in Großbritannien. Kommentatoren füllen den Begriff mit unterschiedlichen und teilweise widersprüchlichen Inhalten. Bei manchen bezeichnet er einen bestimmten Politikstil oder auch nur eine bestimmte inhaltliche Politikagenda. Für andere bezeichnet er eine langfristig ausgerichtete Strategie, um die Vorherrschaft liberalkonservativer Akteure und Ideen zu festigen.

Unsichtbare Hand
Eine Metapher, die Adam Smith für die Funktionsweise des Marktes prägte. Smith zufolge sorgt die unsichtbare Hand des Marktes dafür, dass alle Marktteilnehmer – etwa durch billigere Preise oder bessere Produkte – im Ganzen davon profitieren, wenn alle Marktakteure ausschließlich ihren eigenen Nutzen verfolgen. Ideengeschichtliche Untersuchungen haben darauf hingewiesen, dass der Begriff im Kontext der damaligen Zeit eindeutig religiöse Konnotationen hatte, und dies als Hinweis auf die deistische Grundanlage von Smiths Denken gedeutet, in dem selbst das potenziell konflikthafte Geschehen auf Märkten in eine letztlich harmonieverbürgende göttlich-natürliche Ordnung eingebettet ist.

Washington Consensus
Begriff, der auf den Ökonomen John Williamson zurückgeht. Anlässlich einer Konferenz in Washington 1989 listete dieser zehn Maximen guten Regierens auf, von denen er annahm, dass sie unter den Konferenzteilnehmern konsensfähig seien. Dazu gehörten u.a. Marktliberalisierung, Deregulierung und Privatisierung. In der Folge wurde der *Washington Consensus* zum Leitfaden für neoliberale Reformen, die in einer Vielzahl von Ländern und oft auf Druck des Internationalen Währungsfonds und der Weltbank durchgeführt wurden.

Workfare
Bezeichnet eine bestimmte Ausgestaltung sozialstaatlicher Arbeitslosenunterstützung. Die Leistungsansprüche der Betroffenen werden an bestimmte Bedingungen geknüpft, die von der nachweislich aktiven Arbeitssuche und der Teilnahme an Weiterbildungen oder Umschulungen bis hin zur Annahme aller zumutbaren Arbeitsangebote reichen. Bei Nichterfüllung der Bedingungen ist eine Kürzung der Leistungen möglich. Im deutschen Kontext gelten die Hartz-Reformen als entscheidender Schritt in Richtung einer starken *Workfare*-Orientierung.

Thomas Biebricher studierte an der Albert-Ludwigs-Universität Freiburg i. Brsg. Wissenschaftliche Politik, Wirtschaftspolitik und Öffentliches Recht. 2003 wurde er mit einer Arbeit über Jürgen Habermas und Michel Foucault promoviert. Von 2003 bis 2009 war er als DAAD Visiting Assistant Professor am Department of Political Science der University of Florida in Gainesville tätig. 2009 bis 2012 leitete er eine Nachwuchsforschungsgruppe zum Thema ›Krise und normative Ordnung – Variationen des Neoliberalismus und ihre Transformation‹ am Exzellenzcluster ›Die Herausbildung normativer Ordnungen‹ an der Goethe-Universität Frankfurt am Main. Hier ist er im Moment als Postdoctoral Research Fellow tätig. Seine Studien zu Michel Foucault, Gouvernementalität, Staatstheorie und Neoliberalismus sind in *Contemporary Political Theory*, *Economy and Society*, *New Political Science*, *Constellations*, *Theory & Event* und *Foucault Studies* erschienen. 2018 erscheint bei Stanford University Press *The Political Theory of Neoliberalism.* Im Moment arbeitet er an einem Buch zur Geschichte des politischen Konservatismus in Deutschland seit der ›geistig-moralischen Wende‹ der 1980er Jahre.